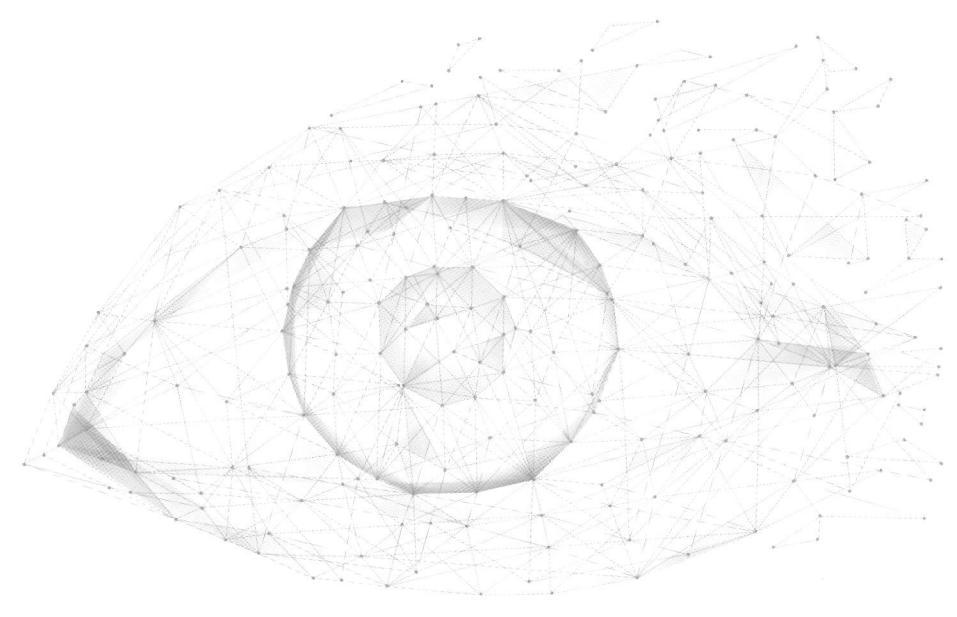

Studies on Procedure Control of Technical Investigation in China

中国技术侦查的程序控制研究

刘晨琦 著

中国社会科学出版社

图书在版编目(CIP)数据

中国技术侦查的程序控制研究 / 刘晨琦著 . —北京:中国社会科学出版社,2021.10

ISBN 978-7-5203-8135-2

Ⅰ.①中… Ⅱ.①刘… Ⅲ.①刑事侦查—程序控制—研究—中国 Ⅳ.①D918.2

中国版本图书馆 CIP 数据核字(2021)第 051075 号

出 版 人	赵剑英	
责任编辑	许 琳	
责任校对	鲁 明	
责任印制	郝美娜	

出 版	中国社会科学出版社	
社 址	北京鼓楼西大街甲 158 号	
邮 编	100720	
网 址	http://www.csspw.cn	
发行部	010-84083685	
门市部	010-84029450	
经 销	新华书店及其他书店	

印 刷	北京君升印刷有限公司
装 订	廊坊市广阳区广增装订厂
版 次	2021 年 10 月第 1 版
印 次	2021 年 10 月第 1 次印刷

开 本	710×1000 1/16
印 张	16.25
字 数	234 千字
定 价	98.00 元

凡购买中国社会科学出版社图书,如有质量问题请与本社营销中心联系调换

电话:010-84083683

版权所有 侵权必究

序　言

孟子说："得天下英才而教之，不亦乐乎。"作为老师，能够遇到一位好学生，无疑是一件幸事；而能为自己学生的著作出版作序，当然是我最高兴的事情。

刘晨琦博士的第一本专著《中国技术侦查的程序控制研究》即将出版，这应当是 2012 年"技术侦查"写入我国《刑事诉讼法》后，我国法学界和法律界专门研究对技术侦查进行程序控制的首部著作，不仅对于国内外读者学习和研究有关内容具有重要的理论价值，而且对于司法改革中如何就技术侦查扬其长而避其短具有重要的应用价值。

2012 年我国《刑事诉讼法》修改以前，技术侦查措施一直隐蔽在神秘的角落，却始终在刑事侦查中发挥着重要作用，是侦查机关的"办案利器"。长期以来，受"侦查秘密主义"的影响，办案机关和办案人员对技术侦查讳莫如深，外界对其更是知之甚少。技术侦查基于其高科技性、隐秘性、主动性等特征，在现代刑事诉讼中对于发现犯罪线索、惩罚与控制犯罪具有不可替代的重要作用。然而，对于功能如此强大的国家公权力的行使，如不通过正当程序予以控制，将对公民的基本权利造成严重侵犯。因此，必须对技术侦查进行有效的程序控制。本专著正是基于推动该目标的实现而作。

2012 年我国《刑事诉讼法》再修改时，技术侦查"入法"一度备受瞩目和争议，许多不明就里的老百姓认为这是在给公安机关"扩权"，学术界对这部分新增内容提出了一些疑问和意见，法律的修改也给司法实务界带来了很多新挑战，尤其是公安机关的反应最大。在这种情况下，十分有必要对技术侦查作为侦查手段的程序性特点予以剖析，对这一侦查行为进行程序控制的必要性、基本原理、基本原则和基本观念加以详细阐释。对于立法机关和司法机关而言，技术侦查"入法"后，对其程序控制如何运行，对技术侦查程序的合法性如何判定、对技术侦查所获取的证据材料如何认定、如何直接作为证据在法庭上使用、有关证据在何种情况下适宜采取庭外核实、采用技术侦查证据案件的相关辩护权利如何保障等，这些问题都需要经过更加深入地论证和实践的考验，进一步予以探讨，对于法律及司法解释尚未明确的问题，还需提出相应的完善建议。本专著提出的采取修改司法解释、明确立法解释、完善法律规定"三步走"的建议，逐步推进对技术侦查程序控制问题，可以说为该制度在我国的顺利发展提供了切实可行的方案。

我认为，本专著至少有如下三个方面的学术特点：

第一，本专著的选题视角独特。刘晨琦博士本科毕业于中国人民公安大学，通过本科期间的深入学习和实践，她对传统侦查手段和技术侦查、秘密侦查、计算机网络侦查等新型或特殊侦查手段各自的特点和相互之间的区别，有着更为深刻的感性认识和理性思考。其本科毕业论文便初步探讨了技术侦查的法律规制问题。随后于中国社会科学院法学研究所硕博深造期间，始终没有停止对该问题在立法、司法和理论层面的追踪、关注与思考。本专著是在她博士学位论文的基础上修改而成。侦查学和刑事诉讼法学的多重专业知识结构，使她能够从程序法的视角对技术侦查相关法律制度及其完善问题开展深入的研究，选题视角新颖且独特，充分发挥出她跨学科研究的优势，域外制度的比较研究部分亦发挥了她英语娴熟的专长。

第二，本专著的研究内容系统全面。其一，通过对我国和域外相关法律制度、司法实践和学术观点的研究，对技术侦查的基本概念加以确立，并对其进行了类型化界分，尤其是阐明技术侦查与秘密侦查的异同，指出在立法和司法实践中均应加以明确区分。其二，以法治发达国家和地区相关法律制度为蓝本,进行了深入的比较研究:横向比较发现制度发展之共性,纵向分析以探寻制度演进之规律。其三,首次阐述了技术侦查程序控制应当树立的基本观念:权利保障、职权制约与逐步推进。其四,立足国情率先提出了"三步走"的制度完善设想:通过改进司法解释、补充立法解释和修改完善立法,实现完善我国技术侦查程序控制制度。总体来看,本专著运用了历史的、规范分析的方法、比较和系统的等多种研究方法,既有理论上的前沿性,又有实践上的应用性。

第三,本专著的研究成果应用广泛。我国2012年《刑事诉讼法》的修改虽然已经实现了技术侦查在刑事程序法意义上"无法可依"的"零"的突破,然而有关技术侦查的规定粗糙且有许多条款缺乏操作性,使得技术侦查"入法"以前在司法实践中早已存在的一些问题依然未得到有效解决。这本书的论述和梳理有助于指导司法实践,旨在减少乃至避免侦查机关在使用技术侦查的实践过程中产生的严重威胁公民权利的问题,帮助司法主体正确认识技术侦查及其程序控制的必要性,保障犯罪嫌疑人、被告人的合法权益;关于技术侦查的程序控制,这本书解答了如何在实践中对其进行合法性运用,包括通过采取技术侦查、秘密侦查手段所获证据材料如何运用、相关案件如何进行有效辩护等实践问题,从而有助于缓解实践中技术侦查措施因审批手续的增加、证据材料不便作为证据使用等而被冷落甚至放弃使用的问题,有效发挥高科技侦查手段对惩治特定犯罪的突出作用。因此,本专著的出版,正是在技术侦查部门在办案机关逐渐变成"冷部门"、将要被网络侦查和情报等部门取而代之的情势下的"雪中送炭";同时,目前在公安机关内部,网络侦查、情报和大数据侦查等手段超越甚至取代技术侦查而广泛应用,这本书对于这些"游离"在刑事程序法之外的特殊侦查手段如何进行程序控制,也将带来诸多启发与思考。最后,本专著能够帮助我们较为全面、客观和理性地了解这样一项特殊侦查手段在刑事程序中的作用以及职权制约与权利保障的状况和发展方向。

刘晨琦是我指导的硕士研究生，所以我对她的成长历程是比较了解的。作为一名优秀的"社科法硕"，她迄今仍然是中国社会科学院法学研究所留所的唯一。她留所后，在担任法学研究所（法学系）法律硕士教学管理办公室副主任，承担着繁重行政管理工作的同时，继续跟随王敏远教授攻读博士学位。在研究所领导、老师和同事的帮助下，她凭借聪慧的天赋和良好的家教，通过孜孜不倦地勤奋努力和夜以继日地辛勤耕耘，从一个公安大学的本科生，成长为国家级研究机构的一名法学研究者和法律教育工作者，可谓是"一分耕耘，一分收获"的最好诠释。作为她的导师和一段时间的分管领导，我既目睹了她在繁杂琐碎的行政工作中坚持从事学术研究、教学和参与国家重大课题项目的坚韧不拔、夜以继日的拼搏精神，又了解了她正直友善、恪尽职守的美好品德。这本专著的雏形即她的博士学位论文，也获得了中国社会科学院研究生院在当年法学类唯一一篇优秀博士论文的荣誉。

"冀门"的门规是"生成和传播正能量"。刘晨琦既是冀门的学子，也是我的助教，她在教育和影响师弟师妹做人、做事、做学问以及学习、工作、生活的方方面面，都起到了榜样的作用。希望刘晨琦博士处女作的问世，能够让更多人看到她曾经的辛勤付出和未来的学术潜力。更重要的是，希望这本独特的法学专著能够对刑事诉讼法学的理论研究和刑事立法与司法实践起到其应有的推动作用。

我常说："感恩是一个人不断进步的动力源泉。"刘晨琦专著的出版，既是对父母亲人们养育之恩的回报，也是对领导师友等的感恩。但这只是她学术的崭新起点，希望让我们看到法学界的一颗新星不断地冉冉升起。祝愿她满怀感恩，充满正能量，为国家的法治事业作出更大的贡献。

是为序。

冀祥德
2021年5月于北京寓所

前　言

我国 2012 年《刑事诉讼法》的修改虽然已经实现了技术侦查在刑事程序法意义上"无法可依"的"零"的突破，然而，有关技术侦查的规定粗糙且许多条款缺乏操作性，使得技术侦查不但在"入法"以前立法和司法实践中许多问题依然未得到解决，而且又产生了一些新问题。同时，检视域外法治发达国家或地区的现实情况，包括美国"斯诺登事件"有关"棱镜计划"等一系列情报信息的曝光，也从一个侧面反映出技术侦查权力滥用的问题在世界范围内具有一定的普遍性。技术侦查基于其高科技性、隐秘性、主动性等特征，现代刑事诉讼中对于发现真实、打击犯罪具有不可替代的重要作用。然而，对于功能如此强大的国家公权力的行使，如不通过正当程序予以控制，将对公民的宪法性基本权利造成严重侵犯。因此，必须对技术侦查进行有效的程序控制。本书的研究旨在推动这个目标的实现。

本书的内容包括技术侦查的程序控制的基础性问题研究和我国技术侦查的程序控制的具体问题及其完善的研究两大部分。

基础性问题研究的内容集中在第一章至第四章。第一章通过对域外和我国相关法律制度的规范分析与理论研究观点的梳理，阐述技术侦查的基本概念与类型，并通过技术侦查与常规侦查、秘密侦查的比较，论述技术侦查的特点，尤其是阐明其与秘密侦查在诸多方面存在很大差异，在立法和司法实践中均应加以明确区分，从而探析技术侦查对于刑事诉讼实体公正和程序公正的重要意义。技术侦查对上述重要意义的实现,不仅有赖于对特殊的技术手段或方法的运用,更需要程序的控制,并分析了目前技术侦查程序控制存在的行政控制、司法控制、准司法控制三种主要方法,就其中的技术侦查司法控制的方法和内容进行详细阐述。第二章以法治发达国家的技术侦查程序控制的法律制度及其共性为蓝本,以制度发展的历史为线索,探寻其演进之规律。第三章阐述了技术侦查程序控制应当树立权利保障、职权制约与逐步推进的基本观念。第四章论述了技术侦查程序控制应当遵循无罪推定、程序法定、司法审查与比例原则等基本原则。

在解决以上基础性问题的前提下,第五、第六两章对我国现有的技术侦查程序控制的制度进行检视,并研究如何对其予以完善。第五章在肯定我国技术侦查纳入刑事诉讼法具有进步性的基础上,着重反思并论述了我国技术侦查程序控制的方法、内容以及与之相关的证据制度、辩护制度等方面存在的问题与缺陷。第六章则针对上述问题,提出立足国情,通过改进司法解释、补充立法解释和修改完善立法,实现完善我国技术侦查程序控制制度"三步走"的设想。在我国技术侦查的程序控制方法上,首先要强化我国检察机关对技术侦查的法律监督职能,而后逐步确立其技术侦查审查主体的地位和作用,建立职务犯罪侦查一体化机制,并最终通过完善立法确立以法院为主导的司法控制。相应地,对技术侦查程序控制的实体性审查内容及程序性审查内容,也应逐步明确、细化。同时,相关配套制度亟须建立。其中,由技术侦查的特殊性所决定的证据制度与辩护制度的特殊设计是配套制度完善的重点。

目 录

绪论 ……………………………………………………………（1）
  一 问题之缘起 ……………………………………………（2）
  二 选题之意旨 ……………………………………………（11）
  三 研究之思路 ……………………………………………（17）

第一章 技术侦查程序控制概论 ………………………………（20）
  第一节 技术侦查概论 ……………………………………（20）
    一 技术侦查的基本概念 ………………………………（21）
    二 技术侦查的特点 ……………………………………（38）
  第二节 技术侦查程序控制概论 …………………………（49）
    一 技术侦查程序控制的主要方法 ……………………（51）
    二 技术侦查司法控制的基本内涵 ……………………（67）
  小结 …………………………………………………………（76）

第二章 技术侦查程序控制之比较研究 ………………………（78）
  第一节 域外相关法律制度的横向考察 …………………（78）
    一 注重对公民隐私权的保护 …………………………（79）
    二 注重对技术侦查权力的制约 ………………………（81）
    三 注重对被追诉方权利的保障 ………………………（82）

四　注重发挥司法控制对技术侦查的作用 …………… (83)
　　五　注重对技术侦查程序的细化 ………………………… (85)
　第二节　域外技术侦查程序控制制度的演进 ………………… (86)
　　一　美国 ……………………………………………………… (86)
　　二　英国 ……………………………………………………… (89)
　　三　荷兰 ……………………………………………………… (91)
　　四　德国 ……………………………………………………… (92)
　　五　日本 ……………………………………………………… (94)
　　六　域外制度的演进规律及相关思考 ……………………… (95)
　小结 ……………………………………………………………… (98)

第三章　技术侦查程序控制的基本观念 ……………………… (101)
　第一节　技术侦查程序控制的必要性 ………………………… (102)
　　一　技术侦查的必要性 ……………………………………… (102)
　　二　技术侦查程序控制的必要性 …………………………… (105)
　第二节　技术侦查程序控制的基本观念 ……………………… (109)
　　一　权利保障 ………………………………………………… (110)
　　二　职权制约 ………………………………………………… (113)
　　三　逐步推进 ………………………………………………… (115)
　小结 ……………………………………………………………… (117)

第四章　技术侦查程序控制的基本原则 ……………………… (119)
　第一节　无罪推定原则 ………………………………………… (120)
　　一　无罪推定原则的内涵 …………………………………… (120)
　　二　无罪推定原则在技术侦查程序控制中的体现 ………… (122)
　第二节　程序法定原则 ………………………………………… (125)
　　一　程序法定原则的内涵 …………………………………… (125)
　　二　程序法定原则在技术侦查程序控制中的体现 ………… (126)

第三节　司法审查原则 …………………………………… (129)
　　一　司法审查原则的内涵 ………………………………… (129)
　　二　司法审查原则在技术侦查程序控制中的体现 ……… (133)
第四节　比例原则 ………………………………………… (135)
　　一　比例原则的内涵 ……………………………………… (135)
　　二　比例原则在技术侦查程序控制中的体现 …………… (137)
小结 ……………………………………………………………… (140)

第五章　我国技术侦查程序控制检视 ………………………… (142)
第一节　我国技术侦查程序控制状况 …………………… (142)
　　一　立法和司法发展状况评析 …………………………… (143)
　　二　对我国技术侦查"入法"之争议的解读 …………… (155)
第二节　我国技术侦查程序控制问题反思 ……………… (158)
　　一　技术侦查的立法设计对程序控制的障碍 …………… (159)
　　二　我国技术侦查程序控制机制的问题 ………………… (161)
　　三　我国技术侦查程序控制配套制度的问题 …………… (174)
小结 ……………………………………………………………… (185)

第六章　我国技术侦查程序控制制度完善 …………………… (186)
第一节　程序控制方法的完善 …………………………… (187)
　　一　司法解释层面的改进建议 …………………………… (188)
　　二　立法解释层面的补充建议 …………………………… (191)
　　三　立法层面的修改完善建议 …………………………… (194)
第二节　程序控制内容的完善 …………………………… (198)
　　一　程序控制的基本原则规定的完善 …………………… (199)
　　二　关于实体性审查内容的完善 ………………………… (200)
　　三　关于程序性审查内容的完善 ………………………… (205)
第三节　程序控制配套制度的完善 ……………………… (207)

一　配套制度完善的理论基础 ………………………………（207）
　二　证据制度的完善 …………………………………………（209）
　三　辩护制度的完善 …………………………………………（216）
小结 ………………………………………………………………（220）

结语 ……………………………………………………………（222）

参考文献 ………………………………………………………（225）

后记 ……………………………………………………………（244）

绪　　论

技术侦查的程序控制，从语法上讲是一个偏正结构的名词性短语，其中心语是"程序控制"，"技术侦查"是其限制定语。笔者采用"技术侦查"的概念，而没有使用"秘密侦查""特殊侦查"或者"监听""秘密监控"等概念，表明本书将"技术侦查"作为研究的基础。它一方面区别于"秘密侦查"，另一方面包括但不限于"监听""秘密监控"（surveillance）或者"通讯监察""邮件检查"等技术手段。

"程序控制"是本书的重点研究对象。刑事诉讼法素有"小宪法"之称，它关系着公民的人身自由和切身利益，是与公民的宪法性权利最密切相关的法律。技术侦查作为现代刑事诉讼中一项卓有成效的特殊侦查手段，在侦破高科技、高智能、有组织且隐蔽性强的重大、复杂犯罪中起到不可替代的作用，但同时，只有通过法定程序控制的技术侦查才具有正当性，只有这种控制以看得见的正当程序得以实现时才具有有效性，否则，它就严重侵犯了公民的基本权利和自由。技术侦查措施的适当使用与侦查权力的滥用乃至对人权的恣意践踏，往往只有一线之隔。[①] 可以说，技术侦查是刑事诉讼的一把双刃剑，其权利侵犯性是潜在的，而判断其侵权是否存在的基础，不在于是否实施了技术侦查

[①] 刘晨琦：《论我国技术侦查措施的法律规制》，《湖北警官学院学报》2014年第3期。

措施，而在于实施技术侦查措施是否遵循了正当的程序。

美国社会学法学的创始人罗·庞德曾指出，法律的功能在于通过建立法律秩序来实现社会控制；程序是法治的核心，是法治从法律形态到现实形态的必不可少的环节。① 法律正是凭借其本身的程序性，进而取代道德和宗教成为社会控制的主要工具。② 弗兰克·福特说："争取自由的历史，其中绝大部分是遵守程序性权利保障的历史。"③ 因此，技术侦查既要在刑事诉讼中发挥其应有的作用，又要以法治的方式在保障公民自由和人权的前提下发挥作用，因此对于其程序控制的研究便显得尤为重要。

一　问题之缘起

2011年，我国酝酿多年的《刑事诉讼法》修改工作迎来了非常具有实质性的进展，十一届全国人大常委会第二十二次会议初次审议了《中华人民共和国刑事诉讼法修正案（草案）》（以下简称《修正案（草案）》）。中国人大网于2011年8月30日全文公布了刑事诉讼法修正案（草案）④及草案说明⑤，向社会公开征集意见。其中，《修正案（草案）》第56条规定，"在第二编第二章第七节后增加一节，作为第八节"，即"技术侦查措施"一节，对于技术侦查措施的适用范围、批准手续、执行程序以及所获材料用作证据等进行了规定（该节同时规定了秘密侦查的有关措施）。《修正案（草案）》一经公布即引起社会热议，尽管当时对于此次修改，全国人大常委会

---

① ［美］罗·庞德：《通过法律的社会控制法律的任务》，沈宗灵、董世忠译，商务印书馆1984年版，第29页。
② 邓继好：《程序正义理论在西方的历史演进》，法律出版社2012年版，第117—120页。
③ 邓继好：《程序正义理论在西方的历史演进》，法律出版社2012年版，第203页。
④ 参见http://npc.people.com.cn/GB/15546155.html，访问日期2014年2月18日。
⑤ 参见http://npc.people.com.cn/GB/15546200.html，访问日期2014年2月18日。

有说明①,有理论的阐述②,也有后续修订的相关司法解释加以细化③,但是还是出现了很多对于"技术侦查"立法的质疑。其中一类强烈的声音便是指责这是以侦查部门为主导的立法结果,"技术侦查合法化的理由通常认为这有利于司法机关打击犯罪,方便其收集证据和情报。""这等于人大立法机关向司法机关授权决定是否对什么人采取特务行动。"④ 有人担心:"技术侦查的法治化,实质上是公安机关的扩权,不仅不利于人权的保障。"⑤ 还认为其为侦查机关滥用职权提供了明确的法律依据,"可以说不是法制的进步而是一种倒退"⑥。这样的质疑听起来仿佛有其道理,但是作为理性的学术研究,有必要在盲目的声讨中去伪存真,探求立法原意,对此次技术侦查立法做出客观准确的解读;同时应清醒地认识到,解决技术侦查的程序控制问题才是立法和司法改革的关键所在。然而无论如何,这些不同的声音都表达了社会各界对于技术侦查与刑事诉讼法发展的一种关切。

2013年1月1日我国再次修改后的《刑事诉讼法》颁布实施,而就在6个月之后,来自大洋彼岸的一个声音再次引起了全世界的关注。"美国国家安全局已搭建一套基础系统,能截获几乎任何通信数据。凭借这样的能力,大部分通信数据都被无目标地自动保存。"⑦

---

① 即《关于〈中华人民共和国刑事诉讼法修正案(草案)〉的说明》。

② 如全国人大常委会法制工作委员会刑法室编:《关于修改中华人民共和国刑事诉讼法的决定:条文说明、立法理由及相关规定》,北京大学出版社2012年版等。

③ 如最高人民法院、最高人民检察院、公安部、国家安全部、司法部、全国人大常委会法制工作委员会《关于实施刑事诉讼法若干问题的规定》(2013);公安部《公安机关办理刑事案件程序规定》(2013);最高人民检察院《人民检察院刑事诉讼规则》(2019);最高人民法院《关于适用〈中华人民共和国刑事诉讼法〉的解释》(2021)等。

④ 参见 http://www.360doc.com/content/11/0910/07/1989814_147196708.shtml,访问日期2014年2月25日。

⑤ 参见 http://roll.sohu.com/20111012/n321945817.shtml,访问日期2014年2月25日。

⑥ 参见龙宗智《强制侦查司法审查制度的完善》,《中国法学》2011年第6期。

⑦ 参见 http://baike.baidu.com/link?url=YDIoaWkucPvZbQoz5AW-7NmHUXdwEmZ2JH1tOthaE4oxUBFIgoDlMoR2pqlTjWFJOAXecfP5KLNRHnYKxk4yj1qdXW_gxo4nYqk9BoSR-W4vylv9ThHRIXysPaitQ6OUFrraZcmPXbpT4I9ALvHNYq#refIndex_3_10901700,访问日期2014年2月20日。

"你什么错都没有，但你却可能成为被怀疑的对象，他们可以用这个项目仔细调查你过去的所有决定，审查所有跟你交谈过的朋友。一旦你连上网络，就能验证你的机器。无论采用什么样的措施，你都不可能安全。"[1] 以上是来自美国国家安全局（NSA）原雇员爱德华·约瑟夫·斯诺登（Edward Joseph Snowden）于2013年6月披露美国国家安全局对不特定多数人的隐私进行深度监控的专门情报项目"棱镜计划"（PRISM）[2] 的有关言论，他因此被美国当局视作"叛国者"和眼中钉并对其展开全球通缉。但同时也被美国近1/3的公民视为"爱国者"，原因或许是因为他让许多民众第一次得知了"真相"[3]。斯诺登披露的文件显示，美国国安局对美国人的监控范围远超过之前公布的程度——据报道，"棱镜计划"监控的主要有10类信息：电邮、即时消息、视频、照片、存储数据、语音聊天、文件传输、视频会议、登录时间和社交网络资料的细节，国安局甚至可以实时监控一个人正在进行的网络搜索内容。2012年，该项目的数据作为总统每日简报的一部分被引用1477次，国安局至少有1/7的报告使用该项目数据；[4] 更有甚者，"棱镜计划"正在对全世界的电话和互联网活动进行监控，报道披露称，过去6年间，美国国家安全局和联邦调查局

---

[1] 参见王楷《原中情局职员曝光棱镜项目，监控隐私奥巴马形象受损》，http://news.ifeng.com/world/special/sndxiemi/content-3/detail_ 2013_ 06/13/26351817_ 0. shtml? _ from_ ralated，访问日期2014年2月18日。

[2] 棱镜计划（PRISM）是一项由美国国家安全局（NSA）自2007年起开始实施的绝密电子监听计划。该计划的正式名号为"US-984XN"。虽然该计划本身及其内容带有一定的政治性因素，并非典型的刑事诉讼程序中用以打击或惩治犯罪所适用的技术侦查手段，但是，该事件所反映出的问题以及所引起的关注，与技术侦查的程序控制有密切的联系。

[3] 斯诺登表示他意识到美国国安局的一些行为是在"滥用职权"，"我愿意牺牲一切的原因是，良心上无法允许美国政府侵犯全球民众隐私、互联网自由……我的唯一动机是告知公众以保护他们的名义所做的事以及针对他们所做的事情"。

[4] 参见 http://baike.baidu.com/link? url = YDIoaWkucPvZbQoz5AW-7NmHUXdwEmZ2JH1tOthaE4oxUBFIgoDlMoR2pqlTjWFJOAXecfP5KLNRHnYKxk4yj1qdXW_ gxo4nYqk9BoSR-W4vylv9ThHRIXysPaitQ6OUFrraZcmPXbpT4I9ALvHNYq#refIndex_ 3_ 10901700，访问日期2014年2月20日。

进入过微软、谷歌、苹果、雅虎等9大网络巨头的服务器。鉴于许多电子邮件和社交媒体活动的服务商未必在本国,许多用户数据并不总是存储在用户自身所在的国家里,例如美国著名社交网络Facebook在其隐私条款中称,所有用户必须同意他们的数据"被转送和存储在美国",而美国《2001年爱国者法案》给予美国政府使用按这种方式存储的欧洲数据新的权力。① 尽管对于以上曝光内容,美国政府没有给予明确回应,但美国政府证实,它确实要求美国公司威瑞森(Verizon)提供数百万私人电话记录,其中包括个人电话的时长、通话地点、通话双方的电话号码。无独有偶,2013年10月,拉美和欧盟等国相继对美国政府涉嫌监听其国家领导人或者公民的隐私行为展开质询。②

美国政府的做法令世界大跌眼镜,这令笔者不禁回想起美国《华尔街日报》曾报道的美国联邦调查局(FBI)自1999年起便开始秘密使用的"食肉猛兽系统"(Carnivore system),可以在毫无察觉的情况下自动对任何美国公民的电子邮件和即时消息通信进行监控、拦截和获取;该系统预装在网络服务供应商的服务器上,每秒钟可以浏览数百万封电子邮件,但只有当它认为某个信息属于系统设定的目标信息时,才会提醒执法官员的注意。③ 而8年之后在2007年开始实施的"棱镜计划"(PRISM)在监控技术上随着社会发展而更加隐蔽和先进,其对于公民隐私权的侵害则是有过之而无不及。与此形成鲜明对比的一个事实是,世界上多数法治国家,包括美国在内,将公民的隐

---

① 参见 http://news.ifeng.com/world/special/sndxiemi/content-3/detail_2013_06/13/26365005_0.shtml?_from_ralated,访问日期2014年2月18日。

② 参见 http://baike.baidu.com/link?url=YDIoaWkucPvZbQoz5AW-7NmHUXdwEmZ2JH1tOthaE4oxUBFIgoDlMoR2pqlTjWFJOAXecfP5KLNRHnYKxk4yj1qdXW_gxo4nYqk9BoSR-W4vylv9ThHRIXysPaitQ6OUFrraZcmPXbpT4I9ALvHNYq#refIndex_3_10901700,访问日期2014年2月18日。

③ 参见[美]约书亚·德雷斯勒、艾伦·C.迈克尔斯《美国刑事诉讼法精解》(第一卷·刑事侦查),吴宏耀译,北京大学出版社2009年版,第75页。

私权作为宪法性的基本权利加以规定。

　　隐私权（The Right of Privacy）最早是私法领域的概念，一般认为，隐私权理论源于1890年萨缪尔·D. 沃伦和路易斯·D. 布兰戴斯于《哈佛法律评论》上发表的一篇名为《隐私权》的论文，从而引发了学界长达百年的研究与探讨，美国法院也开始将其作为一项重要的民事权利加以保护。① 自1960年代起，美国联邦最高法院通过一系列判例，扩大解释宪法第4、5、14修正案，将隐私权的保护纳入到宪法保护之领域中，则标志着隐私权自此具有了双重的性质——它不仅是一种普通法（侵权法）上的权利，更是一种宪法上的权利。②

　　就美国国内法的发展而言，美国对于其监听、监控等技术侦查措施的使用以及对其所侵犯的公民隐私权的保护并不缺乏理论支撑和法律制度的规约。美国的监听制度可谓是最早问世的技术侦查制度。早在20世纪上半叶，美国法院便曾参照其宪法第4修正案，对何样的监控行为构成"搜查"寻找答案。③ 从1928年奥姆斯泰德案（Olmstead v. United States）④ 的搭线监听，到1952年西尔弗曼案（Silverman v. United States）⑤ 的针型麦克风监听，最高法院的大法官们逐渐意识到关于第4修正案"搜查"规则的"物理侵害理论"⑥ "既不是

---

　　① 参见张新宝《隐私权的法律保护》（第二版），群众出版社2004年版，第28—29页。

　　② 参见王利明《美国隐私权制度的发展及其对我国立法的启示》，http://www.civillaw.com.cn/article/default.asp?id=20227，访问日期2014年2月20日。

　　③ ［美］马丁·马库斯：《监控的正当程序》，赵琳琳译，载陈光中、陈泽宪主编《比较与借鉴：从各国经验看中国刑事诉讼法改革路径》，中国政法大学出版社2007年版，第296页。

　　④ 277 U.S. 438 (1928), overruled by Katz v. United States, 389 U.S. 347 (1967).

　　⑤ On Lee v. United States, 343 U.S. 747 (1952).

　　⑥ 即宪法只保护人身、住宅、文件和财产不受物理性侵入或侵害（physical instrusions or trespass），而眼睛和耳朵不能实施"搜查"，同样也不会造成侵害；监听虽然能够造成侵害，但是不属于此类对财产造成的物理侵害，因此不构成第4修正案的"搜查"。参见［美］约书亚·德雷斯勒、艾伦·C. 迈克尔斯《美国刑事诉讼法精解》（第一卷·刑事侦查），吴宏耀译，北京大学出版社2009年版，第70页。

好的物理学标准，也不是理想的法律规则"（bad physicals as well as bad law）①；而此后处在美国"刑事程序革命"巅峰时期的1967年的判例"卡兹案"（Katz v. United States）则彻底埋葬了"物理侵害理论"，取而代之的是"合理的隐私期待理论"。负责撰写本案判决意见的大法官波特·斯图尔特曾指出，"第4修正案保护个人隐私不受特定类型的政府行为所侵犯"，"个人试图作为隐私加以保护的东西，即使位于公众可以进入的领域，也会受到宪法的保护"，"卡兹当然有权利假定，他所说的话……不会传遍全世界"，因此"控方的活动……侵犯了卡兹有正当理由加以信赖的个人隐私"，正如大法官约翰·马歇尔·哈兰在判决的协同意见中补充的那样，"个人享有受宪法保护的'合理的隐私期待'（reasonable expectation of privacy）"②。然而，正如1967年以后技术的发展使得当初的"物理侵入理论"不再是对政府侵犯公民隐私权活动的有效限制一样，卡兹案后有研究表明，"最高法院关于第4修正案适用范围的结论往往与社会科学对待特定警察侦查手段的一般观点相抵触"，③ 法律的滞后导致其难以回答在21世纪里如何规范政府与公民间的关系。不出所料，在2001年的"凯丽欧案"（Kyllo v. United States）④ 中，最高法院认为，应当设计新的规则（理论）以应对现今和将来的复杂技术手段可能使得政府具有的透过墙壁和其他不透明屏障的"观察能力"，从而印证了上述研究的观点。与科学技术和犯罪手段的不断发展和更替，以及最高法院确立的"搜查"法则相呼应，美国国会先后通过《1934年联邦通信法》《1968年综合犯罪控制与街道安全法》及《1986年电子通信隐私法》来保障公民通信自由和

---

① *Katz*, 389 U. S. at 362（Harlan, J., concurring）.
② 参见［美］约书亚·德雷斯勒、艾伦·C. 迈克尔斯《美国刑事诉讼法精解》（第一卷·刑事侦查），吴宏耀译，北京大学出版社2009年版，第72—73页。
③ Slobogin & Schumacher, Note 47, *supra*, at 774.
④ 533 U. S. 27（2001）.

隐私等基本权利，规制秘密监听等政府权力的行使。直至2001年"9·11"恐怖袭击事件发生后，美国国会以最快速度在一个月左右的时间内审议通过了美国历史上第一部专门针对恐怖主义的法律——《2001年爱国者法案》[1]，该法案的副标题为"法案旨在阻吓和惩罚发生在美国和世界各地的恐怖主义行为，并加强法律执行中的调查手段等"，法条规定和实践也证明了这部法律在很大程度上对执法机构解除了原本较为严格的司法程序，并赋予其更大的执法权力。[2]由此可见，自20世纪初以来，美国便开始对于监听等一系列技术侦查手段的程序规制展开了理论、制度和实践层面的研究，并不断取得法治的进步和成效；而且，美国宪法虽未明确提及隐私权，但是"在一系列判决中法院已经承认个人的隐私权，或者对隐私权的一定领域或者范围的保证确实存在于宪法当中"[3]。然而，《2001年爱国者法案》这部法律的酝酿和颁布实施，令美国的人权保障蒙上了阴影，也引发了美国国内的激烈争论。

从国际法治视角看，作为世界各国对于人权问题的共识、旨在维护人类基本权利的全球性文献《世界人权宣言》[4]，以及在此基础上产生的《公民权利与政治权利国际公约》，都明确规定了任何人享有的人权和自由不受侵犯的权利。作为世界上第一个区域性人权公约的

---

[1] 其正式名称为《通过为拦截和阻止恐怖主义犯罪提供适当手段来团结和加强美利坚合众国法》（Uniting and Strengthening America by Providing Appropriate Tools Required to Intercept and Obstruct Terrorism Act），其首字母缩写为"USA PATRIOT"故又称其为《2001年爱国者法案》。此法案名称为"爱国者"，斯诺登披露美政府监听事件后被一部分美国人称为"爱国者"，两者实属巧合，却颇具讽刺意义。

[2] 参见邓立军《外国秘密侦查制度》，法律出版社2013年版，第45—57页。

[3] Warren Freedman, *the Right of Privacy in the Computer Age*, New York, Quorum Books Greenwood Press, Inc., 1987, p. 73. 转引自张新宝《隐私权的法律保护》（第二版），群众出版社2004年版，第30页。

[4] 详见《世界人权宣言》（Universal Declaration of Human Rights）第12条、第19条等规定。

《欧洲人权公约》中也有类似的规定①。有关公民隐私权利与通信自由的保护最具代表性的规定，是《公民权利与政治权利国际公约》第17条的规定："任何人的私生活、家庭、住宅或通信不得加以任意或非法干涉……人人有权享受法律保护，以免受这种干涉或攻击"，以及第19条第2、3款的规定，其中第2款规定："人人有自由发表意见的权利；此项权利包括寻求、接受和传递各种消息和思想的自由，而不论国界，也不论口头的、书写的、印刷的、采取艺术形式的或通过他所选择的任何其他媒介。"第3款规定"本条第二款所规定的权利的行使带有特殊的义务和责任，因此得受某些限制，但这些限制只应由法律规定并为下列条件所必需：（甲）尊重他人的权利或名誉；（乙）保障国家安全或公共秩序，或公共卫生或道德。"联合国人权委员会在一般评论中对该国际公约第17条所保护的权利进一步明确提出，"不管是来自国家机关的侵犯还是来自公民个人或者法律人格者的侵犯，都在这一权利保护的范围内"，从而明确了公法上的隐私权与私法上的隐私权均要受到保护。② 然而，美国作为该国际公约的成员国家，在"棱镜门"事件中被揭露出其政府的行为有违反国际公约之嫌，利用强大的公权力对人们的私生活、通信自由等的任意干涉，且不能够为这种干涉确是出于保障国家安全和公共秩序提供令人信服的解释。

无论如何，斯诺登披露的信息引起了世界范围的震惊与哗然，同时也令民众产生了前所未有的恐慌——隐私权是否被公权力机关通过原本用于侦查犯罪的技术侦查手段恣意地侵犯着？公民对于政府职权规制活动的信任危机空前。诚然，随着社会的不断发展和科

---

① 参见《欧洲保护人权和基本自由公约》（the European Convention for the Protection of Human Rights and Fundamental Freedom），赵海峰：《欧洲人权法院简介》，载陈光中、江伟主编《诉讼法论丛》第5卷，法律出版社2000年版，第194页。

② 参见陈光中主编《〈公民权利与政治权利国际公约〉批准与实施问题研究》，中国法制出版社2002年版，第357页。

技的持续进步，犯罪活动的种类和方法也更加趋于智能化、隐蔽化、高端化、组织化和国际化，继续采用传统的侦查手段已经不足以有效实现打击犯罪、保护人民、维护社会长治久安的目的，运用技术侦查手段侦破和打击特定类别的严重犯罪，是适应时代发展和社会进步的必然结果。然而，作为刑事诉讼中打击犯罪手段的技术侦查措施与作为治理社会的政治手段密不可分，以至于现实情况下以保护国家安全和公民权利为名，在刑事诉讼中动用秘密监听、通讯监控等技术侦查手段，对公民的隐私和自由等基本权利造成潜在的严重威胁。在刑事程序中，隐私的概念有两种表现形式，一是隐私利益体现为自己的信息或者活动对政府方保密；更深一层的内涵是指防止对人格利益的干预与侵犯。① 如果一个国家对于社会稳定的维护和犯罪的控制是建立在对本国甚至世界范围的各国公民的隐私等基本人权施加侵犯的前提之下，那么，这个国家的刑事司法程序在权力规制与权利保障方面没有起到其应有的作用，这将意味着司法文明的缺失，甚至是法治历史的倒退。

2013年修改后的《刑事诉讼法》颁布实施，当时新增的"技术侦查措施"一节（2018年并未对此进行改动）规定虽然许多内容过于笼统，不够明确，但却是我国立法首次将技术侦查纳入国家刑事程序法律规定的层面。2013 年 6 月"棱镜计划"的曝光正值我国 2012 年刑事诉讼法实施仅半年之久，我国工业和信息化部在当年 6 月 28 日第一时间审议通过了《电信和互联网用户个人信息保护规定》并已于当年 9 月 1 日开始施行，旨在对我国境内提供电信服务和互联网信息服务过程中收集、使用用户个人信息的活动予以规范。由此，国内理论界及实务界对于"监听""秘密监控"等

---

① 参见 William J. Stuntz, "Privacy's Problem and the Law of Criminal Procedure" *Michigan Law Review*, March 1995. 转引自程雷《秘密侦查比较研究》，中国人民公安大学出版社 2008 年版，第 107 页。

技术侦查措施的立法与司法的发展、不足与完善的讨论也再次升温。

可以说,从理论界到实务界,从国内到国际,从过去到未来,针对技术侦查及其立法的相关争议没有停歇。对技术侦查如何加以控制,才能使其在刑事诉讼中更好地发挥打击犯罪作用的同时令公民的基本权利得到有效的保障,始终是备受瞩目的焦点。总之,技术侦查及其程序控制是个社会普遍关注但认识需要澄清、法律规定有待完善且有争议、理论研究的广度和深度都需要拓展的问题。

二 选题之意旨

本书之所以选此题目,意旨主要有三。一为确立我国"技术侦查"应有之义的价值所在;二为推动刑事程序法治发展的价值所在;三为笔者的个人经历与研究兴趣使然。

(一) 确立"技术侦查"部门法地位的目的所在

研究技术侦查的程序控制的前提,是首先要厘清技术侦查的本体内涵和发展趋势,更要了解技术侦查与其他侦查措施相比所具有的特点,对于这些基本概念进行专门的理论研究将有助于指导特殊侦查的立法和司法实践。在此方面,此前鲜有专门的研究①。学术界已有的几种说法,或将秘密侦查包含在技术侦查的范畴之内②,或者是对秘密侦查与技术侦查一并进行研究而选择采用了"秘密侦查"作为研

---

① 虽然学者在其各自的著述中,无论是否对技术侦查和秘密侦查进行定义或者加以界分,皆提供了重大的指导意义;但是随着技术侦查被写入我国 2012 年《刑事诉讼法》并不断发展,对于技术侦查含义的明确及其与秘密侦查区别的研究,尤其是作为研究对其程序控制的一个前提,是十分必要的。

② 如韩德明:《技术侦查措施论》,《浙江工商大学学报》2005 年第 3 期;朱孝清:《试论技术侦查在职务犯罪侦查中的适用》,《国家检察官学院学报》2004 年第 1 期等。

究术语[1]等。对于技术侦查与秘密侦查之间的区别以及二者概念的厘清在过去的理论研究中未获得充分的重视,最为鲜明的例子便是:我国《刑事诉讼法》在2012年修改时,将"秘密侦查"(法条中使用的表述是"隐匿身份的侦查"和"控制下交付")以一个条款的内容规定在"技术侦查措施"一节当中,从形式上看,"秘密侦查"仿似"技术侦查"的一个从属概念;然而,在内容上,对于技术侦查与秘密侦查的具体规定又是相互独立的。这着实可谓技术侦查与秘密侦查在理论和制度上存在的一个怪现象。可想而知,这势必会影响刑事诉讼法在司法实践中的运用,导致对于技术侦查与秘密侦查的批准、执行以及证据使用等出现规则运用的混乱,不利于维护司法的权威与确定性。因此,尤其是在我国立法采用了"技术侦查"这一概念的背景下,为避免在进一步的理论研究过程中,技术侦查与秘密侦查等概念出现持续的交叉、混淆,进而导致在对这些特殊侦查措施进行程序控制时造成制度与规制对象不相匹配,不能"对症下药"的问题,对于技术侦查含义及其与秘密侦查的区别加以研究,显得十分必要。

鉴于技术侦查具有其自身的特殊属性,除却与普通侦查有显著区别外,其与秘密侦查等在审查机制、执行程序、证据规则的运用等方面存在着很大差异,因此,笔者认为有必要对"技术侦查"的概念及其特征加以论述,呈现其"应有之义",澄清其与"秘密侦查"之间的关系,进而为开展更加系统、更有针对性的研究奠定理论基础。

(二) 推动刑事程序法治改革与发展的价值所在

刑事程序法治的发展,必然要求强化对刑事侦查的程序控制,尤其是对易于侵犯人权的侦查方法的程序控制。因此,研究技术侦查的

---

[1] 如邓立军:《外国秘密侦查制度》,法律出版社2013年版;程雷:《秘密侦查比较研究》,中国人民公安大学出版社2008年版;程雷:《秘密侦查立法宏观问题研究》,《政法论坛》2011年第5期;熊秋红:《秘密侦查之法治化》,《中外法学》2007年第2期等。

程序控制问题,对推动我国刑事程序法治的进一步发展,具有积极意义。我国的技术侦查程序控制问题,虽由修改后的刑事诉讼法作了初步规定,但仍存在诸多需要研究的问题。

1. 在立法层面,我国在 2012 年对《刑事诉讼法》进行修改后虽然已经实现了技术侦查在刑事程序法意义上"无法可依"的"零"的突破,然而,有关技术侦查规定之粗糙、操作性之缺乏等问题依然存在,让理论界和实务界期盼了十余年的刑事诉讼法改革是一个与预期相去较远的结果,颇有些无奈。且不论立法、司法解释①的规定与学界的呼吁和期望之间的差距,但看当年《刑事诉讼法》修改在 2011 年 8 月的公开征求意见稿与 2012 年 3 月审议通过后的《刑事诉讼法》内容规定之差别,足以说明《刑事诉讼法》的改革仍存在着亟待解决的问题:

2011 年 8 月 30 日公布的《刑事诉讼法修正案(草案)》第 56 条规定,"在第二编第二章第七节后增加一节,作为第八节",即"技术侦查措施"一节。值得注意的是,《刑事诉讼法修正案(草案)》在本节中建议增加的第 151 条(现为《刑事诉讼法》第 154 条)关于"依照本节规定采取侦查措施收集的材料"用作证据的规定,与现行《刑事诉讼法》即最终修改决定的版本所规定的内容有一定出入:在《修正案(草案)》中这条规定被分成 2 款,第 1 款是对技术侦查措施和秘密侦查措施所收集的材料在刑事诉讼中可以用作证据的统一规定,而第 2 款则是专门对秘密侦查措施所收集的材料用作证据的特别规定——鉴于秘密侦查措施的特殊性,出于侦破犯罪并保护特定人员(通常是"线人")人身安全的需要,对实施秘密侦查的特定人员的真实身份进行保密,必要时对证据材料进行庭外核实等有关保护措施;而在最终颁布施行的《刑事诉讼法》中,本条(第 154 条)没有拆分成 2 款,对技术侦查措施与秘密侦查措施所收集的材料在刑

---

① 部分司法解释在 2019 年和 2020 年有新修订,但仍与理论研究成果有着显著的距离。

事诉讼中用作证据的特殊规定没有进行区分,相应地,在法条内容的表述上也进行了细微的改动,如删去了"实施秘密侦查收集的证据"这个前提,将"可能危及特定人员的人身安全"调整为"可能危及有关人员的人身安全",将"应当采取不暴露特定人员真实身份等保护措施"调整为"应当采取不暴露有关人员身份、技术方法等保护措施"等。这意味着,在证据规则方面,对技术侦查手段采用了与秘密侦查手段一样的例外规定,其可能的结果便是,控方利用手中强大的技术侦查权所取得的证据材料无法公开、平等、透明地呈现给被追诉一方,即便犯罪已经被侦破,即便诉讼已经走到了庭审阶段,辩方仍然无法有效地行使辩护权。这样的规定与"草案说明"中所称要"注意对刑事诉讼参与人包括犯罪嫌疑人、被告人合法权利的保护",以及"强化侦查措施的规范、制约和监督,防止滥用"以"完善侦查措施"等相关提法发生矛盾,而且,这使得刑事诉讼的控辩平等原则、审判公开原则尤其是庭审过程中的质证原则在实践当中都难以得到落实,直接影响着我国刑事程序法治和人权保障的进一步实现。

就域外而言,美国等多个国家在"9·11"事件之后以迅雷之势推行新的法案,以打击恐怖主义、有组织犯罪等新型犯罪的名义一方面解除对执法机关原本较为严格的司法审查,另一方面赋予其更大的权力,便是立法倒退的鲜明例子。因此,推动程序法治不断向前发展是本书研究的价值所在。

2. 在司法实践层面,就国内而言,虽然在2012年修改后的《刑事诉讼法》颁布以前,有关技术侦查的规定仅在1993年《中华人民共和国国家安全法》(以下简称《国家安全法》)[①]及1995年《中华人民共和国警察法》(以下简称《警察法》)以及公安机关、检察机

---

① 该部法律现已被废止,其中有关内容被2014年11月1日颁布的《中华人民共和国反间谍法》的规定取代;2015年7月1日新颁布实施的《国家安全法》从总体上确立了中央国家安全领导体制和总体国家安全观的指导地位,不再单独对间谍活动进行规定。

关内部文件①中有所体现，但是技术侦查在实践中早已作为侦破重大疑难和特殊案件的"撒手锏"而长期处于"无法可依"的状态，其在司法实践中从启动、执行到证据材料的使用都较为宽松，这一状况仅从近年受到普遍关注的官员贪腐案件如王立军案②、刘亚力案③等案件的查办过程中所暴露出的技术侦查权力滥用问题便可见一斑，在这些案件中，本来用来侦查特定犯罪的技术侦查手段被他们通过非法的程序和方法用以实现其他目的，可谓"无所不用其极"。同时，笔者通过调研发现，多年的司法实践"经验"形成的惯性，导致在修改后的《刑事诉讼法》颁布多年来，实践部门对于技术侦查的适用状况并未得到明显改善，同时执行机关工作人员对于技术侦查潜在的权利侵犯性及其程序法治要求的认知态度也未得到应有的转变。面对司法实践中技术侦查长期"法外"存在留下的"后遗症"，想要通过一次修法就彻底"治愈"是不现实的，同时，也不能因为通过不正当程序采用的技术侦查造成严重的权利侵犯，便一概否认技术侦查在刑事诉讼中存在的积极意义。因此，从程序法的视角对技术侦查及其控制的必要性和制度方法进行深入而系统的研究，就显得十分必要。

就国外而言，如英国便因其司法实践中对技术侦查的审批始终采用"行政审批"的方式，缺乏中立第三方的有效监督，备受诟病；

---

① 如公安部2000年颁布的《关于技术侦察工作的规定》；最高人民检察院、公安部1989年颁布的《关于公安机关协助人民检察院对重大经济案件使用技侦手段有关问题的通知》等。

② 成都市中级人民法院在王立军案的《判决书》中，认定其在担任重庆市公安局长期间，"滥用职权，非法对多人使用技术侦查措施，严重侵犯了公民的合法权益，破坏了社会主义法制"。参见李斌、杨维汉《王立军一审被判十五年，当庭表示不上诉》，《检察日报》2012年9月25日。

③ 据报道，时任太原市公安局长的李亚力在其子发生醉驾袭警事件后，为封锁消息而采取一系列技术侦查手段：包括"收走办案交警的手机，要求其使用专门的手机以便对其实施监控；调阅与夏坤通过话的所有电话单进行'案情分析'；对网上的相关爆料帖的IP地址进行追踪以确定发帖人；以安保为借口对手机短信实施关键字检索过滤，发现有李亚力名字的内容便立刻予以监控"等。参见刘敏《太原公安局长李亚力涉嫌滥权被双规》，《大河报》2012年12月11日。

又如德、意两国，近些年的司法实践表明，其侦查法官制度无法有效遏制审前程序的权力滥用行为。诸如此类的现实状况，揭示出域外有关技术侦查程序控制的司法实践处于"瓶颈"的尴尬阶段，亟待寻找出路。

3. 在理论研究方面，据统计，近年来在侦查制度方面，研究最多的制度之一当属技术侦查和大数据侦查制度，然而从近年刑事诉讼的整体研究成果来看，技术侦查的理论有待进一步深化，研究有待进一步拓展。实际上，早在2003年10月《刑事诉讼法》再修改工作便被列入第十届全国人大常委会立法规划前后，学者们针对技术侦查及其法律制度进行了一系列的研究。如陈光中先生的"刑诉法再修改"课题组在其《专家建议稿》中指出，技术侦查和秘密侦查的法制化，"既有利于加强其程序控制、保障人权，也有利于追诉机关更好地利用这些手段控制犯罪、指控犯罪"，建议对监听、截取和收集电子信息、秘密拍照、犯罪心理测试及派遣秘密侦查员、诱惑侦查等手段的适用范围、条件、程序等问题加以规定。[①] 2006年，中国社会科学院法学研究所、中国政法大学刑事法律研究中心和美国纽约大学共同举办的比较刑事诉讼国际研讨会上，学者就有关"监听"的立法与实践问题作为一个独立单元进行研讨。[②] 国内学者对于技术侦查的研究过于集中在"监听"这一项措施及其立法的研究上，直至2007年，程雷教授的专著《秘密侦查比较研究》对于包括但不限于监听的技术侦查手段以及乔装侦查等特殊的侦查方法进行了较为系统的比较研究，然而鉴于该著作并未选择针对"技术侦查"这一术语所代表的含义展开研究，因而对于技术侦查的相关问题尚不能直接据此得以

[①] 参见陈光中《〈刑事诉讼法再修改专家建议稿〉重点问题概述》，载陈光中、陈泽宪主编《比较与借鉴：从各国经验看中国刑事诉讼法改革路径》，中国政法大学出版社2007年版，第10页。

[②] 参见陈学权、秦策《比较刑事诉讼国际研讨会会议综述》，载陈光中、陈泽宪主编《比较与借鉴：从各国经验看中国刑事诉讼法改革路径》，中国政法大学出版社2007年版，第459—462页。

解决。

我国的技术侦查制度自2012年写入《刑事诉讼法》以来，其相关理论研究取得了一些新进展，但是总体来看仍有不足，具体表现为：其一，内容较为局限，缺乏对技术侦查的程序控制展开全面深入的研究；其二，观点鲜有创新，研究成果大多停留在修法前学界已经基本达成共识的主流观点，或者是对于域外法律制度与司法实践经验的详细介绍；其三，研究缺乏系统性，2012年《刑事诉讼法》新规定了技术侦查和隐匿身份的侦查与控制下交付，三种特殊的侦查手段在程序控制的适用上不尽相同，目前的研究未能厘清其中差异和适用程序的区别；而且，技术侦查已经规定在《刑事诉讼法》中，便应当从刑事诉讼三大制度（辩护制度、证据制度和强制措施制度）和三大程序（侦查、审查起诉和审判程序）的系统视角出发进行研究，目前的研究缺乏这样的方法和角度。这已是本书的价值所在。

（三）笔者的个人经历与研究兴趣所在

笔者曾有在警察院校学习和公安机关实践的经验，又对刑事诉讼法学进行过多年的学习研究，也参与过司法实践。因此，笔者一方面对于我国刑事诉讼程序中残余的"侦查中心主义"观念及其弊端有着切身的体会；另一方面，对于我国刑事法治的发展尤其是技术侦查法治的完善有着长期的关注和思考。

三 研究之思路

技术侦查的程序控制问题，不仅涉及范围较广，而且复杂程度较高，因此目前来看，实现有所创新的研究是一项有益的挑战，需要对所研究的问题进行相应的界分，逐步推进，并综合运用相关研究方法。

（一）主要研究内容

本书的研究内容，包括基础性问题研究和我国具体问题及其完善研究两大部分。

基础性问题研究是第一章至第四章，重点从什么是技术侦查入手，探析技术侦查对于刑事诉讼实体公正和程序公正的重要意义，论述这些重要意义的实现不仅有赖于对技术手段、方法的运用，更需要制度的制约，尤其是其中的程序控制问题，从而为余下各章奠定基调。然后讨论技术侦查的程序控制的基本含义和主要内容，再在技术侦查程序控制的比较研究基础上，探讨技术侦查程序控制的基本原理与基本原则。

在解决以上基础性问题的前提下，第五、第六两章将针对我国技术侦查目前存在的相关问题进行研究，包括对技术侦查程序控制的方法和内容以及与程序控制相关的证据制度、辩护制度等特殊性问题的研究，从而提出我国技术侦查程序控制的制度完善建议。

（二）主要研究方法

根据本书需要研究的主要问题，笔者采用了历史研究、规范分析、比较研究以及系统论研究的方法。

1. 历史研究方法

运用历史的方法，溯源技术侦查基本概念的产生与发展，研究技术侦查的立法、司法与相关制度和理论研究的发展趋势，探寻技术侦查程序控制的本体内涵。

2. 规范分析研究方法

运用规范分析的方法，通过对国内外有关技术侦查制度立法与司法改革情况进行分析，发现其中存在的问题，为进一步研究技术侦查的程序控制问题提供合理的依据。

3. 比较研究方法

运用比较的方法，通过对技术侦查与普通（常规）侦查、技术侦查与秘密侦查之间的比较探析技术侦查的特点；通过对技术侦查程序控制法律制度在国际、国内上的横向比较，归纳其制度的共性，通过对一国法律制度从无到有、由此及彼之变化的纵向比较，挖掘制度的发展趋势。

4. 系统论研究方法

运用系统论的方法，试图对技术侦查的程序控制问题进行系统化、完整化、统一化的研究，以期为建构一个技术侦查程序控制的理论体系奠定基础。

第一章 技术侦查程序控制概论

"概念,是一种可以容纳各种情况的权威性范畴,因而,当人们把这些情况放进适当的框子里时,一系列的规则、原则和标准就都可以适用了。"① 什么是技术侦查、技术侦查有何特点、技术侦查有哪些功能、技术侦查对刑事诉讼的价值的实现需要具备哪些基本条件,这些问题的解决,是研究技术侦查的程序控制的基本前提。

第一节 技术侦查概论

探求技术侦查的基本概念,需要对不同的观点加以辨析,并在技术侦查与传统侦查、与其他特殊侦查手段的比较当中分析技术侦查的特点。作为侦查措施中有着突出现代意义的技术侦查,其对于解决刑事诉讼中实体公正和程序公正的基本问题具有独特的作用,这种作用的实现不仅有赖于技术手段、方法的运用,更需要制度的约束。技术侦查的基本概念是首先需要澄清的问题,本节拟使用规范分析的方法,对国内外涉及技术侦查或者类似概念之规定的法律制度进行梳理,进而对技术侦查概念的理论研究成果加以辨析,在此基础上对技术侦查的不同类型逐一进行剖析,通过对不同类型技术侦查措施的评述,以厘清技术侦查的

---

① [美]罗斯科·庞德:《通过法律的社会控制》,沈宗灵译,商务印书馆1984年版,第23页。

内涵与外延，并为论述技术侦查的特点奠定基础。

一 技术侦查的基本概念

"技术侦查"，是指在刑事诉讼中，侦查机关依法运用技术设备和技术方法，隐秘获取犯罪信息或犯罪证据，以发现犯罪、查明犯罪事实和查缉犯罪嫌疑人所使用的一种特殊侦查手段。对于同样或者类似的手段，域外的理论研究与法律制度中通常使用"Surveillance"①（一般被译为"秘密监控"）这一术语来概括。对于其概念的理解，需要从以下两个层次进行把握：一是国内外关于技术侦查手段的概念是如何规定的；二是理论研究层面对于技术侦查的概念是如何论述的。这里需要说明的是，由于技术侦查的内涵十分丰富，对其概念之确定非一蹴而就，单纯以"下定义"的归纳法并不足以对其含义进行全面、深刻的理解，而通过对各种不同类型的法律规定的梳理却有助于更加直观地反映其本质。因此，技术侦查概念的理论辨析与技术侦查的法律规定类型化界分是相辅相成的。

（1）有关技术侦查概念的规范分析

同为技术侦查，在不同国家和地区的法律制度中反映出来的形式与其包含的内容不尽相同。对技术侦查概念进行规范分析，需要以关于技术侦查的法律规定的内容为基础。

1. 我国法律的规定

从法律渊源来看，有关技术侦查概念的规定，实际上我国《宪法》第40条在规定保护"公民的通信自由和通信秘密"时，就间接地提及"因国家安全或者追查刑事犯罪的需要，由公安机关或者检察机关依照法律规定的程序对通信进行检查"。而立法中最早明文出现技术侦查措施的是我国1993年2月第七届全国人民代表大会常务委

---

① 通过研究域外有关文献可以发现，Surveillance一词的含义十分丰富，狭义上理解为"监视"，而在实际运用中通常取其广义上"监控"之义，既包括视觉上的监控，同时还包括通过声、光、热以及其他电子技术手段进行的"控制"。

员会第三十次会议通过的《中华人民共和国国家安全法》，其第10条规定："国家安全机关因侦察①危害国家安全行为的需要，根据国家有关规定，经过严格的批准手续，可以采用技术侦察措施"，同时在其第33条授权公安机关在执行国家安全工作任务时可以适用上述规定。虽然1993年《国家安全法》已废止，被2014年《中华人民共和国反间谍法》所取代，但是相关规定没有显著的变动，该法在其第12条中规定了以上内容。② 1995年2月第八届全国人民代表大会常务委员会第十二次会议通过的《中华人民共和国人民警察法》第16条规定："公安机关因侦查犯罪的需要，根据国家有关规定，经过严格的批准手续，可以采用技术侦察措施。"通过以上规定人们只能了解技术侦查的主体以及"通信检查"一种技术侦查手段，仅此而已。而更多具体规定只在侦查机关内部规范中才有体现，如公安部2000年颁布的《关于技术侦察工作的规定》、公安部内部用于指导公安技术侦查实践的实施细则等涉及技术侦查的具体内容，但是这些具体的操作性文件都是"内部规定"，不对外公开。此外，《警察法》的相关法条释义指出，技术侦查是指国家安全机关和公安机关为了侦查犯罪而采取的特殊侦查措施，包括电子侦听（窃听）、电信监控（电话监听与手机定位）、电子监控、秘密拍照或录像、秘密获取某些物证、邮件检查等秘密的专门技术手段。③

现行《刑事诉讼法》及其司法解释没有专门对技术侦查的概念予以规定，唯公安部修订颁布的《公安机关办理刑事案件程序规定》（以下简称《公安部规定》）中列举了记录监控、行动监控、通信监控、场所监控等4类技术侦查措施。这里的表述与早期的《国家安全

---

① 学界的通说认为"侦察"与"侦查"的区分已经不再具有重要意义，因此本书的研究对二者不作区分。

② 现行《中华人民共和国反间谍法》第12条规定："国家安全机关因侦察间谍行为的需要，根据国家有关规定，经过严格的批准手续，可以采取技术侦察措施。"

③ 参见陈卫东主编《模范刑事诉讼法典》（第二版），中国人民大学出版社2011年版，第317—319页。

法》及《警察法》法条释义的表述有所不同，更接近一种理论上的分类。不过从这些描述中我们可以归纳出技术侦查的基本内涵。

2. 法治发达国家具有典型性的规定

作为以"秘密监控"（Covert Surveillance）表述的技术侦查的一种表现形式，最早问世的当属美国的监听制度。美国1928年判例奥姆斯泰德诉合众国案（Olmstead v. United States）便已涉及联邦工作人员对通过电话线路传输的信息的截听。① 自此，与科学技术和犯罪手段的不断发展和更替，以及最高法院通过判例确立的"搜查"法则相适应，美国国会先后通过《联邦通信法》《综合犯罪控制与街道安全法》《电子通信隐私法》《通讯协助执行法》以及众所周知的《2001年爱国者法案》，从而成为世界上秘密监控制度最完备的国家之一。英国的相关立法则追溯至《1969年邮政局法》，该法第80条规定了警察和情报部门等可以依法要求邮局透露经其传输的资料；《1985年通信截收法》首次在立法上确认了公民的隐私权，对警察通过邮递或者公共电信系统传输的通信截收（Communications Interception）活动进行规制，标志着英国在技术侦查立法上迈出了实质的一步。《2000年调查权控制法》（Regulation of Investigation Powers Act, 2000，又被译为《2000年侦查权规制法》）吸纳《1985年通信截收法》的有关内容并取而代之，还包含对秘密监视（Covert Surveillance）以及秘密人工情报源（Covert Human Intelligence Source）等特殊侦查手段的规定，其中第二部分规定监视是"对人及其活动、谈话及其通信进行监控、观察和收听及对其结果予以记录的活动"，并明确将秘密人工情报源也即诱惑侦查、卧底侦查、线人侦查等手段排除在外。英国技术侦查法治化之迅速发展对传统英美法系国家甚至大陆法系国家都产生了重要影响。德国作为大陆法系国家代表之一，对通讯秘密进行保护的历史十分悠久，可追溯到《魏玛宪法》，该法第

---

① 参见［美］伟恩·R. 拉费弗等《刑事诉讼法》，卞建林等译，中国政法大学出版社2003年版，第259页。

117 条规定了"书信秘密及邮政、电话、电信之秘密不得侵害,仅得以联邦法律为例外之规定"①。同时,作为成文法国家,德国技术侦查的法治化形成较早,其法律规范主要体现在该国的刑事诉讼法典第 99—100 条、第 100 条 a 至 b,第 100 条 c 至 g,第 101 条分别详细规定了邮件检查、秘密监听、秘摄秘录等手段。此外,德国《基本法》《刑法》《反洗钱法》《反制违法的麻醉药品交易及组织犯罪法》等法律也就上述侦查行为作出了相关规定。②

3. 国际公约的相关规定

首先,作为世界各国对于人权问题的共识、旨在维护人类基本权利的全球性文献《世界人权宣言》③,以及在此基础上产生的《公民权利和政治权利国际公约》,都明确规定了任何人享有的人权和自由不受侵犯的权利。如《公民权利与政治权利国际公约》第 17 条的规定:"任何人的私生活、家庭、住宅或通信不得加以任意或非法干涉……人人有权享受法律保护,以免受这种干涉或攻击",以及第 19 条第 2、3 款的规定,其中第 2 款规定:"人人有自由发表意见的权利;此项权利包括寻求、接受和传递各种消息和思想的自由,而不论国界,也不论口头的、书写的、印刷的、采取艺术形式的或通过他所选择的任何其他媒介。"第 3 款规定"本条第二款所规定的权利的行使带有特殊的义务和责任,因此得受某些限制,但这些限制只应由法律规定并为下列条件所必需:(甲)尊重他人的权利或名誉;(乙)保障国家安全或公共秩序,或公共卫生或道

---

① 参见杨志刚《毒品犯罪案件侦查中技侦手段的运用》,载崔敏主编《刑事诉讼与证据运用》,中国人民公安大学出版社 2006 年版,第 195—196 页;邓立军:《外国秘密侦查制度》,法律出版社 2013 年版,第 1—33 页。

② 有学者在介绍德国有关规定时,将技术侦查包含在秘密侦查的范围内,认为秘密侦查包含以上 3 类措施以及卧底侦查等,特此说明。参见谢佑平、邓立军《德国的秘密侦查制度》,《甘肃政法学院学报》2011 年第 6 期。

③ 详见《世界人权宣言》(Universal Declaration of Human Rights)第 12 条、第 19 条等规定。

德。"联合国人权委员会在一般评论中对该国际公约第 17 条所保护的权利进一步明确规定，"不管是来自国家机关的侵犯还是来自公民个人或者法律人格者的侵犯，都在这一权利保护的范围内"，从而明确了公法上的隐私权与私法上的隐私权均要受到保护。① 世界上第一个区域性人权公约《欧洲人权公约》中也有类似的规定②。进入 21 世纪之后，2000 年《联合国打击跨国有组织犯罪公约》和 2003 年《联合国反腐败公约》皆允许缔约国主管机关在其本国法律基本原则许可的情况下使用控制下交付，和在其认为适当时使用"电子或其他形式的监视"之特殊侦查手段，并允许法庭采信由这些手段获取的证据。

（二）有关技术侦查概念的理论研究

对于技术侦查概念的内涵与外延，学界有许多种意见，缺乏共识。笔者认为，总的来看，以判定技术侦查与秘密侦查的关系为轴，这些意见可以大致分成三类：第一类是认为技术侦查的概念中包含秘密侦查，即秘密侦查是技术侦查的子概念；第二类则恰好相反，认为技术侦查属于秘密侦查的组成部分，是秘密侦查的子概念；第三类则是认为技术侦查与秘密侦查之间不存在包含与被包含的关系，二者是相互独立、各具特色的两种特殊侦查手段。笔者持第三种意见。

支持第一类观点即认为技术侦查包含秘密侦查，如有学者指出，"技术侦查是指侦查机关运用现代科技设备秘密地收集犯罪证据、查明犯罪嫌疑人的强制性侦查措施的总称，其种类一般包括麦克风侦听、电话侦听、窥视监控、邮件检查、外线侦查等"③。有学者主张

---

① 参见陈光中主编《〈公民权利和政治权利国际公约〉批准与实施问题研究》，中国法制出版社 2002 年版，第 357 页。

② 参见《欧洲保护人权和基本自由公约》（the European Convention for the Protection of Human Rights and Fundamental Freedom）及参见赵海峰《欧洲人权法院简介》，载江伟、陈光中《诉讼法论丛》第 5 卷，法律出版社 2000 年版，第 194 页。

③ 参见朱孝清《试论技术侦查在职务犯罪侦查中的适用》，《国家检察官学院学报》2004 年第 1 期。

将诱惑侦查、控制下交付等措施也归于技术侦查措施之中①，指出技术侦查措施主要包括三类：技术类（电子侦听、电话窃听、电子监控、秘拍秘录、邮件检查等）、诱惑类（如机会提供型引诱、虚示购买、控制交付等）以及派遣秘密调查人员类（包括线人、特情、卧底侦查员等）。②

支持第二类观点即认为技术侦查包含于秘密侦查，"技术侦查，也称技术侦察、技侦手段或行动技术手段，是我国侦查实践中监控型秘密侦查的习惯性称谓"③。秘密侦查涵盖了两大类具体的侦查手段，即"乔装欺骗型秘密侦查"（乔装侦查，即侦查人员或普通公民通过身份欺骗接近相对人或者打入犯罪集团展开的侦查取证活动，如特情侦查、诱惑侦查或卧底侦查等）与"监控型秘密侦查"（秘密监控，即在相对人不知情的情况下对其通信、对外联系、活动、物品及周围环境等进行秘密监视与刺探，如通信监控、窃听、邮件检查、跟踪守候、电子监控、秘密拍照、录像、录音等），该论点指出，后者这些手段在我国侦查实践中又被称为"技术侦查手段"。④ 又如，"技术侦查是秘密侦查的一种方式，是指在当事人不知情的情况下进行的侦查，其中最为典型的是秘密监听行为"⑤。

支持第三类观点即认为技术侦查与秘密侦查相互独立，如有论者指出："所谓技术侦察措施是指在侦查犯罪过程中，侦查机关利用技术设备来获取犯罪信息和犯罪证据的措施，具体包括测谎、网上侦

---

① 参见韩德明《技术侦查措施论》，《浙江工商大学学报》2005年第3期。
② 参见唐磊、赵爱华《论刑事司法中的秘密侦查措施》，《社会科学研究》2004年第1期。
③ 陈卫东主编：《模范刑事诉讼法典》（第二版），中国人民大学出版社2011年版，第317页。
④ 程雷：《秘密侦查立法宏观问题研究》，《政法论坛》2011年第5期；陈卫东：《理性审视技术侦查立法》，《法制日报》2011年9月21日。
⑤ 参见《用技侦取证，须严格审批》，http://www.bjnews.com.cn/feature/2012/03/15/188569.html，访问日期2014年2月24日。

查、DNA 鉴定、监听、邮件检查、秘密录音录像、通讯工具的监控等;所谓秘密侦查措施,是指侦查机关为了收集犯罪的证据,对某些特定的犯罪案件,采取具有隐蔽性的措施,具体包括跟踪、守候、监视、卧底、诱惑、控制下交付、秘密辨认、刑事特情、化装等措施。"① 又如,"技术侦查是在刑事诉讼活动中,利用科学仪器或技术手段收集、保全证据,或对已收集的证据进行分析鉴定的活动"②。有学者认为,技术侦查是指以技术设备为载体所进行的秘密获取信息的手段,包括监听、监视、监控、秘搜、秘取、秘录、截取计算机信息、利用设备进行定位等,它与秘密侦查(以人为载体所实施的秘密获取案件信息的侦查手段)统称为特殊侦查手段。③ 而控制下交付、诱惑侦查、线人侦查、秘密侦查员派遣等属于秘密侦查措施④,与技术侦查措施不同⑤。

综观以上三类观点,第一类观点无论从制度层面还是理论层面皆难以立足,因为诸如线人、特情、跟踪等侦查手段古已有之,与科学技术没有必然联系;持第二类观点的学者,或在研究这些具有特殊性的侦查手段法治化问题时,并不倾向于将研究的重点放在选用"技术侦查"还是"秘密侦查"作为研究术语上,而是注重突出问题意识⑥;或者在比较研究中根据国外的一些惯例或经验,选择了代表这些手段隐蔽性、秘密性特征的"秘密侦查"作为概括性术语;然而如绪论中所言,如果在过去对于技术侦查和秘密侦查的概念界分不是

---

① 樊崇义、白俊华:《论刑事诉讼法修改与侦查程序的完善》,《山东警察学院学报》2012 年第 3 期。
② 参见《用技侦取证,须严格审批》,http://www.bjnews.com.cn/feature/2012/03/15/188569.html,访问日期 2014 年 2 月 24 日。
③ 参见《陈光中、田文昌、王敏远、陈卫东四位学者:谈刑事诉讼法的修改历程》,http://xbxsf.nwupl.cn/Article/llqy/201204/4644.html,访问日期 2014 年 2 月 22 日。
④ 参见龙宗智《强制侦查司法审查制度的完善》,《中国法学》2011 年第 6 期。
⑤ 关于技术侦查与秘密侦查之区别,详见本节第二部分之论述。
⑥ 参见熊秋红《秘密侦查之法治化》,《中外法学》2007 年第 2 期。

一个重要问题的话，那么随着科技的迅猛发展与犯罪种类的加速增长，全球范围内监听、监控等技术侦查措施的使用愈发频繁普遍乃至呈现失控之势，尤其是在我国2012年《刑事诉讼法》修改增加规定了"技术侦查措施"的背景之下，为了建立针对技术侦查措施更有效的程序控制机制，保障公民隐私权等宪法性权利不受国家权力的肆意侵害，对于二者概念的厘清演变成为一个亟待研究的问题。因此，笔者持第三种观点，认为有必要对技术侦查与秘密侦查这两类特殊侦查手段加以区分。

（三）技术侦查类型化界定

对于技术侦查的类型，各国的法律制度或理论研究都有不同的表述和分类，在上文中对技术侦查概念的辨析已经大量涉及技术侦查手段与类型的介绍。在分类介绍技术侦查具体手段类型之前，笔者希冀着重梳理一下理论研究对于技术侦查类型化界定的发展变化。

1. 技术侦查类型化的发展

技术侦查的类型化界定并非易事，因为正如随着社会的不断进步与科技的不断发展，犯罪类型与方法的层出不穷一样，技术侦查的类型也在不断地发展变化，体现在理论研究层面，则是技术侦查概念之外延的讨论，而这种讨论的依据，不仅是赖以实现刑事诉讼实体公正最大化的技术手段、方法的不断更新，更重要的是赖以实现刑事诉讼程序公正和人权保障功能的程序要求。

归纳各国理论研究和立法对象，结合我国立法、司法实践的习惯，笔者认为技术侦查的类型主要有以下几种：电子侦听（又称窃听、麦克风侦听）、通讯监控（包括电话监听、手机定位等）、秘密监视（包含秘拍秘录及电子设备跟踪定位在内）、邮件检查、密搜密取等。其中，邮件检查、密搜密取、秘拍秘录是否属于技术侦查，理论和实务界对此仍存有较大争议；而电信监控中在电话监听和手机定位以外，对其他"非通讯内容"的获取是否属于技术侦查也有一定的争议，下文在介绍具体类型时将分别予以详细阐述。与此同时，测谎①、DNA技术鉴定、采用技术仪器设备进行的勘验、检查等单纯具备技术性要求而不具备秘密性特征的侦查手段便不再被认定为技术侦查措施，这些在侦查实务中属于"侦查技术"或者"刑事科学技术"的范畴。②

除此以外，越来越多的学者建议增加"网络侦查"和"数字化侦查"。学者的理由是，在当今互联网时代，网络警察利用互联网技术实施侦查已成常态，例如，侵入个人计算机并获取硬盘资料、破解邮箱密码以取得邮件内容、监听互联网电话、监视MSN、微信、QQ等聊天系统等。从对公民隐私权与通讯自由权的干预、限制的角度来看，上述网络侦查手段的强制性不亚于传统的通讯监听等技术侦查措施。③有学者在技术侦查的具体分类中便罗列了"网络侦查"手段，并指出，该手段包括对邮件通讯及其他互联网文字、声音、图像通讯的截取，对储存在网络空间中的信息进行秘密调取，对上网轨迹、上网地址进行查询、定位等均为网络侦查形式。④德国联邦宪法法院2008年的对在线搜查个人电脑事件的判决具有启示意义：即保护IP系统的私密性和完整性的公民基本权利不受"在线搜查"的侵犯，规定只有在嫌疑人罪行基本确凿、疑点具体而且案情重大的前提下，经由严格的法官获准，侦查机关才可以动用侦查软件，潜入嫌疑人的个人电脑；在搜查过程中，侦查机关应尽量不涉及有关私人生活核

---

① 测谎技术由于是以征得被测试人的同意为前提所采用的科技手段，其实质问题是存在于某种技术标准下所得到的结论能否作为科学证据被法庭认可和采纳的问题，其在适用范围、法律程序等方面不具有技术侦查措施的特殊性。
② 程雷：《论检察机关的技术侦查权》，《政法论丛》2011年第5期；韩德明：《技术侦查措施论》，《浙江工商大学学报》2005年第3期。
③ 万毅：《解读"技术侦查"与"乔装侦查"——以〈刑事诉讼法修正案〉为中心的规范分析》，《现代法学》2012年第6期。
④ 程雷：《论检察机关的技术侦查权》，《政法论丛》2011年第5期。

心部分的数据,即便收集到这类数据,也不可对它们进行分析。而"数字化侦查"也称信息化侦查,其实施依赖于3个关键环节:网络化工作平台的搭建、应用系统与数据库的开发以及对各种可利用的信息进行全面搜集、科学整理、归类、存储、管理并实现共享。这便是美国"棱镜门"事件所披露的政府侵犯全球公民隐私权和资讯自决权①的技术侦查手段。随着时代的进一步发展,AI(人工智能)、大数据、云计算和区块链技术正逐步应用到经济社会生活的许多领域,信息传递的媒介(如抖音等短视频、直播软件)、数据的存储和处理技术(如云技术、算法的应用等)的科技性越来越高,相关的法律问题逐渐增多,所涉及的法治化讨论不曾间断。其中,"大数据侦查"②的概念基本成为刑事诉讼理论界和实务界对新型侦查手段的共识性概念,受到普遍关注,在未来,人工智能、大数据、云计算和区块链技术也必将被技术侦查手段所应用,或者与之存在较深的交叉关系。

笔者认为,"网络侦查""数字化侦查"与"大数据侦查"的许多内容在本质上是技术侦查在后互联网时代的众多具体表现形式,其中多种类型仍可以被分门别类地归入技术侦查的以下各种类型当中,逐项单列反而会造成技术侦查类型化界定逻辑上的交叉混乱,也不利于从现有实体法和程序法意义上对新型侦查手段进行解释和加以规制。当然,对于在技术和法律上不能被涵盖进技术侦查概念和类型的特殊侦查手段,应当尽快研究对其程序控制的法律制度。

2. 技术侦查类型化界定

对技术侦查的具体类型逐一进行介绍,有助于从微观层面认识技术侦查的各类手段,进而发现其共性,掌握其特点。

---

① "资讯自决权"是德国法用语,指公民原则上有决定自己要否提供个人数据及该数据应否被加以利用的权利。这一权利系依据德国《基本法》第2条第2项第1段而来。参见[德]克劳思·罗科信《刑事诉讼法》,吴丽琪译,法律出版社2003年版,第71页。
② 程雷:《大数据侦查的法律控制》,《中国社会科学》2018年第11期。

(1) 电子侦听

电子侦听又称窃听、麦克风侦听、电子监听等，指的是通过在一定范围内安装窃听设备，以侦听人与人之间面对面的交流内容。这里强调面对面的交流，即"口头会话"以区别于后面通讯监控中的电话监听。窃听手段可能是世界各国使用较早也较为频繁的技术侦查手段，却不是法治化最早的类型之一。

以监听制度建立最早的美国为例，《联邦通信法》仅对"有线通信"即"电话监听"加以规制，而这种电子侦听仍要根据当时的"物理侵入原则"被视为没有法律依据；《综合犯罪控制与街道安全法》第一次规定了对于"口头会话"之监听，其后《电子通信隐私法》（ECPA）将"监听"分成3类，包括对有线通信（wire communication）之监听即主要指"电话监听"、口头通信（oral communication）之监听即"窃听"以及电子通信（electronic communication）[①]之监听即主要是下文所述之"通讯监控"。从德国有关窃听的立法来看，德国《基本法》最初规定"监听是被严格禁止"的，刑事诉讼法也没有规定监听日常口头会话的权力，德国在其《刑事诉讼法典》第100条中先规定的是"电信监听"，直到1992年修法才赋予了侦查机构"窃听、录制"露天场所或者公共建筑内会话的权力，1998年为加强对有组织犯罪的打击通过了刑事诉讼法、刑法和反洗钱法对基本法之"住宅不受侵犯"规定之例外，最终允许在特定情况下对私人住宅进行"听觉性监视"即"窃听"；且电讯监听与非私人住宅的窃听适用范围相同，私人住宅之窃听适用范围则要窄得多。[②] 法国与之相似，其先是于1991年立法规定了"普通监听"，对一定范围内的普通案件进行"电信监听"；后又于2004年重新规定了针对有组织犯罪实施的"特殊监听"，其中首次允许对口头会话的"窃听"。而英国更是将这种"监听"归入"秘密监视"的内容之中。笔者认为，

[①] 参见邓立军《外国秘密侦查制度》，法律出版社2013年版，第59—60页。
[②] 谢佑平、邓立军：《德国的秘密侦查制度》，《甘肃政法学院学报》2011年第6期。

这一方面是由于上述国家对于公民住宅自由的高度重视,另一方面,主要是由于较之通过电子通讯设备的对话,口头会话往往发生在更加私密的空间,会话基本不受时间、地域的约束也将更加放松,因而更多地涉及当事人的隐私。因此,笔者倾向于将"窃听"与"电信监听"分成不同的两类,有关电信监听将在下述"通讯监控"中介绍。

(2) 秘密监视

秘密监视是各国侦查实务中使用频率较高的一类技术侦查措施,这一表述通常对应的是英美法系国家的"Covert Surveillance"。多数国家的立法未对秘密监视的概念直接作出界定,国外学界对其理解也存在争议,如英国依据其重视保护财产权的传统观念,更加注重对住宅等私人领域的保护,[1] 由此《2000年调查权控制法》将秘密监控分为"指向性监视"与"侵入式监视"。美国学界对秘密监视概念的界定大致有五种观点,一是认为它是一种直接观察的方式;二是认为可分为"定点监视、跟踪和隐蔽调查";三是认为可分为"人员监视"与"技术监视";四是认为包括固定守候、移动及步行跟踪、车辆跟踪四种监视;五是其秘密性和持续性。笔者认为,以上五种观点皆难以清晰地界定秘密监控之概念,且不利于从程序控制的角度理解这类技侦措施。而日本学界则对秘密监视的一种方法即秘拍秘录的法律性质属于任意处分还是强制处分[2]有不同看法,持"任意处分"之观点学者认为,侦查机关在并未对拍摄对象实施外部强制,拍摄对象也无须承担任何忍受义务,据此侦查机关可自行决定是否及如何实施拍摄;持"强制处分"观点的学者认为侦查机关对拍摄对象的隐私权和肖像权造

---

[1] 程雷:《秘密侦查比较研究》,中国人民公安大学出版社2008年版,第497页。

[2] "任意处分"与"强制处分"是学理上对刑事程序中强制手段的一种分类方法,日本、苏联和我国台湾地区诉讼理论中常采用"强制处分"来涵盖强制措施。多数学者认为,强制措施应包括对人、对物及对隐私权的3类强制措施,其中,技术侦查手段属于刑事程序中对隐私权的强制措施,是新形态的强制处分之一。参见王敏远主编《刑事诉讼法学》(上),知识产权出版社2013年版,第457—458页;林钰雄:《刑事诉讼法》(上册),中国人民大学出版社2005年版,第323页。

成严重侵犯,因此只有在满足清楚的犯罪嫌疑、高度的取证之必要性、情况紧急、方法适当等严格的令状要求下才可实施。而日本司法实务界则基本将其视为一种任意处分。① 法国最初的秘密监视仅在毒品走私犯罪中使用,这种监视实际上相当于"控制下交付"的概念,不属于技术侦查的范畴;而法国《刑事诉讼法典》第706条中规定了"秘拍秘录",涉及如进入私人车辆或场所,或夜间进入居所"安装某种技术装置"进行秘拍的行动,这便属于典型的秘密监控的技术侦查措施,法律规定对其加强程序控制。德国《刑事诉讼法典》第100条c明确规定了"秘摄秘录",授权侦查机构在采用其他方式进行侦察将成果甚微或者难以取得成果时,可在当事人不知晓的情况下制作照片或录像;且论者指出德国对于该手段的程序控制比秘密监听和卧底侦查要宽松和自由得多,② 由此看来,德国的"秘摄秘录"与法国的"秘拍"指的是两种不同的概念,前者更多的是指在公共场合侦查人员认为有必要利用设备秘密记录相对人的外形、动态等,而后者则是一种"侵入式"的秘密拍摄,其对隐私权的侵犯要大得多。

综观各国的法律制度和理论研讨,笔者认为,秘密监视可以分为"跟踪监视"与"侵入监视"。其中,"跟踪监视"主要是指技术侦查人员对特定的侦查对象,利用多种技术手段,如跟踪车或者其他电子设备进行跟踪定位的监视手段(在利用设备进行跟踪定位时,可能与第2类中的"手机定位"手段有所交叉),在跟踪监视的同时,侦查人员根据需要对侦查对象及与其有关的地点等进行的"秘拍秘录",如德国法律规定之"秘摄秘录",都是附属于跟踪监视的技术手段,没有必要作为一项专门的类型单列。跟踪监视可以被看作以侦查人员的主观能动性为前提的技侦手段,类似于英国法律规定的"指向性监视",之所以不采用"人员监视"的概念,是因为作为技术侦查的跟踪监视排除了

---

① [日]田宫裕:《刑事诉讼法》(Ⅰ),有斐阁1985年版,第14页。
② 参见邓立军《外国秘密侦查制度》,法律出版社2013年版,第24—30、93—94、191—196、233—238、268页。

"纯粹依靠人力进行的"盯梢、蹲守等传统的"外线跟踪"手段，而排除的理由是这些单纯依靠人力进行跟踪监视的活动相比前者而言，对于公民隐私权的侵犯程度要小得多。"侵入监控"主要是指在建筑物或者交通工具中安装秘密监视设备，以获取其内人员的一切有关活动的技术侦查措施，大致相当于英国法律规定的"侵入式监视"。对于所侵入的领域应作广义上的理解：既包括一个相对固定的私人空间如私人住宅、私人临时居所、私人交通工具内部等，还可能包括个人电脑、工作站等。这里有必要说明的是，随着计算机网络技术的发达，利用服务商从后台或者利用专门的侵入软件，进入任何一台 PC、手机监视用户端操作的手段已经屡见不鲜，从目前技术水平来看，其原理与侵入监视基本一致，尚未超出此范畴①。因此没有必要对此在技术侦查之外进行单列。侵入监视在监控的同时可以对实时内容进行储存，正如法国法律上的"侵入式""秘拍秘录"，这对于侵入电脑、手机与智能手表等个人电子设备的监视也同样适用。

（3）通讯监控

笔者在此处之所以借鉴大陆法系国家"通讯"的概念，而没有采用"电信"等概念。一个重要的原因是我国的法治语境下，对于电信通常作狭义的理解，成为与互联网相区分的概念②。而互联网侦查中，无论是对网路电话的监听，还是网上聊天记录或者电子邮件的往来，都与传统的电话监听或者监控在隐私权的侵犯程度、行为方式以及所依赖

---

① Clive Harfield & Karen Harfield, *Covert Investigation*, Oxford: Oxford University Press, 2006, pp. 84 – 90.

② 实际上，"电信"在学理上是广义的概念，是利用有线、无线、光或者其他电磁系统传输、发射或接受符号、信号、文字、图像、声音或其他任何性质的信息，包括互联网通讯。但是我国有关电信和互联网的法律法规，基本上将二者独立开来分别进行规定。如 2000 年颁布的《中华人民共和国电信条例》和《互联网信息服务管理办法》相互独立的规定。参见 http://baike.baidu.com/link? url = AkNZhUB3WWGrkkGYGCqsmlASt1uHPjMMEtTZoUcYHkGnq9PD4rRPoCNLEpDt_ _ Ah#2; http://baike.baidu.com/link? url = j1qRbCC8X9InDT2_ L81aObtb847gn_ 6TlhuZOKT4ylCTjQyNZbFlziPL7L57rbYaQFJrcVKgcc5hVj31GeZag_ , 访问日期 2014 年 3 月 2 日。

的程序原则等方面存在共通性，而采用"电信监控"的概念却无法涵盖之。"通讯"的概念更有助于对此种技术侦查类型进行界定。

大陆法系采用"通讯截收"或"通讯截获"的表述，笔者考虑到我国大陆的语言文字习惯，认为"监控"能够更好地体现技术手段在运用时的秘密性、隐蔽性和实时性，而"截收、截获"有令人误以为通讯在截获时被中断传输而无法被目的一方成功接收之虞。由此，这里的通讯监控既包括"电信监控"，又包括"互联网监控"。而前者又包含电话与手机监听、获取短信内容，以及通过手机定位等能够确定相对人所在位置的技术手段。但有学者指出，不包括对通讯记录等通讯形式进行获取，对通话记录的获取与电话监听所针对的获取通话内容是被区别对待的两种侦查手段。①

此外，对于上述电信监控中除电话监听"通讯内容"或手机（或电子穿戴设备）定位的获取以外，对其他"非内容性通讯资料"②的获取是否属于技术侦查也有一定的争议。我国大陆在理论和实践中都倾向于：对此类内容的监控或者说调取不属于技术侦查。如有学者提出，技术侦查的"秘密性"表现在，这种侦查手段一旦被相对人知悉将难以继续开展，以此标准衡量之，侦查实践中广为使用的对短信查询、通话记录等通讯信息的搜集不应当视为技术侦查，而同步截取短信内容或者手机定位、电脑定位则属于技术侦查的范畴。③ 笔者认为，对存储性的"非内容性通讯资料"的调取不属于技术侦查的范畴。建议借鉴美国的相关做法：美国针对电话号码实时监控与通讯记录的调取分别建立了不同的法律，前者由《联邦收发话记录监察法》（The Pen Register Act）加以规制，后者则由《联邦储存中通讯

---

① 程雷：《论检察机关的技术侦查权》，《政法论丛》2011年第5期。
② 通过技术手段获取的通讯在概念上可以区分为"通讯内容"及"非内容性的通讯资料"，参见李荣耕《论侦查机关对通信记录的调取》，《政大法学评论》2010年第115期。针对后者使用的手段如侦查实践中广为使用的短信查询、通话记录等通讯信息的搜集和调取等。
③ 参见陈卫东《理性审视技术侦查立法》，《法制日报》2011年9月21日。

监察法》(The Stored Communications Act)① 规制，且后者针对相对人基本信息资料和更为详尽、私密且广泛的非基本资料的调取设置了不同的程序，从而在隐私权保障的程序控制方面做得更加完善。

(4) 邮件检查

邮件检查（简称"邮检"，surreptitious mail search）是最早存在的技术侦查手段之一，是指对纸质的通信、包裹等实际物件进行秘密检查的手段。邮检之所以作为技侦手段主要是由于其信件内容被检阅的活动处于隐蔽状态，当时不为被侦查对象所知因而具有的秘密性，以及信件在开拆和恢复原状的过程需要一定的技术性。在我国，无论在学理上还是在侦查实务中，邮件检查都被列为技术侦查的基本类型。而在近年的理论研究中，有学者提出将"邮检"排除在技术侦查措施概念之外的意见，理由是：其一，认为邮件检查并不像监听、监视措施那样长时间、持续性地干预公民的通讯自由权；其二，认为随着信息社会电话、手机、互联网等通讯方式的日益多样，除特定场所如监狱、看守所外，传统的书信邮件和电报等通讯方式的信息传递作用正日渐萎缩，甚至将淡出人们的生活，相应地，邮件检查手段的使用率也远不及其他技术手段那样高。② 分析国外有关邮检的法律制度可以发现，对于邮检的规定主要集中于：其一，在采取措施时针对不同性质或者不同密级的邮件，遵守相应的令状原则，其二，在采取措施之后对于当事人的告知义务与救济。对于公民邮件通信自由和通信秘密的保护在各国基本都有宪法依据。而将邮检明确列为一项独立的技术侦查措施的主要是德国，由于历史的原因，德国早于其他国家认识到公权力滥用邮检手段对于公民隐私权的侵害，因此在其刑事诉讼法确立之初便确认了邮检的合法性（德国《刑事诉讼法典》第99

---

① 参见 The Electronic Communication Privacy Act of 1986, Title Ⅱ & Ⅲ, Pub. L. No. 99 - 508, 100 Stat。

② 万毅：《解读"技术侦查"与"乔装侦查"——以〈刑事诉讼法修正案〉为中心的规范分析》，《现代法学》2012 年第 6 期。

条),而美、英、荷兰等国家在20世纪后半叶起才启动对技术侦查措施的法治化进程,而此时信件的通讯手段已渐渐被舍弃,因此其余国家少有对此进行单独规定,多是将邮检与物品的"搜查与扣押"措施一并进行规制。① 笔者认为,随着时代的进步,邮检措施或许终将从技侦手段中移除,然而只要存在一日,其对于公民合理的隐私权期待的潜在侵犯便是不争的事实,因此就目前而言,其仍然属于技术侦查的一种类型。

(5) 密搜密取

笔者认为,密搜密取是指对侦查对象所处的地点或物品进行秘密搜查并且提取物证、书证、电子数据等相关证据材料的手段。其特点是,搜查提取结束后,被侦查对象对搜查行为的发生并不知晓。这里有必要特别指出电子数据的密搜密取,如前所述,互联网侦查的其中一项内容便是对用户电脑中所存储的数据信息进行秘密调取,远程秘密进入相对人的电脑、软件进行数据的搜集获取,与秘密潜入相对人的房间对物品进行搜集获取,在侵入对象、侵入形式、证据保全等在本质方面没有区别,只不过前者是信息时代特有的密搜密取形式而已。此外,还有的学者认为密搜密取不应当列入技术侦查措施之中,因为相较于监听、监视等技术侦查手段,密搜密取虽然也会侵犯公民的基本人权,但是不具有长期性和持续性的特征,对于密搜密取措施的规制应是将其逐步纳入法定的搜查、扣押等强制措施制度当中。②

通过以上类型化研究,笔者认为,起码有以下三种方法对技术侦查措施进行界分:其一,根据技术侦查的相对人是否通过第三方的媒介,可分为通讯型技侦措施与非通讯型技侦措施,典型的通讯型技侦

---

① 参见程雷《秘密侦查比较研究》,中国人民公安大学出版社2008年版,第474—501页。

② 万毅:《解读"技术侦查"与"乔装侦查"——以〈刑事诉讼法修正案〉为中心的规范分析》,《现代法学》2012年第6期。

措施如电话监听、互联网（包括云端）监控等；其二，根据技术侦查手段的实施对象进行分类，可分为对人型技侦措施与对物型技侦措施，前者如窃听、秘密监视等，后者如邮件检查、密搜密取等；其三，根据技术侦查手段的实施方式不同，可分为听觉型技侦措施与视觉型技侦措施，前者如窃听、电话监听等；后者如秘密监视、手机定位、通讯内容截取、邮件检查、密搜密取等。上述分析有助于对种类繁多的技术侦查手段有一个较为宏观的认识。然而，对技术侦查类型化的目的不是为了分类而分类，建立在对不同国家的不同技术侦查类型理论和法律制度研究的基础上进行分析，第一种"电子侦听"与第二种"秘密监视"都属于侵入式监控，前者是听觉手段、后者是视觉手段，对于公民隐私权的侵害程度基本相当，后者因为暴露画面从而更甚；第三种"通讯监控"的技术性最为突出，并且迭代速度最快，多数情况下需要"第三方"的配合，且必须通过技术、设备或者原理等方能实现侦查目的，此类措施对公民来说最不易察觉、最难以防范且最不易获取凭证，相应地对于公民的隐私权侵犯程度最大。第三种当中的"互联网通讯监控"与第四种虽然都是对邮件内容进行"搜查"，只是邮件的"载体"有电子的（虚拟的）和纸质的（现实的）差别，但是就公民合理的隐私期待而言，前者侵犯的范围广度和深度都要大得多；第四种"邮件检查"、第五种"密搜密取"在有些国家的立法中是一并规定的，如在英美法律中皆作为特殊的搜查制度加以规定，二者的共同点都是搜查，尽管搜查的对象一个是邮件的内容、一个是物品；但是二者与搜查、扣押最大的区别在于相对人是否知晓，技术侦查手段所具有的前瞻性、预防性、秘密性是搜查和扣押所不具备的，因此刑事诉讼的相关原则决定了他们的程序控制必然存在差别。

二 技术侦查的特点

尽管学界对技术侦查的概念和类型的表述不尽相同，对技术侦查与秘密侦查之间的关系意见各异,但这并不影响人们研究技术侦查自身独有的特点,以及确立技术侦查在侦查措施中相对独立的地位。本节将通过技术侦查与常规侦查的比较、技术侦查与秘密侦查的比较,分析技术侦查的特征,为研究技术侦查的程序控制提供思路。

(一)技术侦查与普通侦查的比较

现代刑事诉讼构造逐渐从"侦查中心主义"[①]转变为"审判中心主义",相应地,基于对"口供中心主义""笔录中心主义"和"审讯中心主义"的反省,在侦查程序中越来越注重对于非口供证据材料的收集和运用。这种情况与科学技术的进步相辅相成、相互促进,进而使技术侦查变得更加重要。[②] 技术侦查与普通侦查相比较,前者的特点主要体现在以下方面。

1. 高科技性

技术侦查能够使用各种先进的器材,将现代电子侦听、电话监听和秘密监控等科技运用到刑事犯罪侦查中,实现二者的有机结合,具有典型的高科技性。随着现代科技的飞速发展,技术侦查手段也在不断更新换代以更好地适应犯罪形势变化,尤其是在打击有组织的高科技犯罪以及恐怖主义犯罪时具有不可替代的效果。而普通侦查(常规侦查)的常用手段有现场勘验、检查、讯问犯罪嫌疑人、询问被害人、证人、侦查实验、辨认等,这些手段的实施基本上依靠侦查人员的知识、技能和经验即可完成。尽管勘验检查、辨认、侦查实验等与"技术"有关,但是这种关联是专业技能范畴的技术,通常称"刑事科学技术",是通过长期的实践经验和科学研究积累而成的技能。在普通侦查过程中的刑事科学技术,是通过科学技术来呈现侦查的结果,反过来印证侦查人员对案件事实的推测或者供述及证人证言等,

---

① "侦查中心主义"是我国传统刑事诉讼构造的一大弊病,集中表现为"口供中心主义""笔录中心主义"和"审讯中心主义"。

② 参见[日]田口守一《刑事诉讼法》,刘迪等译,法律出版社 2001 年版,第 71 页。

如笔迹鉴定、法医鉴定等；而技术侦查则是运用科学技术手段直接去发现真实，其能够呈现犯罪事实的全貌，如秘密监视。

技术侦查的高科技性对于其侦破犯罪、发现真实有着常规侦查难以望其项背的强大功能，这将帮助侦控主体最大限度地向裁判者呈现犯罪事实和有关证据材料，有助于裁判者在查明事实的基础上作出更加公正的裁判结果。因此，从这一点上来看，技术侦查对于实现刑事诉讼的实体公正具有重要作用。

2. 隐秘性

技术侦查的隐秘性或者秘密性，在侦查阶段和审判阶段体现得最为明显。正如有学者所指出的，技术侦查的隐秘性特征是指在相对人不知悉的情况下实施的，更为准确地讲，这种侦查手段一旦被相对人知悉将难以继续开展。[①] 根据不同国家法律制度的不同，有的手段在实施以后可能会对被侦查对象进行告知，有的则不会进行告知，反映出侦查的强制性。除侦查人员以外，无人了解侦查措施的启动、过程与结果，其所获取的相关材料也鲜对外界公开；在审判阶段，有些国家的法律规定要求，即便技术侦查所获材料被作为证据使用，为了保全技术侦查手段本身或者相关人员的安全，法官在审判过程中对证据进行庭外核实，不当庭质证。而普通侦查不具备上述侦查阶段与审判阶段的隐秘性特征，它并不像技术侦查那样在实施的时候对多数人尤其是被侦查对象保密，甚至常常要直接面对有关对象进行侦查；所采用的方式未必是强制性的，也可能是任意性的；在审判程序中这些手段及其取得的证据材料也是公开的，如讯问、询问、搜查、扣押等。

技术侦查的隐秘性也即不公开性，对于被追诉一方的辩护权利等基本诉讼权利存在一定程度的剥夺。无论技术侦查能够在多大程度上发现真实，实现"正义"，其首先要以"看得见的方式"实现正义。

---

① 参见陈卫东《理性审视技术侦查立法》，《法制日报》2011年9月21日。

因此，技术侦查的隐秘性对刑事诉讼的程序控制提出了更高的要求，以便保证刑事诉讼实体公正和程序公正的顺利实现。

3. 主动性或前瞻性

随着社会的发展，人与人之间各种信息交流方式的增多，有计划、有预谋的新型犯罪形式的增加，犯罪事实更加难以发现、证据愈发难以收集，仅仅使用常规的侦查手段往往难以奏效，技术侦查作为典型的"主动性侦查"（Proactive Investigation）成为重要的侦查形式。与在传统的侦查方法中，警察往往于犯罪发生之后，扮演被动的、回应性的角色［这种侦查模式被称为"反应型侦查"（Reactive Investigation）］相比，技术侦查带有主动性或者前瞻性。尤其是在类似于"棱镜门"的事件中，权力机关对于不特定人员的通讯记录的监控、通话内容的监听等，突出地反映出不被程序法控制的技术侦查措施对于正在发生甚或尚未发生但是即将可能发生的犯罪行为进行"预防性抗制"，有学者甚至将其称为一种设置于审判程序、审前程序之前的旨在主动发现采用常规侦查手段难以发现的犯罪信息的"前嫌疑阶段"（pre-Suspicion Area）。①

技术侦查的主动性或者前瞻性，反映出技术侦查手段如不从程序上对其启动和运用加以控制，并加强相应的监督和救济，则将与"无罪推定"这一刑事诉讼的基本原则发生一定的冲突。

4. 潜在的权利侵犯性

基于以上分析可知，技术侦查自其产生之初便比其他侦查方式更具有权利侵犯的可能性，这里的权利主要指"隐私权"。在《布莱克法律词典》中，隐私权被认为是"包含在有秩序的自由中的各种权利，免受政府对个人关系或行为、个人对自己和家庭以及其他人的关系进行基本选择予以干扰的权利"；是"一个人为保护他自己和财产免受公众细察的权利"②。由此看来，高科技性、秘密性、主动性等

---

① Barton L. Ingraham, Thomas P. Mauriello, *Police Investigation Handbook* 5-1, 1990.
② 陈卫东主编：《刑事审前程序研究》，中国人民大学出版社2004年版，第179页。

都不是技术侦查的本质属性,技术侦查之所以被认为特殊,主要还是因为这类高科技秘密侦查手段涉及对公民通讯自由权、隐私权等长期、持续地干预和限制,这种权利侵犯性是技术侦查"与生俱来"的;另一方面,在这样的前提之下,如果放纵对技术侦查权的控制,公民将面临全方位、立体式的带有笼罩色彩的监控,这种态势威胁着法治国家存在的根基,有使其从法治国向警察国倒退的危险。① 纵使在技术侦查法治化的国家,技侦措施的合法使用与侦查权力的滥用乃至对人权的恣意践踏,可能只有一线之隔。这也是技术侦查被世界多数法治国家通过立法加以规范的根本原因。

5. 专门性

技术侦查具有专门性,主要是指技术侦查适用范围的专门性。如果运用普通侦查措施就可以侦破的案件,则不应适用技术侦查措施。技术侦查措施应当针对那些即便穷尽了其他所有侦查手段仍不能够实现正当的侦查目的的刑事案件,技术侦查是"迫不得已"而采用的"最后手段"。鉴于技术侦查的以上之高科技性、秘密性、潜在的权利侵犯性等特点,在"两害相权取其轻"的考量下,技术侦查的专门性还表现在其仅适用于特殊的重大复杂、性质恶劣、危害性大的刑事案件,而非一般的刑事案件。如美国《综合犯罪控制与街道安全法》通过罪名列举的方式规定了秘密监听适用的范围;法国《刑事诉讼法典》第100条通过对刑罚的限定来规定通讯截留的适用范围;意大利《刑事诉讼法典》则采取罪名与刑罚种类相结合的方式规定监听的适用范围,且都作出了严格的限定。② 我国2012年《刑事诉讼法》第150条也对公安机关、检察机关启动技术侦查措施的范围进行了规定,但是非常笼统,仅在之后的相关司法解释中对适用的案件

---

① 万毅:《解读"技术侦查"与"乔装侦查"——以〈刑事诉讼法修正案〉为中心的规范分析》,《现代法学》2012年第6期。
② 参见程雷《秘密侦查比较研究》,中国人民公安大学出版社2008年版,第197—198页。

类型作了相对具体的列举式限定。①

(二) 技术侦查与秘密侦查的比较

技术侦查是随着社会的发展、科技的进步而产生的，而秘密侦查古已有之。技术侦查与秘密侦查、控制下交付等概念是不同的，然而我国目前的法律规定令三者界限模糊，容易混淆，宜在厘清其内涵的基础上加以区分规定。现行《刑事诉讼法》"侦查"一章第八节名为"技术侦查措施"，而在该节中规定了技术侦查，也规定了秘密侦查。有学者认为，现行《刑事诉讼法》在此处继续"秉承"了我国一直以来奉行的"宜粗不宜细"的立法指导思想，对技术侦查措施和秘密侦查措施采取概括授权的立法模式。然而这种"粗放型"立法风格和技术，造成法律条文中二者的基础概念含义不清、相关法条内容模糊，减损了法条的可操作性和司法的确定性，可能直接或间接地冲击刑事诉讼法保障人权和打击犯罪的终极目的。因此，有必要对技术侦查与秘密侦查进行比较分析。

1. 秘密侦查的基本内涵

如前文所述，本书支持如下观点：秘密侦查措施主要包括诱惑侦查、线人侦查、卧底侦查以及控制下交付等。在此，笔者认为有必要对诱惑侦查（诱捕侦查）、线人侦查（线民侦查）、卧底侦查〔有观点认为前三者可统称为"乔装侦查"（Undercover Investigation）〕以及"控制下交付"等秘密侦查措施的概念加以辨析。有观点指出，以上概念在广义上皆属于"预防性侦查"的范畴。原则上，侦查应当以犯罪已经发生为前提，但是侦查机关基于预防犯罪的目的，对于有合理怀疑的可能在未来发生的犯罪主体、犯罪地点或犯罪活动进行预防性侦查取证活动，即为预防性侦查。② 所谓诱

---

① 参见公安部2020年7月颁布的《公安机关办理刑事案件程序规定》；最高人民检察院2018年11月颁布的《关于人民检察院立案侦查司法工作人员相关职务犯罪案件若干问题的规定》。
② 参见朱朝亮《非正规侦查之类型及其搜证效力（上）》，《月旦法学教室》第90期。

惑侦查，或称"诱捕侦查"，综合理论研究和实践经验，诱惑侦查主要指的是侦查人员引诱其认为有犯罪意图的人实施犯罪行为，待侦查对象实施了犯罪对其以后再加以抓捕的侦查手段。判定其是否是合法的诱惑侦查的标准主要包括主观上犯罪嫌疑人原本是否有犯罪意念，客观上侦查人员的诱捕行为是否使一般没有犯罪倾向之人产生犯罪意念，以及主客观评价标准的结合。① 由此可见，诱惑侦查是基于侦查人员与犯罪嫌疑人之间互动而产生的特殊侦查手段，而不是基于科学技术而存在的侦查手段。诱惑侦查通常在毒品犯罪案件及其他物品的走私犯罪案件中使用最为集中，这一点在世界范围内具有普遍性。

所谓线人侦查，是通过非侦查权力所有者的普通民众进行的侦查活动。线人是由侦查机关遴选的"非警察"，志愿与警察合作进行秘密搜集相关资料，且通常要求线人不得从事违法行为；而卧底侦查是指侦查机关通过秘密派遣侦查人员潜入犯罪组织、参与犯罪活动的方式，以获取组织犯罪的有关线索或证据材料的侦查方法，卧底必须是有侦查权的警察人员，在卧底期间必要时经派遣机关同意可能从事违法行为。由于卧底侦查需要长期潜入犯罪团伙内部，无论是卧底人员及其亲属的人身安全还是侦查活动的成败都存在极高的风险，在理论和制度层面都始终处于不断讨论和变革当中，其中，德国率先将其写入《刑事诉讼法典》，规定"警察改变身份后，在一定时期内连续性地使用化名潜入犯罪人的圈子实施的侦查活动"②；荷兰 2000 年关于秘密侦查的立法以及法国 2004 年修订的《刑事诉讼法典》皆明确规定了卧底侦查（infiltration），规定侦查人员以与犯罪嫌疑人"合作"

---

① 参见朱朝亮《非正规侦查之类型及其搜证效力（上）》，《月旦法学教室》第 90 期。
② ［德］托马斯·魏根特：《德国刑事诉讼程序的改革：趋势与冲突领域》，樊文译，载陈光中主编《21 世纪域外刑事诉讼立法最新发展》，中国政法大学出版社 2004 年版，第 237 页。

的方式,"到这些人身边对他们进行监视"①。卧底侦查主要针对的是具有组织性、隐秘性和国际性的新型犯罪。基于上述分析可知,线人侦查与卧底侦查同样也是基于"人"而实施的特殊侦查措施,强调手段使用之"秘密性",而非"技术性"。而所谓"控制下交付"②,也称"跟踪监控、监视转移或监视转交",俗称"放线侦查",指侦查机关虽然确定某种物品是违禁品,但并不采取当场没收,而是在其监视下允许并追踪其流通,以确定参与非法交易之人。控制下交付经常被运用于对毒品犯罪的侦查。相关国际公约并未将其纳入乔装侦查措施("特工行动")的范畴予以规范,而是将其单列为一项独立的"特殊侦查手段"。有观点认为"控制下交付"符合"乔装侦查"的基本特征,将其单独拿出来进行规定只会徒增理论上的繁琐。

有学者将以上几类统一称为"乔装侦查"(Undercover Investigation),指出这里的乔装并不局限于外表和服饰等外在装束的改变,而是引申为"身份的变更、隐藏"之意。③ 也有学者主张将 Undercover Investigation 直译为"隐藏身份的侦查"④,有学者则指出,我国现行《刑事诉讼法》第 153 条规定之"隐匿其身份实施侦查",即侦查学意义上的"乔装侦查措施",将其外延解释为主要包括"卧底侦查""线人侦查""诱惑侦查"和"控制下交付"等四种侦查方式。⑤ 以

---

① Stewart Field, Caroline Pelser (eds), *Invading the Private-State Accountability and New Investigative Methods in Europe*, Athenaeum Press 1998, p.102;参见《法国刑事诉讼法典》第 706—81 条。

② 对于控制下交付,《联合国禁止非法贩运麻醉药品和精神药物公约》第 1 条 g 项有明确界定:"控制下交付系指一种技术,即在一国或多国的主管当局知情或监督下,允许货物中非法或可疑的麻醉药品、精神药物、本公约表 1 和表 2 所列物质或它们的替代物质运出、通过或运入其领土,以期查明涉及按本公约第 3 条第 1 款确定的犯罪的人。"

③ 参见程雷《秘密侦查比较研究》,中国人民公安大学出版社 2008 年版,第 30—43 页。

④ 参见谢宜文《隐藏身份侦查与人权保障——以美国法为借镜》,硕士学位论文,"国立"台湾大学,2001 年。

⑤ 参见万毅《解读"技术侦查"与"乔装侦查"——以〈刑事诉讼法修正案〉为中心的规范分析》,《现代法学》2012 年第 6 期。

上四类秘密侦查手段在司法实践（主要是毒品犯罪案件）中交叉运用的情况也很普遍，比如在卧底侦查的过程中诱使嫌疑人犯罪等。

2. 技术侦查与秘密侦查相比较的特点

在了解了秘密侦查的基本内涵以后，我们可以发现，同样是区别于常规侦查的特殊侦查手段，技术侦查与秘密侦查的区分其实非常明显。以上分析反映出秘密侦查的不同类型不但在世界各国理论研究中的表述不一，而且对各种类型的秘密侦查法治化的重视程度和进程也有所不同，最关键的是，对于技术侦查和秘密侦查的不同类型不加区分地合并研究、合并立法的现象屡见不鲜，这将不利于对二者分别建立更有针对性的程序控制机制，不利于在实践中更有效地遏制特殊侦查权力的滥用。以我国为例，对技术侦查与秘密侦查加以区分很有必要：第一，现行《刑事诉讼法》将"乔装侦查"等同于"秘密侦查"并与"技术侦查"合并规定，在逻辑上、语义乃至于实践中都缺乏相应的支撑理由，对此应当审慎研判。第二，技术侦查与秘密侦查在立法上没有明确具体的界定，只是笼统地进行了规定与授权。这种宽泛的授权意味着侦查机关可以"无所不用其极"地使用各种措施挖掘公民的隐私与信息，其后果难免令人担忧。以下拟从侦查措施的表现形式、手段性质、描述方式以及对权利干预的状况、法治化的程度等几个方面对技术侦查与秘密侦查的特点加以比较：

（1）表现形式

从两者的表现形式来看，技术侦查往往通过先进的技术设备、手段，在侦查对象不知悉的前提下，秘密地发现犯罪事实，收集有关证据和线索，是一种"背对背"的侦查形式；而秘密侦查则是通过派遣侦查人员、线人耳目变换身份以后等潜入被侦查对象所在的区域，通过直接互动的方式，侦控、影响甚至诱发其犯罪，是一种"面对面"的侦查形式。

(2) 手段性质与描述方式

从两种手段的性质与描述方式来看，技术侦查的技术性与秘密性是不可分割的，技术性是指借助一定的科技设备延伸或者提升了人类的感知能力；而且随着科技的不断更新换代，技术设备不断更新，技侦手段必然体现出不断淘汰、升级的自然规律，新型手段必将不断出现。技术侦查手段与卧底侦查、诱惑侦查等的一个不同突出体现便是，技术侦查手段的种类会随着科技的进步不断丰富。因此，法律上对其进行完全列举既不可能也没有必要；而与之相对应的另一类秘密侦查手段是指以人力为载体的、以欺骗为主要表现特征的各种秘密侦查方法，包括线人（在中国的语境中经常被称之为特情）、卧底、诱惑侦查，因为此类手段通常表现为改变身份进行侦查①，由前述分析可以看到对于秘密侦查的概念与类型容易进行清晰界定。

(3) 权利干预与规制状况

从两种手段对权利的干预状况来看，其一，技术侦查的权利侵犯的客体较为明确，即主要是公民宪法性基本权利，具体围绕公民的隐私权利和自由；而秘密侦查的权利侵犯客体较为模糊，很难界定。其二，技术侦查对于权利干预的程度非常强烈而深入，这与其目标性强有直接的关系，如监听、邮件检查等；而秘密侦查对于权利的侵犯程度相对难以预测，这与它"面对面"的互动形式有关系，行为方式上存在多种可能性，变数较大；与此同时，有关是否允许侦查人员在潜入被侦查对象内部期间从事违法犯罪行为的问题没有定论，也导致秘密侦查法治化的进程在世界范围内较技术侦查而言未达成基本的共识。例如，荷兰《刑事诉讼法》第140条规定，诸如通讯记录、电话监听、进入私人住所这样的技术侦查措施须经检察官批准且侦察法官授权后方能使用；而对于线人侦查尤其是跨境的卧底侦查，则需要国

---

① 参见程雷《秘密侦查比较研究》，中国人民公安大学出版社2008年版，第28—43页。

家总检察长委员会与司法部长磋商后才能授权。① 这是技术侦查与秘密侦查在司法控制方面的一个差别。其三，技术侦查的权利受侵犯的范围更加广泛且不特定：一方面，如果对象的犯罪嫌疑通过侦查最终得以排除，则前期技侦手段的使用势必对其权利造成既有的侵犯；另一方面，许多技侦手段在实施过程中难以避免地波及一些无辜者，以监听为例：对犯罪嫌疑人实施监听意味着他（她）在一定时期内的全部通话对象，无论与犯罪有无关联，都被第三方截取和掌握——这对于其余人员而言是现实的权利侵犯。② 而秘密侦查的权利受侵犯的对象较为确定，范围较小，即主要是侦查人员所潜入的犯罪团伙。其四，从对权力规制的角度来看，基于技术侦查较之秘密侦查所具有的"技术性"的特点，在程序控制方面，技术侦查的授权主体无论是级别上还是在中立性、权威性上，都应比秘密侦查的授权主体要求更加严格。一方面，技术侦查存在技术上的"垄断性"，而秘密侦查如线人跟踪或者卧底侦查等，不需要先进的技术设备支持；另一方面，在权利的侵犯程度上，技术侦查较之秘密侦查更甚，且适用技术侦查的犯罪案件更多地发生于较为发达的地区，相反需要采取秘密侦查的案件往往发生在基层，如人迹罕至的乡村甚至国境、边境地区，客观上对两者的审查主体提出了不同的要求。其五，在二者所获取的证据材料方面，"背对背"的侦查形式更容易隐蔽侦查行为，从而获取更加客观的犯罪线索与证据，证据形式多样，内容丰富、直观、证明力强。而"面对面"式的侦查随时有暴露的危险，对于侦查人员的安全及侦查效果是否达成都存在重大威胁，而且对于潜入犯罪内部的侦查人员的言辞证据应当如何认定存在很大的争议。这些问题有赖于在刑事程序法和证据法上进一步予以明确。

---

① 参见［荷］帕尔特·海因·凡·科姆普恩《荷兰刑事诉讼程序权利保障及其新发展》，倪铁、陈波译，《犯罪研究》2013年第1期。

② 参见刘晨琦《论我国技术侦查措施的法律规制》，《湖北警官学院学报》2014年第3期。

通过对技术侦查概念、类型、功能及相关法律规定的说明以及与常规侦查的比较，除了要解决技术侦查"是什么"的问题以外，更重要的还是要分析其"为什么是"。而"为什么是"的问题的分析判断依据，并不单纯取决于某种手段是否使用了高超的"技术"，还取决于该种手段的采取如果违反了正当程序，是否会以及将可能在何种程度上侵犯公民的隐私权等基本权利，是否具有常规侦查手段无法替代的特殊效用并具备实施的必要性、紧急性和适当性等，进而是否需要比一般刑事诉讼程序规则和证据规则更为严格的规则加以控制的事实问题与价值判断。而通过技术侦查与秘密侦查的比较分析可知，二者是两类不同的特殊侦查措施，二者无论在表现形式、手段的性质、实施的方式和程序上，还是对权利干预的状况以及规制的方法上，都存在显著的差异，从而决定了二者在程序控制上需要解决的问题不同。通过对二者的比较和区分，进一步明确了本书研究程序控制问题的范围。

第二节　技术侦查程序控制概论

英国学者斯蒂戈说：刑事诉讼程序不仅事关当事人之间的公正，它还是法律，不仅约束个人，而且还约束着国家这一"法治"理想的直接体现。[①] 这种检验个人与国家之间关系的公正程序的宪法意义，在刑事审前活动尤其是技术侦查活动中体现得尤为突出。

在对技术侦查程序控制展开研究之前，首先需要澄清刑事诉讼中"程序"的概念和属性。考察我国《刑事诉讼法》关于"技术侦查措施"一节的规定，全文中并未出现"程序"二字，亦未有真正体现程序运行和程序控制的规定，只以"经过严格的批准手续"或者更为笼统的"经过批准"一笔带过。相比之下，在同一部程序法的同

---

① 参见陈卫东《程序正义之路》（第一卷），法律出版社2005年版，第110页。

一章中,《刑事诉讼法》第二章第二节用 5 个条文明确规定了"讯问"程序,第五节用 5 个条文规定了"搜查"程序,第六节用 5 个条文规定了"查封、扣押"程序;对于对公民的人身自由等基本权利具有潜在侵犯性的强制措施的程序,我国《刑事诉讼法》也有明文规定。① 这反映出我国立法和司法实践十分注重技术侦查对打击犯罪、侦破案件的强效功能的发挥,同时也引起学者的检讨省思:难道技术侦查不也应作为一项刑事程序加以控制和规范吗?"批准手续"与"程序"不可混为一谈,前者仅是从一个侧面反映了后者的某种属性,我们不能将刑事诉讼中的程序简单地归纳为步骤、方式、流程抑或法律手续,而更应当包括在采取以上所说的步骤、方式、流程或者履行相关的法律手续的过程中所应遵循的原则、制度,以及法律赋予诉讼参与人所享有的诉讼权利和义务。②

　　苏联预审专家曾作过这样的总结:"同犯罪作斗争的成败,很大程度上取决于是否善于进行侦查工作。"③ 技术侦查正是侦查机关"善于进行侦查工作"并且善于利用先进科学技术手段进行侦查工作从而与犯罪作斗争的典例。由于侦查本身的任务决定了侦查机关可能会动用强大的公权力对公民的各种权利进行强制性的处分,加之技术侦查对于发现犯罪又具有无与伦比的功能,由此可见侦查机关对于权力的滥用存在着巨大的动力。正如英国上议院大法官丹宁所言,社会保护其本身不受犯罪分子危害的手段一旦被滥用,任何暴政都要甘拜下风。④ 因此,就技术侦查而言,如若不对其程序依据相关的原则、制度进行有效的控制,其运作随时可能对公民的宪法性基本权利构成威胁。而防止权力被滥用的最有效办法,便是对技术侦查采取相应的

---

①　详见现行《刑事诉讼法》第一编第 6 章"强制措施"的规定。
②　参见汪建成《论刑事诉讼程序》,《法学评论》2000 年第 2 期。
③　参见[苏]H. N. 波鲁鲍夫《预审中讯问的科学基础》,群众出版社 1985 年版,第 1 页。
④　参见[英]丹宁《法律的正当程序》,李克强、杨百揆、刘庸安译,法律出版社 2011 年版,第 117—118 页。

控制措施，将这种特殊的国家权力牢牢"关进笼子里"。另一方面，由于技术侦查的特殊性，使得作为刑事诉讼法律制度与理论研究的技术侦查问题的重点并不在于"技术"层面，而是基于"技术"的特殊性而产生的程序控制的特殊性问题。由此可见，技术侦查的程序控制问题，是当下防止国家权力滥用、保障公民权利行使所必须面对的重要课题。本节旨在分析和研讨程序控制的基本内涵与主要内容，为下面的研究奠定基础。

一 技术侦查程序控制的主要方法

正如斯蒂戊所言，刑事诉讼程序能够直接体现出对于国家进行约束的"法治"理想，① 因此，对于公权力加以制约的程序和方法在很大程度上反映了刑事诉讼程序的进步程度。笔者认为，技术侦查的程序控制的基本含义是指通过司法、准司法或者行政等手段，对技术侦查的启动、执行、解除以及技术侦查所获证据材料的运用进行有效的规制，并对违反法定程序的行为及其后果予以否定或者补正的程序方法。其中，进步程度最高的程序控制方法主要是司法控制——将庞大的侦查权置于司法权的控制之下，这既是保障人权和制约职权的需要，也是正当程序理论的内在要求。本节通过研究域外关于技术侦查进行程序控制的主要方法，透析技术侦查程序控制的基本内涵。

域外国家或地区对技术侦查进行程序控制的方法主要包括行政控制、准司法控制和司法控制三种。此处之所以采用"控制"而没有采用"审查"等概念，原因主要有：其一，"审查"乃检查、分析、核对有关情况并评定是否正确、妥当之义②，而"控制"在辞典中指"掌握住不使其任意活动或超出范围"③，在此处即涵盖了更为广泛且严格的意义，不但包括审查裁判正确或妥当与否的内容，还包括通过

---

① 参见陈卫东《程序正义之路》（第一卷），法律出版社2005年版，第110页。
② 参见杨东亮《刑事诉讼中的司法审查》，法律出版社2014年版，第67页。
③ 参见http://www.zdic.net/c/7/149/321249.htm，访问日期2014年3月19日。

有效的程序运行、程序性后果的设置，以防止或减少权力的滥用以及运作过程中可能出现的错误和偏差。因此，"审查"描述的是一个过程，而"控制"不仅有涉及过程，更强调一种效果。其二，"司法审查"本身亦是一个法学专业术语，有其理论之基础和专门内涵。司法审查发源于英国，起初主要指司法权对行政权行为的审查，在被美国移植并发展后，将对立法权行为的违宪审查纳入司法审查的内涵当中。司法审查活动接受"自然正义""正当法律程序"理念的影响后逐渐发展成为域外各国普遍采用的制约立法权和行政权的审查裁判机制。有学者曾指出"司法审查"即指司法权对立法权和行政权的"控制"。① 由此，"审查"蕴含着客观、中立的行为特征。而相比之下，基于前文所述之"审查"的概念，"行政审查"的内涵就要局限得多，且鉴于行政授权往往是内部程序，缺乏一定的中立性，因此也难以称之为"审查"，至多是"内部审批"。因此，本书采用程序控制的表述，"控制"相较于"审查"而言更加强调对于权力的"限制、少用和慎用"，是一个更加周延、更加体系化的概念，能够准确诠释本书的研究客体，是展开进一步研究的前提。

（一）技术侦查的行政控制

技术侦查的行政控制是指技术侦查的批准权或决定权等权力由行政机关来掌握，通过行政审批程序对技术侦查措施的采用进行控制的方法，行政机关所作的判断具有终局性的特点。对技术侦查采取行政控制的典例代表便是英国②；我国 2012 年修改后的《刑事诉讼法》第二编第二章第八节专门对技术侦查措施的有关问题进行了规定，在一定程度上反映了我国目前主要采用行政控制的方法对技术侦查进行约束。行政控制模式的最主要特征体现在主体和程序两个方面。

---

① 参见陈卫东《程序正义之路》（第一卷），法律出版社 2005 年版，第 109 页。
② 在考察英国的刑事司法制度时，鉴于历史上苏格兰和北爱尔兰的司法制度各自有独立的体系，这里研究的主要是英格兰和威尔士的司法制度。

1. 技术侦查行政控制的立法与司法体现

（1）行政控制的主体特征

在行政控制的模式下，决定采取技术侦查的授权主体历来都是由行政机构担任，首先分别以英国的通讯监控（英国法律通常称"通信截收"）和电子侦听或秘密监视的程序控制为例加以说明。据史料考证，英国的技术侦查之程序控制最早的实践可以追溯至1663年英国内政部发出的关于通讯截收的"公告"，首次涉及对于邮件的扣押和开拆查阅需要依据"国务大臣"发出的截收令；而随着通信科技的日益发展，电话等新型的通讯工具出现之后，针对电话交流的新的通讯截收也即监听，1937年英国政府颁布"政策"要求对于这种有关犯罪的监听仍然是需要"国务大臣"签发许可证予以授权。研究资料显示，1984年欧洲人权法院对 Malone v. the United Kingdom[①] 一案作出的支持原告保护其通信自由权、确认英国政府实施的监听具有违法性的判决直接影响了英国技术侦查程序控制的立法进程，随后英国《1985年通信截收法》（Interception of Communication Act 1985）应运而生，而在此之前，英国技术侦查的程序控制始终处于"无法可依"的境地。尽管如此，《1985年通信截收法》中规定的审查主体也只是作为中央政府部长的国务大臣，紧急情况下，助理国务大臣以上的官员在获得国务大臣书面授权的前提下也可代为签发许可令；此外，为通信截收活动实施之便利，有关官员也可在国务大臣的授权下对许可证加以修正。《1997年警察法》第93条授权高级警官有权决定监听，如警察局长、警署委员和国家刑事情报局局长等。[②]《1985年通信截收法》的内容后被为《2000年调查权控制法》（Regulation of Investigation Powers Act 2000）所修正和吸收进而废止，新法在众多方面体现了法治的进步，然而在程序控制方面仍然采用行政主体审查的方式。该法明确规定通信截收许可证的签发以中央政府的国务大臣

---

① Malone v. the United Kingdom, 8691/79［1984］ECHR 10（2 August 1984）.
② 胡铭：《英法德荷意技术侦查的程序性控制》，《环球法律评论》2013年第4期。

签发为原则，紧急情况下以其授权的一名高级官员签发为例外。值得一提的是，英国虽然始终采取行政机构审查的控制方式，但是其技术侦查的审查主体的级别较高；不仅如此，法律规定对技术侦查的申请主体的范围和级别也做了严格的限制，如《2000年调查权控制法》规定具有通信截收申请权的主体主要包括少数高级官员或者其代表，即一类是保安及情报机构的首长，一类是执法机构即警察局和海关的首长。① 对于对公民隐私权侵犯更为严重的电子侦听和秘密监视，英国依然采取行政授权的方式加以控制。如《2000年调查权控制法》规定，对于侵犯隐私权较为轻微的"指向性监视"的授权主体是"在相关公共机构中拥有国务大臣令所指定官衔的个人"，这些指定的授权人"各自享有同意授权的权力"；而相比之下对于公民隐私权具有更大侵扰性的"侵入式监视"的授权主体原则上只有国务大臣及其授权的高级官员，但依据其《警察法》及《2000年调查权控制法》当该高级官员缺席或者亲自授权不切实际的情况下，可以由其指定的代理人进行授权，该法对于"缺席"和"不切实际"的具体情形进行了规定；与通信截收类似，法律对侵入式监视的申请主体也进行了严格的规定，且实际上国务大臣与高级官员与其所负责审查和授权的对象是分开的，即凡是情报机构、国防部及皇家军队等的申请由国务大臣审批，警方以及国家刑事情报局、犯罪侦缉队的申请由高级授权官员进行审批。② 由此可见，英国的技术侦查推行行政主体审查的模式已成定制，且在立法上渐次承袭至今。对于侵犯当事人权益最为严重的侵入式监控需要英国的内政部授权，侵犯较为严重的侵入式监控和通信截收等由执法机关以外的上级行政机构授权，而对于侵权较轻微的直接监控和通讯数据的截取则由执法机关自行决定。③

我国《刑事诉讼法》也规定了技术侦查的授权主体由行政机关担

---

① 参见 Section 6（2）of Regulation of Investigation Powers Act 2000.
② 参见邓立军《外国秘密侦查制度》，法律出版社 2013 年版，第 29—30 页。
③ 参见胡铭《英法德荷意技术侦查的程序性控制》，《环球法律评论》2013 年第 4 期。

任,但是从授权主体的行政级别来看,相关司法解释进一步明确了由"设区的市一级以上公安机关负责人"负责批准,表明我国技术侦查的程序控制主体为行政主体。不过根据英国法律的规定,不同的技术侦查手段分别由国务大臣、高级授权官员或者其他有权机关的负责人负责,相比之下,我国技术侦查的授权主体在级别的要求上明显宽松许多。

(2)行政控制的程序特征

行政控制的程序特征表现为事前审查采取行政授权,过程审查采取内部审查和行政监督等。

事前审查采取行政内部授权主要表现为,如英国法律规定通信截收手段的实施,需要前文述及的特定申请人的申请,并由国务大臣或其授权的特定高级官员签发许可证,在授权之前,他们必须审查发放许可证的必要性。对于侵扰性较大的"侵入式监视"的授权申请,除了授权官员同意外,还须普通监视委员批准,授权方能生效。[①] 而对于侵扰性相对较弱的通信数据的采集,则是由相关公权力部门依国务大臣及其授权主体的许可或授权来要求邮政或电信经营者提供,这种行政授权的级别虽然相对较低,但是在批准手续上同样要求书面的"授权书"或者"通知书",其上须具体描述授权行为、事件、授权人所在部门名称、级别或者职位。[②]

过程审查表现为在授权之后,国务大臣在必要的时候可以更新、取消或修改许可证,紧急情况下高级官员亦可作附有效期限的修改;但与此同时,为了保障所签发的许可证的履行,国务大臣有权以"个人通知书"的形式命令有关通信服务商承担协助完成有关技术侦查工作的必要责任,这种命令草案须经议会上下两院决议通过;国务大臣

---

① 参见《对英国〈2000年调查权管理法〉的分析研究报告》,载陈光中、江伟主编《诉讼法论丛》(第7卷),法律出版社2002年版,第202页。

② 参见《对英国〈2000年调查权管理法〉的分析研究报告》,载陈光中、江伟主编《诉讼法论丛》第7卷,法律出版社2002年版,第176—179页。

还可以命令筹建"技术咨询委员会"以协助其审查"个人通知书"的妥当性并提出建议，国务大臣有权决定对该通知书的修改，而无论是国务大臣还是紧急情况下高级授权官员进行的修改，都不得采用口头而必须是书面法律文件的形式。过程审查还表现在内部的行政监督上，如英国《2000年调查权控制法》《1997年警察法》等规定了通信截收局、情报业务局、信息监控局等部门的局长有权对技术侦查的授权主体即国务大臣行使权力的行为进行监督。这些监督主体通常是由首相从就职或者已经就任于高级司法职务的人中任命，并享受财政部规定的英国议会的津贴。①

行政控制的事后审查通常体现在针对高层行政负责人或者行政机构的"报告"上，但这种所谓的审查由于缺乏"程序性后果"的设置而较容易流于形式。如美国为防止秘密监听的滥用规定了严格的"监听报告制度"，对报告的内容作了详尽的规定，三种形式的报告分别是负责授权监听的法官向联邦法院行政局提交"个案报告"；每年1月联邦检察总长或各级检察长须向联邦法院行政局提交"年度报告"，以及每年4月联邦法院行政局局长须向国会提交分析报告，并有权针对该报告的内容与格式发布有拘束力的行政规则。② 加拿大《刑事法典》第195条也有类似规定，并要求其司法窃听的"年度报告"中涉及窃听活动对本国犯罪的调查、侦查、预防和指控的重要性评估。③ 英国《2000年调查权控制法》也规定负责行政监督的通信截收专员要向首相提交年度工作报告；新西兰《2012年搜查与监控法》第169、170条分别明确规定，执法警察在行使有关秘密搜查或监控权之后须在最短时间内向警局局长或其指定的官员提交权力行使的书面报告；而警局局长则需要针对监控和搜查权力的行使状况向议会提

---

① 参见《对英国〈2000年调查权管理法〉的分析研究报告》，载陈光中、江伟主编《诉讼法论丛》第7卷，法律出版社2002年版，第190—191页。
② 参见邓立军《外国秘密侦查制度》，法律出版社2013年版，第69—70页。
③ 参见邓立军《外国秘密侦查制度》，第138—139页。

交年度报告。①

我国法律也规定了申请采取技术侦查措施需要制作《呈请采取技术侦查措施报告书》；授权机关批准的，要制作《采取技术侦查措施决定书》，依职权或者依申请对有关措施决定解除的，要制作《解除技术侦查措施决定书》；在有效期限内变更技术侦查措施种类或者对象的，要求依法重新办理批准手续。此外，对于技术侦查措施收集的材料，需要及时销毁的要求制作"销毁记录"，需要用作证据的，必须将授权时的行政令状即《采取技术侦查措施决定书》等文书附卷。② 这些法律规定体现了我国通过一定的行政程序来控制技术侦查措施的批准和使用。

2. 对技术侦查行政控制方法的评析

当今世界各国在技术侦查的程序控制方面纷纷倾向于推行司法令状制度，而仅有英国、印度、新加坡等少之又少的国家采取行政令状的制度。鉴于本书第六章将专门针对我国技术侦查法律制度进行分析，在此着重探析如下问题：为什么英国等国采取行政控制的方式，技术侦查从目前来看仍然"可控"？究其原因，笔者认为其行政控制机制仍然具备的一些闪光点不容忽视：第一，规定行政主体在进行授权决定时须遵循"被动"原则、令状主义原则以及必要性、相称性和均衡性的比例原则；第二，对于授权条件的规定十分具体、明确；第三，对于手续的形式均要求书面，即使是紧急情况或者客观不能而采用口头授权或修改的情形，也要求必须将不得不采取口头形式的原因记录在案；第四，规定了授权主体依职权撤销的权力和义务，这既是一项职权，更是与其技术侦查决定权相对应的一项义务和责任；第五，对于期限延长的授权，根据授权所在的情形和采取形式的不同而设定不同的延长期限，即紧急情况下以口

---

① 参见《2012年新西兰搜查与监控法》，李玉华等译，中国政法大学出版社2013年版，第278—284页。

② 参见现行《公安机关办理刑事案件程序规定》第265—269条的规定。

头形式延长的时间远远短于正常情况下以书面形式授权的延长期限。有资料显示,近10年来,"从司法实践来看,英国虽然没有采用司法令状,但与欧洲大陆的主要国家相比,监听的数量与比例反而比法德等欧陆其他国家低"①,可见,在世界不少国家司法审查机制对侦查权的监督和制约日益弱化并沦为"橡皮图章"的现状下,英国等国家坚持对技术侦查采取行政控制也有其存在的必然性。就上述英国采取技术侦查程序控制的这些有效做法,实际上与采取司法控制的国家是相互一致的。

然而,技术侦查的行政控制最鲜明的特点,还是由行政主体通过行政授权、行政审查和行政监督的程序对技术侦查加以控制。第一,授权主体具有充分的自主决定权。如英国通信截收的许可证发放决定权完全掌握在国务大臣一人手中;须经批准的警察侵入监视,由监视委员个人作出批准或撤销的决定。第二,授权主体还被赋予了许多保障技术侦查措施顺利实施的权力和配套机制,如国务大臣的"个人通知书"和"技术委员会"的设立等。第三,其所授权的侦查机关具有广泛的自由裁量权。如规定紧急情况下通常可以由国务大臣授权一名高级官员行使决定权,给侦查机关进行自由裁量留下了很大的余地。② 第四,行政监督的监督机制存在天然的缺陷,监督制约的力度远远不够。从负责行政监督的英国通信截收专员2001年、2002年、2003年给首相的年度工作报告中可以看到,其认为有关截收许可证的颁发"完全符合"法律的规定,有关公共权力机构也"基本上能够依照法定程序行事"等,并"对此给予了较高的评价,表示非常的满意"③。这仍然反映出,行政监督基于行政机构系统运作的上下

---

① 参见胡铭《英法德荷意技术侦查的程序性控制》,《环球法律评论》2013年第4期。
② 参见《对英国〈2000年调查权管理法〉的分析研究报告》,载陈光中、江伟主编《诉讼法论丛》第7卷,法律出版社2002年版,第199—200页。
③ 参见邓立军《外国秘密侦查制度》,法律出版社2013年版,第42页。

级关系而天然存在的,存在对问题的揭露"无关痛痒"甚至"报喜不报忧"的不负责任的弊病,难以展示现实状况。对于动用国家强制处分权并威胁公民宪法基本权利的技术侦查,采取行政控制的"劣根性"也正在此——尽管其对于提高侦查效率、保守技术侦查过程中的秘密信息和材料具有积极的意义,但是基于行政主体本身负有追究犯罪的功能而难以保持超然中立的地位,这种内部授权、单向审批、同体监督的做法难以避免职权行使问题的滋生,加之缺乏外部监督力量的介入便缺乏真正的救济,无法抑制权力滥用的情况发生;而技术侦查本身的秘密性更加掩盖了授权主体滥用职权的现象,这无疑对公民隐私权等基本权利构成重大威胁。

（二）技术侦查的司法控制

司法控制的方法在世界法治发达国家是对于强制侦查较为通行的一种程序控制方法,其关键体现在司法审查原则的适用上。行使技术侦查权的司法警察或者检察官,必须事先向法官提出申请,在经过专门的司法审查程序后,如被认为符合法定条件,才许可有关侦查活动,并颁发许可令;在诉讼过程中,法官对于手段实施的条件、期限以及对象的范围进行审查和监督,需要变更或解除的及时发布相应的令状;同时,对于被追诉人及其辩护人提出的有关异议进行审查,司法警察和原作出司法授权的法官都要承担相应的举证责任,以证明技术侦查措施实施的正当性与合法性;在技术侦查实施之后,对于其收集的相关信息的运用、处理或销毁要及时作出命令,对于违反程序所获取的证据材料要予以否认或者排除,等等。大致分为三个层面的内容:对于技术侦查的授权或前置审查采用司法令状主义、过程审查采用司法审查方式、事后审查采用司法监督和司法救济的方法。司法权与行政权相比,具有许多显著的特征,如终局性、中立性、独立性和消极被动性等,[①] 因此司法控制较之行

---

① 参见陈卫东《我国检察权的反思与重构——以公诉权为核心的分析》,《法学研究》2002年第2期。

政控制的优势是不言而喻的。

1. 技术侦查司法控制的立法与司法体现

(1) 司法控制的主体特征

在通常情况下,技术侦查的适用必须经过法官的授权,且侦查活动及其结果也要受到法官的监督。德国和意大利都是在20世纪七八十年代先后废除了带有纠问式程序之残余的预审法官制度后,为加强对侦查权的监督和控制、保障人权,将司法令状的任务交给了侦查法官,侦查法官在侦查阶段不是直接领导指挥或者实施具体的侦查行为,而是针对检察官或者警察的侦查行为进行对于公民的权利保护和司法审查与侦查监督。由侦查法官负责对监听、电邮扣押、通讯监控等技术侦查手段的实施进行审查批准,在紧急情况下也可实施后报请事后追认。[①] 英美法系国家的代表美国则规定侦查人员实施秘密监听和监视等技术侦查措施时,须基于宪法"正当法律程序",经法官审查认为符合犯罪的"合理依据"时才可实施。值得一提的是,在美国,对秘密监听措施的授权实际上要由联邦或者各州及其下属侦查机关先向相应级别的检察机关负责人进行申请,在经检察机关负责人核准认为有必要后向联邦或州法院的法官提交申请,最终的决定权在于法官。[②] 就秘密监视而言,虽不像监听那样有成文法的法律依据,但是司法实践中的经典判例支撑这一事实,即作为技术侦查手段的秘密监视在美国受到较为严格的司法控制。其一,对于使用"电子定位及追踪系统"进行秘密跟踪定位的,联邦法院的霍尔姆斯案与美国法院的马蒂努克案表明了这类技术侦查措施在实施之前,必须事先获得法官签发搜查证以授权,否则不得安装技术侦查追踪系统;其二,对于使用"延伸和提高实力的光学仪器"实施监视的,美国诉基姆案表明基于这样的侦查行为

---

① 参见胡铭《英法德荷意技术侦查的程序性控制》,《环球法律评论》2013年第4期。

② 参见邓立军《外国秘密侦查制度》,法律出版社2013年版,第63页。

存在侵犯公民隐私权的可能,因此必须获得法官签发的令状,否则其所获证据将面临被排除的危险。① 与美国近似,加拿大的"司法窃听"实行司法审查原则,原则上须由侦查机关向法官提出申请,经法官审查同意才能实施;而且加拿大《刑事法典》中对于司法窃听的申请权主体和授权主体的级别都有较高的要求,申请主体包括"治安官"和"公务员",其中"治安官"已经是市长、镇长、总督、法警章或治安法官的级别,而授权主体要求是"省法院法官"(Provinial Court judge)及有刑事管辖权的诉讼法院等。② 新西兰新颁布的《2012年搜查与监控法》第53条也明文规定了有权签发监控装置令(surveillance device warrant)的主体须是法官。③

(2)司法控制的程序特征

以作为技术侦查司法控制法治化先驱的美国为例,其秘密监听④与监视等技术侦查手段原则上都采取法官授权的程序,美国法典第199章第2518条对于技术侦查措施的侦查人员之申请、授权法官之审查与令状之签发、侦查人员对授权令状之执行、司法机构之法律监督以及违反程序之法律后果等程序控制体系下的一系列内容进行了具体而明确的规定。如侦查人员在申请时须将与本次侦查活动有关的具体事项以书面形式落实到申请书中供法官审查;法官在收到申请后,须依据比例原则、最后手段原则等对法律规定的签发令状的条件逐条进行审核以寻找"合理根据";法官在签发令状时也须根据法律规定将与本次决定有关的具体事项——在令状上加以记载,以发挥令状的授权和限权作用;侦查人员在依照令状执行技术侦查之中以及之后,

---

① 参见[美]雷蒙德·P. 西利安德《人员监视的基本原理》,泽椰译,群众出版社1990年版,第232—237页。
② 参见邓立军《外国秘密侦查制度》,法律出版社2013年版,第127—130页。
③ 参见《2012年新西兰搜查与监控法》,李玉华等译,中国政法大学出版社2013年版,第98页。
④ 按照研究美国技术侦查法律制度的先例,这里的监听包括了电子侦听、通讯截收和室内窃听。

出现令状所列事项以外的内容时,必须再一一经过法官的授权或确认等。加拿大对于"司法窃听"也通过细密而复杂的程序设置来规制技术侦查权的行使。①

除职权规制的程序特征之外,司法控制在具体程序设计上针对权利保障尤其是为被追诉人设置一系列防御手段以对抗强大的追诉机关,也是司法程序的又一特征。如美国、加拿大、德国、意大利、新西兰等国都规定了对于被采取技术侦查措施的人员有权在一定期限内得到法官命令的事后告知;对于采取有关措施所获取的资料的使用或者销毁都应当在法官的监督和辩护律师的参与下进行,否则材料将不能作为证据使用。

2. 对技术侦查司法控制方法的评析

司法控制的实施要以司法机构作为控制主体,也即通过司法权来制约行政权,然而更重要的是要通过司法的程序来制约权力,这种程序设置的关键是其给予权力的相对一方同等的机会,形成原被告双方拥有平等机会与中立裁判的局面。综观世界各国的立法和司法现状,推行司法令状的国家占绝大多数,如美国、加拿大、新西兰、菲律宾、澳大利亚以及欧洲大陆除英国以外的多数国家。法治发达国家普遍认为,要遏制技术侦查这类强制侦查行为的滥用,必须贯彻"司法最终裁判"原则,有一个中立、超然而又不承担控诉职责的司法机构通常是法院进行审查行为的合法性并决定是否签发授权令状,否则技术侦查的行为则被认定为违法,所获证据材料可能会被排除,并可能引起其他的程序性法律后果。司法控制基于深厚的理论基础、制度设计上的优越性以及在司法实践中取得的显著成效,被国际公约和多数法治发达国家所认可,逐渐发展为一项国际司法准则。笔者认为,司法控制是技术侦查程序控制的理想选择,对此将在本章第二节着重对司法控制的方法加以阐述。

---

① 参见邓立军《外国秘密侦查制度》,法律出版社2013年版,第63—159页。

（三）技术侦查的准司法控制

技术侦查的行政控制与司法控制的方法都有各自鲜明的特征。而在有些国家或地区的刑事程序法律制度中，或者在其制度的某个程序控制体系内，还有可能存在一种介于行政控制和司法控制之间的方法，也即准司法控制①的方法。在对准司法控制的内涵进行描述之前，有必要先来直观地认识一下其在立法与司法实践中所体现的特征。

1. 技术侦查准司法控制的立法与司法体现

（1）准司法控制的主体特征

大陆法系的法国因其司法制度的发展和变革而在程序控制的准司法特征上具有突出的代表性，主要基于其预审法官制度的存在。由于预审法官在法国1958年《刑事诉讼法》颁布之前属于司法警察序列，只有侦查权而没有法官的裁判权；后来逐渐具有了侦查和裁判的双重职能；预审法官制度因此在刑事司法制度中备受诟病，其地位逐渐衰微，近年来改革的总体趋势是弱化其侦查职能，加强审前程序的司法化，并增设了"自由与羁押法官"对预审法官的权力加以制约。②

法国对于技术侦查的程序控制主体特征表现为对于跟踪监视类对公民隐私权侵犯相对较小的措施，最初仅于法国《刑事诉讼法典》第16编有关毒品犯罪立法中加以规定，且控制极其宽松，司法警察在实施监视措施之前只需"通知"共和国检察官即可；在国际公约的影响和法国社会有组织犯罪活动日渐增多的背景下，2004年3月《关于惩治有组织犯罪的法律》颁布后加强了对监视措施的监督，规

---

① "准司法"一词被许多学者用以描述以下将要论述的几种形式的程序控制方法。通过随后的例证可以看到，如法国的"自由与羁押法官"、荷兰的"检察官"以及英国的"特别法庭"等也是其法律所规定的司法主体，只是这些国家中这部分主体参与程序控制方法的司法性，相较上述采用"司法控制"的国家而言不够典型。为了便于区分和比较，本书在此处采用"准司法"这一表述。

② 参见施鹏鹏《法国审前程序的改革及评价——以2007年3月5日的〈强化刑事程序平衡法〉为中心》，《中国刑事法杂志》2008年第4期；邓立军：《外国秘密侦查制度》，法律出版社2013年版，第214—226页。

定原则上经共和国检察官批准才能实施，紧急情况下也可由司法警官先行采取；对于普通案件的电话监听，根据法国《1991年7月10日第91—646号法律》，由预审法官负责决定和监督，并与司法警察共同负责执行，呈现出预审法官集侦查权、决定权和监督权于一身的现象；一般的秘拍、秘录措施须经共和国检察官向预审法官提出拟实施的意见，经预审法官审查批准后方可实施。预审法官制度因此在刑事司法制度中备受诟病，在2000年《关于加强保障无罪推定和被害人权利的法律》增设了"自由与羁押法官"以后，从立法上削弱了预审法官的权力，如2004年《使司法适应犯罪发展的法律》规定了针对有组织犯罪及现行犯罪的特殊监听，其决定权从预审法官转由"自由与羁押法官"；而秘拍、秘录措施中涉及在夜间（法国《刑事诉讼法》规定了6时之前、21时之后为"夜间"）进行私人车辆、住所安装秘拍秘录技术装置的具有严重侵权危险的措施，则必须受到预审法官和"自由与羁押法官"的先后双重监督，以加强对公民人权的保障。[1]

荷兰2000年修法以来将进行电信监控的授权主体由预审法官转移至检察官，这也是技术侦查的准司法控制的另一种表现形式。荷兰的检察官被看作司法官，2001年荷兰《司法机构组织法》第1条明确将检察机关定性为司法机关。[2] 又如新西兰《2012年搜查与监控法》第110条、111条及130条关于搜查权的规定中包含了对物品和场所以及对电脑系统的秘密搜查，其108条规定了对于搜查令状签发官员的授权条款，结合其第一章"总则"中对于"签发官员"（issuing officer）的解释，可知虽然其监控权的行使必须经过法官授权，但是秘密搜查令状的签发官员则规定由总检察长（The Attorney-General）认可的有充足的知识、技能和经验的治安法官（Justice of the Peace）、社区治安法官

---

[1] 邓立军：《外国秘密侦查制度》，法律出版社2013年版，第235—238页。
[2] 参见郎胜、熊选国主编《荷兰司法机构的初步考察和比较》，法律出版社2003年版，第38页。

（Community Magistrate）、登记员（Registrar）或者副登记员等担任。[①]

（2）准司法控制的程序特征

准司法控制往往还体现在针对紧急情况下对申请采取技术侦查措施的审查主体和审批程序上。如在美国，侦查机关在运用电子、机械等手段进行电话监听、电子侦听或通讯截收时原则上必须事先向联邦地区法院、上诉法院或者州成文法授予普通管辖权的法院的法官提出书面申请，待法官审查符合条件并签发监听令状后才能实施监听[②]，但在法律规定的包括有任何迫在眉睫的致人死亡或者严重身体伤害的危险、有威胁国家安全利益的阴谋活动、有组织犯罪的密谋活动等紧要时刻、根据美国法典第119章的规定有理由认为将会获得令状授权的几种紧急情况下，"任何有侦查权或执法权的官员，尤其是联邦检察总长、副检察总长、助理检察总长所任命的，或者州或其下属机关检察长依州成文法指定的有侦查权或执法权的官员，可不经法官批准采取无证监听，但须在监听开始实施的48小时内申请法官追认，如果法官不签发令状加以追认，监听活动必须立即停止，所获取的内容将被排除。而检察官有权对法官的驳回裁定提出上诉"[③]。就事后救济而言，英国虽然在技术侦查程序控制的总体上采用行政控制方法，但是在事后的法律监督方面分别设置了"依职权"和"依申请"的救济手段，其中"依申请"的手段是通过其《2000年调查权控制法》新设的"特别法庭"实现的，有学者将这种方式也归入"司法救济"的范畴[④]，而笔者认为，虽然特别法庭为通信被截收的个人就其权利提供了专门的救济途径和听审程序，但是基于以下几点特征仍不宜将

[①] 参见《2012年新西兰搜查与监控法》，李玉华等译，中国政法大学出版社2013年版，第13、174—215页。

[②] 18 U.S.C. 2518（9）.

[③] 18 U.S.C. 2518（7）（10）.

[④] 参见《对英国〈2000年调查权管理法〉的分析研究报告》，载陈光中、江伟主编《诉讼法论丛》第7卷，法律出版社2002年版，第192页；邓立军：《外国秘密侦查制度》，法律出版社2013年版，第42页。

其认定为司法控制,将其界定为"准司法"控制更加确切:其一,特别法庭的庭长及副庭长是由女王陛下通过特许状任命的,且其财政收入来源于国务大臣从国会批准的拨款;其二,特别法庭裁决的结果主要涉及撤销授权令状或证明书、销毁所获取的材料以及对申请人进行经济赔偿——由于英国法律基于"保障有关人员的隐私和保守侦查机密的重要性远胜于对犯罪的揭露和证实"的观念,对于技侦证据采用"绝对排除"的做法,因此特别法庭的裁决在对于彰显司法特征的"程序性法律后果"的实现效果上显得十分有限;其三,特别法庭的裁决具有"一裁终局",除非国务大臣的"命令",否则即使对处理不服也不得在任何法庭提出上诉,[①] 这也不符合司法救济的基本特征。

2. 对技术侦查准司法控制方法的评析

通过分析,大致可以对准司法控制的内涵作如下两种理解:第一种是控制主体具有司法主体的形态,而控制程序却不符合司法程序的内在要求,如法国的预审法官制度;第二种则是控制程序具有司法审查的色彩,但是控制主体如"检察官"在其司法制度中却担任着侦查和控诉犯罪的职能,不符合司法主体的本质属性,如荷兰等国的检察官审查制度。

法国司法制度历史上的"预审法官"承担了侦查和裁决的双重职能,在司法体制中具有独一无二的地位,一方面,由于其不是司法警察而是法官,其行使的审批决定权不是侦查机关的内部授权,因此这种程序控制不属于行政控制;另一方面,基于其在授权的同时还肩负着执行该授权以及监督权力执行情况的职责,"身兼数任"的现象势必导致监督救济的落空从而滋生权力滥用和腐败的土壤,预审法官在程序控制的地位上缺乏独立性、中立性和被动性,纵使其审查主体在外部形态上具有司法主体的特征,但是在程序控制的运行机制上缺乏

---

① 参见邓立军《外国秘密侦查制度》,法律出版社2013年版,第12—43页。

司法程序的必要因子，难以被视为司法控制。而荷兰在 2000 年修法以后，除对私人住宅实施窃听措施需要经预审法官授权以外，其他技术侦查措施的审查权都归检察官享有。"荷兰的检察官具有类似于法官的司法官角色，其对侦查行为进行授权体现了司法健康的色彩。"①因此，以上这两类极具特色的程序控制被称为"准司法"控制。

由此可见，不同的控制方法在控制主体和控制程序等方面均存在显著区别。同时，具体到每一种控制方法，基于历史背景和法律传统的差异，或者基于技术侦查手段对于权益侵犯的程度不同，不同的国家在控制主体上也存在身份上或者级别上的差别。但是，每种控制方法在不同国家之间的共性是非常明显的，如行政控制更加强调国家对公民社会管控和职权行使的便利，更加注重打击和控制犯罪的效率；司法控制则更加维护程序的尊严与正当性，更加倾向于保护公民的宪法性基本权利；而准司法控制则基于司法制度发生巨大变革等原因在程序控制上的外部形态表现为介于行政控制与司法控制之间，并随着时代的发展与法治的进步，呈现出由行政化向司法化过渡的趋势。

二　技术侦查司法控制的基本内涵

以上我们探讨了技术侦查程序控制的多种方式，如前所述，对于公权力加以制约的程序和方法在很大程度上反映了刑事诉讼程序的进步程度，因此在技术侦查的程序控制上，司法控制当属进步程度最高的方法。下面着重对于司法控制的方法加以阐述，从分析中可以得出这样的结论，即各国的法律制度与司法实践最终证明，司法控制的方式对于技术侦查这样一种特殊的侦查手段在职权规制与权利保障方面具有最优的价值和功用。接下来的讨论将更多围绕技术侦查的司法控制展开。

---

① 程雷：《秘密侦查比较研究》，中国人民公安大学出版社 2008 年版，第 508 页。

(一) 技术侦查司法控制系统论

技术侦查司法控制的主要内容,既包括实体性审查,又包括程序性审查。笔者认为,技术侦查程序控制是一个"系统",其组成部分相互之间是一种相辅相成、不可分割的关系。正如一般系统论的创始人、美籍奥地利理论生物学家贝塔朗菲(L. Von. Bertalanffy)所指出的:"当我们提到'系统',我们指'整体'或'统一体'。"整体性是系统论原理的核心思想。[①] 它突出强调一个系统应当具有整体性、完整性和统一性的内涵。好比公共设施当中为盲人专设的"盲道",它应当是遍布一座城市的公共区域、能够为盲人在道路上行走提供各种指引或提示的"无障碍"系统设施,一般包括行进和提示两种功能的盲道。然而,无论某一功能或者某一段的盲道修设得再好,只要另外一种功能或者另外一段的盲道出现问题或缺失,盲人仍然不敢使用它,盲道对于盲人来说仍然是不完备的、存在严重问题的一项设施。

技术侦查的司法控制亦然。技术侦查的实体性审查是这一系统的前提,如果连实体性审查都无法实现,那么赋予被追诉者再多的程序性权利保障,也没有办法保障这些权利受到客观、公正对待;反之,程序性审查是这一系统的脉络,实体性审查的内容设计得再完善,如若程序性审查的任一环节出现问题,不但被追诉者的基本权利无法得到保障,法庭审判的公开性、裁判的公正性乃至司法的权威性也将遭到质疑。这里需要着重强调的,便是"程序性后果"在技术侦查司法控制系统中的重要作用。如果说审查机制是技术侦查司法控制的前提和脉络,那么,程序性后果的设置便是司法控制中最关键的一环。王敏远教授曾指出,从刑事诉讼法作为法律规范所应具有的本质要素出发,"程序性法律后果"应当是刑事诉讼法作为完整的法律规范所

---

① 参见魏宏森、曾国屏《系统论——系统科学哲学》,清华大学出版社1995年版,第201—202页。

必备的要素。① 可以说，如果将"程序性法律后果"从技术侦查司法控制的整体中"肢解"出来，则其便不再是一个有机体，难以有效发挥其对于公权力的制约作用，这便是系统论之"系统的完整性"给予我们的启示。而只有司法控制的各个组成部分各司其职、相辅相成、相互制约，方能发挥出其各部分内容简单叠加所无法实现的功能，这便是系统的整体性即"整体大于部分之和"原理在此处的彰显。

（二）技术侦查司法控制的主要方式

技术侦查作为强制侦查处分的一种，在刑事诉讼中行使的是控诉职能，而对于技术侦查的司法控制则当属审判职能的范畴。两种职能的混淆将导致刑事诉讼程序出现控、审不分的危险局面，这不符合正当程序原理的内在要求。尽管各国对正当程序内涵的理解不尽一致，但是在这一点上都能达成共识，即诉讼职能的区分是正当程序的最典型标志。司法控制的要素就在于其不仅要求控制的主体是司法机构，更重要的是要求经过司法的程序。而唯有司法的程序才能实现控、审分离，中立裁判和赋予两造即控辩双方同等的机会，尤其要求为受到追诉的一方提供必要的权利和救济，从而实现正当程序的要求。具体到技术侦查，司法控制意味着对技术侦查措施的司法审查、令状之签发、司法监督以及非法证据的排除等违反法定程序的法律后果之设置等程序控制体系下的一系列途径的总和。从程序的视角来看，司法控制的方式主要包括前置审查、过程审查与事后的司法救济。

1. 前置审查

前置审查是对技术侦查措施进行司法授权的程序，司法授权是指侦查机关和侦查人员进行技术侦查时，必须依据法律规定履行申请手续，并经一个中立的不承担追诉责任的机构通常是法院和法官进行审查并依法授权。

---

① 参见王敏远《论违反刑事诉讼程序的程序性后果》，《中国法学》1994年第3期。

除紧急情况①下，侦查机关无权动用技术侦查手段。司法授权具体涉及申请主体、申请条件、申请程序、审查主体、审查内容、审查程序、令状签发等要素，司法授权最终落脚到司法令状的签发上，有学者这样形容司法令状制度，即在通常情况下，技术侦查的适用必须获得法官的授权，否则所获证据将面临被排除的危险。如美国法典第199章第2518条规定侦查人员在申请时须将与本次侦查活动有关的具体事项以书面形式落实到申请书中供法官审查；法官在收到申请后，须依据比例原则等对法律规定的签发令状的条件逐条进行审核以寻找"合理根据"；法官在签发令状时也须根据法律规定将与本次决定有关的具体事项一一在令状上加以记载，以发挥令状的授权和限权作用；在德国，基于监听、监视及通讯截收这样直接侵犯人权的技术侦查措施违反了《基本法》规定的公民有关隐私和通讯秘密的基本权利，《刑事诉讼法》规定对于这些措施的批准要有司法令状，且必须列明措施的种类、范围和持续时间，并规定了使用和延长期限。②

前置审查的意义和价值是不言而喻的。其一，通过采取技术侦查行动前的审查机制，能够有效防止侦查机关为了单一地追求侦破案件、打击犯罪的目的而对案件性质、案件种类以及技侦手段不择手段、不加区分地加以运用，实现比例原则；并且有助于促使侦查机关充分发掘传统侦查手段的功能和优势，减少对技术侦查这种特殊侦查

---

① 实际上，在对技术侦查采取司法控制的国家，除了紧急情况以外，一般还存在两种例外：一是第三人同意的例外；二是基于政治的考虑，维护国家安全的例外。如美国1968年《综合犯罪控制与街道安全法》的立法本意就是限制总统的宪法性权力，以防其采取他认为必要的措施去获得认为对维护美国国家安全必不可少的外国情报。1978年的《外国情报监视法》规定，如果总检察长以书面誓词的方式保证，该监听完全是为了获取通讯方都是外国势力的通讯的内容以及不存在将会获取通讯方是美国公民的通讯的内容的实质性可能，总统即使没有法庭的令状也可以授权进行最长期限长达一年的电子监听以获取外国情报。在9·11事件后美国基于维护国家安全的需要，在《2001年爱国者法》中进一步规定，联邦执法部门在未经司法审查的情况下有权获得与美国公民有关的敏感信息，以及通过秘密侦探窃听得到信息。参见郑雷《技术侦查使用原则之域外探析》，《中国检察官》2013年第17期。

② 参见胡铭《英法德荷意技术侦查的程序性控制》，《环球法律评论》2013年第4期。

措施的过度依赖,实现最后手段原则;从而有利于保障公民的合法权益不被恣意地侵犯甚至剥夺,从程序上把好技术侦查使用的第一关。

2. 过程审查

我们应对过程审查的"过程"应作广义的理解,它一方面包括侦查阶段中技术侦查措施的实施过程,这时的审查主要指在技术侦查实施过程中对其决定予以维持、变更或者解除的审查;另一方面也包括其他诉讼阶段中与技术侦查有关的证据材料运用或者辩护权行使问题存在的过程,这里的审查包括审查起诉和审判阶段对于辩护人权利保障的审查监督,又如庭审过程中法官对于技侦证据的认定和审查等。因此,过程审查主要是指技术侦查在被司法授权以后,司法主体依据法定的条件、期限以及签发令状的内容对于技术侦查及其所获信息的运用情况依职权或者依申请而进行的审查和监督。这其中主要包含三个层面的内容:其一,授权法官对于侦查人员就签发令状的执行情况进行审查监督,如对于侦查人员所采取的技术手段、所针对的案件种类和侦查对象的情况、措施实施的期限以及对于辩护权利的保障是否符合授权的情况进行审查;其二,对于需要依职权或者依申请对技术侦查的手段、适用对象进行变更,或者需要对使用期限进行延长或终止的,授权法官得严格依照法律规定作出决定。如在美国,侦查人员在依照令状执行技术侦查过程中以及在此之后,出现令状所列事项以外的内容,如所截取的与特定罪名无关的信息可否用作证据的问题,必须再一一经过法官的授权或确认;① 其三,在技术侦查之后的诉讼阶段,对于诉讼权利的保障、所获信息的处理以及所运用的证据材料情况的审查判断,都是过程审查需要通过程序加以控制的内容。

3. 司法救济

司法救济,实际上相当于一种事后审查,指在诉讼过程中,被追诉人及其辩护人对技术侦查措施或者对技术侦查所获材料的合法性、

---

① 参见邓立军《外国秘密侦查制度》,法律出版社2013年版,第63—103页。

正当性有异议，存在一个中立的司法机构或者司法官对其诉求进行审查，并要求授权的法官以及执行的侦查人员承担举证责任的程序，必要时可能对技术侦查本身及其所获取的证据材料的合法性、有效性予以否认，以保障被追诉人的基本权利，维护程序正义和实体正义。由此可见，司法救济包含两层内涵：其一，它是包括程序的正当性、有效性、合法性等方面在内的综合审查；具体而言，多数采用司法救济的国家都会依申请对司法令状的授权、执行以及证据的收集和运用等实体性和程序性内容进行审查。其二，司法救济的程序控制还包含司法主体审查后处置行为，通常表现为程序性后果的设置与权利救济的实现。

各国或地区在技术侦查的程序控制中都不乏司法救济机制，虽然表现形式各异，但在维护程序的合法性、正当性和有效性方面却都发挥了前置审查与过程审查无法替代的功能。这种功能得以发挥的关键在于"程序性法律后果"的设置。程序性法律后果是指对于违反诉讼程序的行为及其后果，在诉讼程序上不予认可，或应予否定或予以补正的法律规定，旨在维护程序法应有的、不可违反的法律尊严。[①] 技术侦查的程序性法律后果主要体现为两种情形：一种是对违反技术侦查程序的有关规定所采取的技术侦查行为确认其为"无效"，同时对其所获证据材料予以排除；另外一种是对违反技术侦查程序有关规定所采取的技术侦查行为进行"纠正"，同时对其所获证据材料进行补正，使该行为和结果最终符合程序法的要求。

如在美国，采取技术侦查手段时如果未能依法保障美国宪法第六修正案规定的被追诉人之"受律师协助的权利"，那么该技术侦查活动所收集的证据材料将被排除。[②] 又如，大多数采用司法救济的国家都规定有对于采取了技术侦查措施的"事后告知"制度，这也是保障被诉者得以就其自身权利受侵犯的情况进行申辩的机会；在日

---

① 参见王敏远《论违反刑事诉讼程序的程序性后果》，《中国法学》1994年第3期。
② 参见邓立军《外国秘密侦查制度》，法律出版社2013年版，第109页。

本，为防止监听手段的滥用，除对滥用技术侦查权的公务员加重法定刑之外，还赋予公民就此种滥用权力的行为在向检察官"申诉无门"时，向法院提起"准起诉程序"的权利，以防止检察官在"起诉独占主义"下包庇侦查人员。德、意等国则赋予了辩护律师参与法官主持的录音材料的删剪工作的权利，并有权查阅、复制、摘抄技术侦查措施所获取的资料；对其使用或者销毁都应当在法官的监督和辩护律师的参与下进行，否则材料将不能作为证据使用等。

（三）技术侦查司法控制的主要内容

技术侦查司法控制的主要内容不仅包括实体性审查，还包括程序性审查。技术侦查的实体性审查是程序控制的前提，而技术侦查的程序性审查是技术侦查程序控制的脉络，两者是相辅相成、有机统一的整体。技术侦查的特殊性使得作为刑事诉讼法律制度与理论研究的技术侦查问题，其重点并不在于"技术"层面的问题，而是基于"技术"的特殊性而产生的程序控制的特殊性问题。

1. 技术侦查的实体性审查

技术侦查的实体性审查是程序控制的前提，其内容主要包括以下几个方面：审查限制采取某项技术侦查措施的涉及范围与适用对象，审查限制某个案件采取技术侦查措施的种类、期限和次数等，审查保障某技术侦查措施的实施过程当中关于被追诉者的诉讼权利，审查判断技术侦查措施所获取的证据的资格和证明力等。

世界上采技术侦查司法控制的绝大多数国家都在各自的法律制度中规定了技术侦查适用的案件范围。在英国，早在前文述及的1984年Malone案中，高等法院副大法官罗伯特·梅加里在最初驳回原告请求的回复中，便已经体现出采取监听手段对于监听内容加以限制的实体性审查精神——虽然梅加里法官关于监听的实施在英国法律中不构成侵犯住宅隐私权和通信秘密权的理由在当今看来十分荒谬，但是其关于监听实施的实体性要件的叙述却已经反映出程序控制的要求：他强调"通过电话监听获得材料的使用必须符合防控犯罪的目的，与此无关的监听信息应当控制在最小的知情范围且防止不当扩散"①。在加拿大,《刑事法典》对司法窃听的适用罪名范围、适用对象范围、授权主体、条件、形式及其期限、内容进行了"细密而复杂"的规定;在新西兰,《2012年搜查与监控法》对授权令状应当涉及的内容、执行报告应当涉及的内容等进行了详尽的规定;在德国,《刑事诉讼法》第100条针对三种对隐私权侵犯程度不同的秘密监听分别规定了不同的授权主体和适用范围以及适用的期限等;在日本,《关于犯罪侦查中监听通信的法律》在其附则之附表中规定监听适用的四类有组织犯罪的罪名范围、适用的实质要件、监听的申请权主体的范围、监听的期限等。②

2. 技术侦查的程序性审查

技术侦查的程序性审查是技术侦查程序控制的脉络,其内容主要包括以下几个方面:审查某项技术侦查手段是否由适格的侦查主体严格依法履行了申请手续,是否经适格的司法主体严格依法进行了司法审查和签发司法令状;审查执行主体是否严格依照令状采取的措施并审查相关的报告;审查变更或者解除有关技术侦查措施是否严格履行了有关程序;审查在变更或解除有关措施后是否依法履行了告知程序、材料的保存、入卷归档或者销毁程序等;审查技术侦查证据材料获取程序的正当性与合法性,以及庭审阶段审查判断证据的公开性与公正性等。

对技术侦查采取司法控制的世界各国皆对程序性审查十分重视,这在其各自的立法和司法实践中皆有鲜明的反映。第一,司法令状是世界各国司法授权的通例。第二,多数国家都对执行机关依照司法令状进行执行须形成报告提交法官进行审查作了规定。第三,除以上司法文书以外,多数国家还对技术侦查措施执行过程中的具体程序如材料的收集、保存或者销毁,手段措施的变更或解除,对象范围的扩大

---

① 参见邓立军《外国秘密侦查制度》,法律出版社2013年版,第6页。
② 参见邓立军《外国秘密侦查制度》,第113—131、170页。

或转移等内容的固定作了严格要求,不仅要求原则上必须在事前以书面形式固定下来,而且对记录内容的详尽和具体程度的要求也远远超出了普通侦查程序或者强制措施在司法文书或手续上的要求。第四,多数国家都专门规定了对于程序性违法的审查,并相应地详细规定了"程序性法律后果"。如大陆法系国家的德国《刑事诉讼法》、意大利《刑事诉讼法》及有关判例对技术侦查所获证据的可采性进行了规定;而美国法典2515条对非法监听及其证据的排除规则作了专门规定。这些规定集中反映了对于违反法定程序和令状原则所采取技术侦查措施所获取的证据可能被排除的"非法证据排除规则"。但是在具体制度设计上还会根据其是违反了关键的法定程序(如未经司法授权即采取侦查活动的),还是违反了一般意义的法定程序(如在收集证据材料的记录时有偏差),从而相应地采"绝对排除"或"相对排除"。

通过对技术侦查司法控制的具体内容进行分析,还可以发现,鉴于技术侦查的法律程序对手段的规制很难实现一一对应,因此必须通过刑事诉讼的基本原则如比例原则对其加以约束,而比例原则在技术侦查中的运用既有其普遍性,又有其独特性。具体而言,在技术侦查的实体性与程序性审查中,比例原则被赋予了更丰富的内涵:技术侦查手段的采用与技侦具体措施的潜在危害之间存在一个比例问题;技术侦查手段的采用与犯罪的严重程度之间也存在比例上的衡量;技术侦查措施的采取与其审查授权主体或者执行主体在级别上同样涉及比例原则的运用。因此,基于技术侦查的"技术性"特点,随着科技和社会的发展变化将产生出更多的技术侦查手段和措施,以应对错综复杂的犯罪形势和千变万化的犯罪类型;而正是基于此,对于技术侦查的程序控制尤其是司法的控制要符合现代法治社会对于职权规制与权利保障的要求,在针对种类繁多的犯罪案件和犯罪嫌疑人,需要面对多重选择的技术侦查手段进行司法授权和司法审查时,仅仅依靠法律制度难以穷尽对程序控制的内容规定,必须遵循技术侦查在刑事诉讼中的基本原则,才能更加有效地实现职权规制和权利保障的目标。

小 结

　　技术侦查可谓刑事诉讼的一把"双刃剑"。技术侦查的运用与公民基本权利的保护之间存在着突出的紧张关系。一方面,侦查机关可以凭借技术侦查在不"打草惊蛇"的情况下获得重要证据或线索,技术侦查是一种打击犯罪卓有成效的侦查措施;另一方面,其作为国家公权力对公民采取的强制性侦查手段,在不经当事人同意或知晓的前提下进行,牵涉公民的人身自由、通信自由等基本权利。因此,技术侦查在刑事诉讼实体公正的实现过程中有着常规侦查不可替代的作用,即侦查人员能够借助非常规的技术手段最大限度地发现真实,然而这种作用实现的前提,必须是技术侦查被纳入法治的轨道,权力机关对于技术侦查的决定和行使有法可依。因此,技术侦查的适用只有遵循正当的程序,才能有效避免其由打击犯罪的利器沦为侵犯公民基本权利的恶意工具。程序公正是实体公正的前提和保障。同时,技术侦查与常规侦查相比所具有的秘密性、主动性、前瞻性、专门性以及潜在的权利侵犯性,突破了传统的刑事诉讼程序所能够调整的范围,对于技术侦查的程序控制提出了更高的要求。了解技术侦查的概念、特点、功能以及技术侦查对刑事诉讼实体公正与程序公正价值的实现所应具备的条件,是研究技术侦查的程序控制的基础和前提。

　　技术侦查的程序控制的基本含义是指通过司法、准司法或者行政等手段,对技术侦查的启动、执行、解除以及技术侦查所获证据材料的运用进行有效的规制,并对违反法定程序的行为及其后果予以否定或者补正的程序方法。行政控制更加强调国家对公民社会管控和职权行使的便利,更加注重打击和控制犯罪的效率;司法控制则更加注重维护程序的尊严与正当性,更加倾向于保护公民的宪法性基本权利;

而准司法控制则基于司法制度发生巨大变革等原因在程序控制上的外部形态介于行政控制与司法控制之间,并随着时代的发展与法治的进步,呈现出由行政化向司法化过渡的趋势。其中,程序控制的主要方法是司法控制,将庞大的侦查权置于司法权的控制之下,这既是保障权利和制约职权的需要,也是正当程序理论的内在要求。司法控制基于其深厚的理论基础、制度设计上的优越性以及在司法实践中取得的显著成效,被国际公约和多数法治发达国家所认可,逐渐发展为一项国际司法准则。笔者认为,司法控制是技术侦查程序控制的理想选择。同时,技术侦查的程序控制是一个"系统",其组成部分之间是一种相辅相成、不可分割的关系。前置审查、过程审查与事后的司法救济相互补充、相互制约;实体性审查与程序性审查相辅相成;而程序性后果的设置便是司法控制中最关键的一环。如前所述,技术侦查作为刑事诉讼程序的一个组成部分,其程序不仅应当包括步骤、方式、流程或法律手续,更重要的是在采取以上步骤、方式、流程或者履行相关的法律手续的过程中所应遵循的原则、制度,以及法律赋予诉讼参与人所享有的诉讼权利和义务,这才是程序控制的内核,决定着诉讼程序的目的和方向。[①] 因此,接下来的三章将通过比较研究的方法分析域外技术侦查程序控制制度的共性及其演进规律,进一步阐释技术侦查程序控制的基本观念和基本原则。

[①] 参见汪建成《论刑事诉讼程序》,《法学评论》2000年第2期。

第二章 技术侦查程序控制之比较研究

"一切的认识均可溯源于比较。"① 本章将从横向和纵向两个维度,对技术侦查的程序控制进行比较研究。一方面,随着研究的深入,通过横向比较国际公约与法治发达国家和地区有关技术侦查程序控制的法律制度,总结分析其发展之共性;另一方面,以历史的视角,梳理各国或地区有关技术侦查程序控制的法律制度的发展历程,探寻其中的规律并挖掘规律背后的原因,以期对世界范围内的技术侦查程序控制法律制度获得较为全面的认识,同时对我国技术侦查程序控制的发展提供借鉴和参考。

第一节 域外相关法律制度的横向考察

综观国际公约与法治发达国家和地区的相关法律制度可以发现,虽然英美法系与大陆法系在法律制定和法律实施上有显著的差别,同一法系的不同国家基于不同的司法制度背景在程序控制的方法选择上也不尽相同,不同国家的技术侦查的法治化时间或早或晚,但是,在认识其不同的规定之后,更需要看到其存在的共性,因为正是这些共

---

① [德] K. 茨威格特、H. 克茨:《比较法总论》,潘汉典译,法律出版社2003年版,第1页。

性,才更深刻地反映了技术侦查程序控制具有的普遍意义。

一 注重对公民隐私权的保护

隐私权(The Right of Privacy)最早是私法领域的概念,一般认为,隐私权理论发源于1890年萨缪尔·D. 沃伦和路易斯·D. 布兰戴斯于《哈佛法律评论》上发表的一篇名为《隐私权》的论文,进而引发了学界长达百年的研究与探讨,美国法院也开始将其作为一项重要的民事权利加以保护。① 自20世纪60年代起,美国联邦最高法院通过一系列判例,扩大解释宪法第4、5、14修正案,将对隐私权的保护纳入宪法保护领域中,标志着隐私权自此具有了双重的性质——它不仅是一种普通法(侵权法)上的权利,更是一种宪法权利。② 美国学者普罗塞在研究了200多个美国法院的判例后,总结出了侵犯隐私权的几种行为:其一是侵犯他人私生活的安宁,如监听电话、未经同意对会话进行录音、秘密拍照等;其二是泄露他人私生活的秘密,或者将人置于被公众误解的处境;其三是利用他人的有关特征制作商业广告等。③ 按照这一标准可以看到,非经正当程序采取的技术侦查所侵犯的权益基本被囊括在上述列举的隐私权当中。技术侦查措施是公权力为了保障社会的秩序和安全而锻造的利刃,但如果对其不加限制地适用,则会成为公权力伸向公民权利的屠刀。为此,国际公约与法治发达国家或地区对有关技术侦查程序控制的规定,都极为注重对公民隐私权的保护。具体而言,对隐私权的保护在国际公约和各国的宪法中基本都有明文规定,普通法国家往往依据宪法在其判例中对隐私权加以确认;而成文法国家在其宪法以及刑事诉讼法典中,通常会对受到技术侦查手段威胁的有关隐私权进行明文规定。

国际公约对于技术侦查涉及的对隐私权的保护,可见诸《公民权

---

① 参见张新宝《隐私权的法律保护》,群众出版社2004年版,第28—29页。
② 参见王利明《隐私权概念的再界定》,《法学家》2012年第1期。
③ 王屏:《技术侦查中公民隐私权的保护》,《公安研究》2007年第6期。

利与政治权利国际公约》《世界人权宣言》和《欧洲人权公约》等国际公约。《公民权利与政治权利国际公约》并没有直接规定要保护公民隐私权,而是在其第 17 条第 1 款中规定:"任何人的私生活、家庭、住宅或通信不得加以任意或非法干涉,他的荣誉和名誉不得加以非法攻击。"这里的私生活、家庭、住宅和通信不受任意或非法干涉,其实就是强调了对隐私权的干涉需有法可依,反对任意和非法侵犯公民个人隐私的技术侦查措施。《世界人权宣言》第 12 条规定:"任何人的私生活、家庭、住宅和通信不得任意干涉"。《欧洲人权公约》中也有类似的规定。①

普通法国家中,最早问世的技术侦查制度可以追溯至 20 世纪上半叶美国通过判例法规制的监听制度。在刑事诉讼法宪法化的美国,技术侦查程序控制多有赖于联邦宪法修正案或者以此为依据而衍生出来的诸多判例的规制。美国联邦宪法虽未明确提及隐私权,但是"在一系列判决中法院已经承认个人的隐私权,或者对隐私权的一定领域或者范围的保证确实存在于宪法当中"②。与美国是通过判例法对监听制度加以规制从而实现对隐私权的确认与技术侦查法治化不同,英国是通过出台成文法即《1985 年通信截收法》而首先在通信监控领域确认了隐私权,并开启了对于通信截收的技术侦查活动的法律规制。

许多成文法国家则会在其宪法以及刑事诉讼的成文法典中对隐私权加以明文规定。成文法国家对于技术侦查中涉及的对隐私权的保护,主要是通过制定成文法限制技术侦查措施适用对象、案件类型和

---

① 《欧洲人权公约》第 8 条规定:"人人有权使他的私人和家庭生活,他的家庭和通信受到尊重。公共机关不得干涉上述权利的行使,但是依照法律的干预以及在民主社会中为了国家安全、公共安全或国家的经济福利的利益,为了防止混乱或犯罪,为了保护健康或道德,或为了保护他人的权利与自由,有必要进行干预者,不在此限。"

② Warren Freedman, *the Right of Privacy in the Computer Age*, New York: Quorum Books Greenwood Press, Inc., 1987, p.73. 转引自张新宝《隐私权的法律保护》(第二版),群众出版社 2004 年版,第 30 页。

手段种类等防止对公民个人隐私权的肆意侵害。如德国《基本法》第10条即规定"通信和电信秘密不可侵犯；这种权利只能依法予以限制"；德国对于刑事侦查中隐私权的规定主要集中在德国的《刑事诉讼法典》之中，其他法律中亦散见相关规定，如德国《刑事诉讼法典》第100条对通讯截收措施进行了规定。意大利《刑事诉讼法典》第254条规定"通信和其他形式的通信自由和隐私不受侵犯"。新西兰《2012年搜查与监控法》在其总则中也专门分别对"私人活动""私人通讯"及"私人处所"加以定义①，从而明确了公民的隐私权不受窃听、监控等技术侦查手段的侵犯，等等。

二 注重对技术侦查权力的制约

对技术侦查权力的制约，重点体现在各国的程序控制方法普遍遵循"比例原则"的要求上，也即刑事诉讼中采取的诉讼手段，特别是限制或剥夺公民基本权利的强制措施，在适用案件范围、适用对象以及采用的措施种类等方面，必须与所追究的行为相适应，不能过度。刑事追究措施与犯罪行为相适应涉及两方面的要求：其一，是对被告人采取刑事追究措施的种类应当与犯罪行为的社会危害性相适应。其二，是刑事追究措施的程度或力度应当与犯罪的社会危害性程度保持一致。② 比例原则也是各法治发达国家在考虑技术侦查措施立法规制的过程中予以重点考量的原则。

《公民权利与政治权利国际公约》以及《世界人权宣言》这两部国际公约中对于侵犯隐私的侦查措施的限制主要侧重于其必须依法进行。如前所述，《欧洲人权公约》第8条的规定强调了不仅要"依照法律"，而且必须是为了其他重大利益"有必要进行干预"，即只有在具有必要性时，才能动用技术侦查措施对公民隐私权进行干预，体

---

① 参见《2012年新西兰搜查与监控法》，李玉华等译，中国政法大学出版社2013年版，第14—17页。
② 程荣斌、王新清主编：《刑事诉讼法》，中国人民大学出版社2013年版，第93页。

现出对于技术侦查权力的制约。

在英美法系国家的美国，其1968年《综合犯罪控制与街道安全法》在监听措施的适用案件范围上，规定采用了"罪行轻重限定法"与"罪名列举法"两种方法，前者指"可处死刑、无期徒刑或者1年以上监禁刑的犯罪，包括叛国罪、间谍罪等等"；后者指"计有14项60多种犯罪，如谋杀、绑架、抢劫、贿赂犯罪等"。其次，在监听措施适用的事由上，该法规定了法官批准监听的两个实质性理由：一个是采用其他侦查方法已经失败或者不可能成功；一个是有合理的理由相信某个人正在实施、已经实施或者即将实施的行为属于监听措施的适用范围，且通过该手段可以获得该犯罪的线索或证据材料，同时监听措施的适用对象、设备或场所与上述犯罪活动有关。在英国，根据有关判例法，警察在犯罪侦查中穷尽常规手段无法实现侦查目的时，可以使用秘密窃听、电话监听等秘密侦查手段。从中也可以看出比例原则的运用，反映出英国同样注重限制使用技术侦查权力。

在大陆法系国家的德国，其有关规定也体现了权力规制的比例原则理念。如德国《刑事诉讼法典》第100条a项规定，如果有一定的事实足以怀疑某人为下列罪行的主犯、共犯或可处罚的未遂犯，或者以犯罪行为预备实施这些罪行的时候，在以其他方式不能或者难以查明案情、侦查被指控人居所的条件下，允许命令监视、录制电讯往来。① 由此可见，对于技术侦查的适用，普遍被严格限制于特定种类的犯罪，对于其他普通类型的犯罪、轻刑罪，如盗窃罪，则不得适用技术侦查这一严厉的刑事追究措施。

三 注重对被追诉方权利的保障

保障被追诉人权利的基础，在于保障被追诉人的知情权。由于技术侦查措施的秘密性，被采取技术侦查措施的当事人一般都处于完全

---

① 宋远升：《论侦查行为比例原则》，《铁道警官高等专科学校学报》2006年第4期。

不知情的状态,此时如果不注重保障被侦查对象的相关诉讼权利,一旦技术侦查采用非法程序或非法方法进行,公民的基本权利便会受到严重的侵害,由此,法治发达国家在其技术侦查法律制度中一般都有关于保障被追诉人及其辩护人权利的规定。

在大陆法系国家,如德国便规定在必要时候要保障被追诉人的知情权,其《刑事诉讼法典》第101条第1款规定,一旦对侦查目的、公共安全、他人人身或者生命等不会构成危险的时候,应当将采取的技术侦查措施通知被侦查对象。又如,意大利《刑事诉讼法典》第268条也就窃听措施规定了保障被追诉人的辩护人及时获悉有关情况的权利,且辩护人有权查阅、复制窃听措施所取得的录音材料。在我国台湾地区,根据"通讯保障及监察法"第15条之规定,一般情况下,通讯监察的授权主体许可执行机关在通讯监察措施结束以后,及时通知受监察人。

在英美法系国家,如美国的1968年《综合犯罪控制与街道安全法》也规定:被追诉者有权在对其适用的监听措施结束后的至少90天内,获知案件的有关技术侦查措施申请的情况以及其本人是否受到监听的情况。不仅如此,该法还规定,案件的诉讼参与人都有权在法庭使用窃听措施获得的证据材料之前的10天,获知该案件所采取的监听措施获得授权的有关情况。此外,在美国的审判实践中,许多判例经常依据联邦宪法第六修正案规定的"受律师协助的权利"来保护技术侦查中被追诉对象的权利,该规定通过设置程序性法律后果,排除了违反被告受律师协助权利所获得的证据的全部效力。[①]

四 注重发挥司法控制对技术侦查的作用

由于技术侦查措施具有易侵权性,因此如果把决定实施技术侦查的权力交到侦查机关手中,则容易发生技侦措施的滥用。现实中,各

[①] 参见邓立军《外国秘密侦查制度》,法律出版社2013年版,第109页。

法治发达国家的普遍做法是，技术侦查需经过司法机关的授权才能适用，借司法控制的手段防止技术侦查措施被滥用。这里所说的司法控制，通常包括司法授权、司法审查和司法救济。

美国在程序控制的方法上秉承司法审查原则，这在其技术侦查的程序控制法律制度中表现得十分明显。如在其1968年通过的《综合犯罪控制与街道安全法》的第三部分[①]中明文规定了司法审查的主体、司法审查的原则和程序。美国的有关法律对于其他技术侦查措施如邮件检查、秘密监控等手段同样采用了司法令状的控制方法，鉴于前面已有较为详细的论述，在此不再赘言。

大陆法系的司法控制方法体现在其"司法令状主义原则"上，如德国《刑事诉讼法典》第100条的规定，秘密监听的实施原则上只能由法官决定，只有在"延误就有危险"的情况下，才可由检察官或者警察暂时行使一定的决定权，但事后必须获得法官的确认才能维持其效力。经过司法审查的监听措施可以取得"司法令状"，并规定了严格的适用期限。具体而言，对电讯往来的监视、录制，非公开言论的窃听、录制，对私人住宅谈话监听等，还根据其对权利潜在侵犯性的不同，分别就授权主体采取了不同的原则性规定及其例外规定。

俄罗斯于2001年通过了《俄罗斯联邦刑事诉讼法典》，逐步建立起了对于技术侦查的司法审查机制。该法规定，侦查机关及其侦查人员无权自行启动"邮件检查"和"司法监听"这两种秘密侦查行为，必须事先向法院申请签发司法令状，在取得法院签发之令状之后，才能根据司法令状实施邮件检查和司法监听行为。

---

① 该部分内容规定，警察在为刑事调查的目的进行电子侦听、电话监听等技术侦查手段之前必须获得司法令状，法官签署该令状时，必须确信存在犯罪已经发生、正在发生或将要发生的"可能的原因"，而且常规侦查方法已经失败或者因某种原因不具有合理性；在紧急情况下，警察可以无证监听，但监听时间不能超过48小时。参见熊秋红《秘密侦查之法治化》，《中外法学》2007年第2期。

五 注重对技术侦查程序的细化

对于技术侦查措施的实施过程,包括技术侦查的适用期限、延长与技术侦查措施的解除,以及技术侦查记录的保存与销毁等,域外法治发达国家也通过立法给予了详细的规定。

首先,关于技术侦查措施适用的期限及延长。各国在规定侦查人员实施技术侦查措施需获得司法审批许可的同时,也对经过司法审批的技术侦查附加了相对有限的期限。美国1968年《综合犯罪控制与街道安全法》规定:"命令的执行期间是获得窃听所需要的唯一的时间周期,并且如果超过30天就会自动失效。在该法令的实施中不能添改,必须进行重新申请。"① 法国《刑事诉讼法典》第100条规定:"此项决定规定的截留期限最长为4个月,继续截留必须按同样的条件方式和期限重新作出决定。"德国《刑事诉讼法典》规定,监听在经过司法审查取得"司法令状"之后,有一定的持续期限。如监视、录制电子通讯的期限原则上不得超过3个月,而对私人住宅谈话进行监听的最长期限则只有4个星期。②

其次,关于技术侦查记录的保存及销毁。美国1968年《综合犯罪控制与街道安全法》规定窃听的通讯内容不能随便泄露,即使有法院专门的授权,也必须控制在必要的限度以内。它还规定,对于监听的内容要进行记录,且内容都应该封存并保留至少10年。法国《刑事诉讼法典》也规定,对采取的电讯截留措施应对作出记录,且记录的登记册应该封存。以上措施对于防止当事人的隐私泄露和技术手段的扩散有重要的意义。关于技术侦查措施记录的销毁,许多大陆法系国家有明确的规定。如法国《刑事诉讼法典》第100条规定,据共和国检察官或检察长的要求,有关记录应当在公诉时效期间届满时进行

---

① 万毅:《西方国家刑事侦查中的技术侦查措施探究》,《中国人民公安大学学报》(自然科学版)1999年第4期。
② 谢佑平、邓立军:《德国的秘密侦查制度》,《甘肃政法学院学报》2011年第6期。

销毁；德国、意大利等国也有类似规定。①

第二节　域外技术侦查程序控制制度的演进

综观域外法治发达国家和地区技术侦查程序控制法律制度的演进，其无不经历了从无到有、由少到多、从粗糙到细化的发展历程。结合英国、美国、荷兰、德国、日本和我国台湾地区等不同法系的国家或地区近年来的立法与司法状况，笔者注意到，技术侦查权力的扩张与对其程序控制削弱的趋势，已致使各地公民基本权利遭受技术侦查侵犯的趋势在世界范围内蔓延；而这种公民权利受到严重威胁的态势，恰恰反映出建立和完善程序控制法律制度的必要性。因此，有必要通过研究世界法治发达国家相关法律制度的演进来分析其发展趋势，并以此为我国技术侦查程序控制制度完善提供镜鉴。

一　美国

美国法院曾参照其宪法第4修正案，对什么样的监控行为构成"搜查"寻找答案。② 从1928年奥姆斯泰德案（Olmstead v. United States）③ 的搭线监听，到1952年西尔弗曼案（Silverman v. United States）④ 的针型麦克风监听，最高法院的大法官们逐渐意识到关于第

---

① 如意大利《刑事诉讼法典》第269条第2款则规定，当诉讼不需要有关材料时，与之有关的人员可以以隐私权保护为由，要求授权原窃听措施的法官对与窃听有关的材料加以销毁。德国《刑事诉讼法典》第100条b第6款也有类似的规定，即对于追诉不再需要的材料，应当在检察机关的监督下，不加迟延地予以销毁。参见万毅《西方国家刑事侦查中的技术侦查措施探究》，《中国人民公安大学学报》（自然科学版）1999年第4期。

② ［美］马丁·马库斯：《监控的正当程序》，赵琳琳译，转引自陈光中、陈泽宪主编《比较与借鉴：从各国经验看中国刑事诉讼法改革路径》，中国政法大学出版社2007年版，第296页。

③ 277 U. S. 438（1928），overruled by Katz v. United States, 389 U. S. 347（1967）.

④ On Lee v. United States, 343 U. S. 747（1952）.

4修正案"搜查"规则的"物理侵害理论"①,"既不是好的物理学标准,也不是理想的法律规则"(bad physicals as well as bad law)②;而此后处在美国"刑事程序革命"巅峰时期的1967年的判例"卡兹案"(Katz v. United States)则彻底埋葬了"物理侵害理论",取而代之的是"合理的隐私期待理论"。负责撰写本案判决意见的大法官波特·斯图尔特曾指出,"第4修正案保护个人隐私不受特定类型的政府行为所侵犯","个人试图作为隐私加以保护的东西,即使位于公众可以进入的领域,也会受到宪法的保护","卡兹当然有权利假定,他所说的话……不会传遍全世界",因此"控方的活动……侵犯了卡兹有正当理由加以信赖的个人隐私",正如大法官约翰·马歇尔·哈兰在判决的协同意见中补充的那样,"个人享有受宪法保护的'合理的隐私期待'(reasonable expectation of privacy)"③。

在20世纪初,美国认为未获司法授权的监听并不具有非法性,也不会对其采取严厉的负面评价,即排除证据适用。当时只有对公民财产权利的侵犯、对场所的物理侵入等构成宪法上的搜查或者扣押时,才被纳入司法令状规制的范围。1928年,奥姆斯泰德诉合众国(Olmstead v. United States)案中,警方未获司法授权,即监听了奥姆斯泰德的电话,并获得了他非法制售烈性酒的证据。美国最高法院认为,政府对被告电话交谈的监听行为没有涉及"对被告人房屋或者办公室的进入",未实施对物体的实际侵入,不构成不合理的搜索与扣押,不受宪法第4修正案的限制。这一判例并不认为警察擅自采取的

---

① 即宪法只保护人身、住宅、文件和财产不受物理性侵入或侵害(physical instrusions or trespass),而眼睛和耳朵不能实施"搜查",同样也不会造成侵害;监听虽然能够造成侵害,但是不属于此类对财产造成的物理侵害,因此不构成第4修正案上的"搜查"。参见[美]约书亚·德雷斯勒、艾伦·C.迈克尔斯《美国刑事诉讼法精解》(第一卷·刑事侦查),吴宏耀译,北京大学出版社2009年版,第70页。

② Katz, 389 U. S. at 362(Harlan, J., concurring).

③ 参见[美]约书亚·德雷斯勒、艾伦·C.迈克尔斯《美国刑事诉讼法精解》(第一卷·刑事侦查),吴宏耀译,北京大学出版社2009年版,第72—73页。

监听行为违法。

到了1934年，议会通过了《联邦通讯法》，并规定，"任何人未经信息发送者同意，不得监听通话，不得将所监听到的有关通话进行的地点、内容、主旨、意图、效果及含义泄露或公布他人"。这一法律规定明确将非法监听行为视为违法行为，但是却并没有明确规定违反这一法律规定将会受到的负面评价。

1967年，在卡兹诉合众国（Katz v. Unites States）一案中，美国首次确认了"合理隐私期待"这一保护隐私权的标准，将政府未经谈话任何一方同意对私人谈话进行监听视为侵犯了公民隐私的合理隐私期待，并认为构成宪法第4修正案上的"搜查"，致使警察的监听完全被纳入宪法第4修正案的规制范围。卡兹案改变了隐私权的概念及范围由财产决定的做法，确立了第4修正案"保护的是人，而非地点"的观念。

然而，正如1967年以后技术的发展使得当初的"物理侵入理论"不再是对政府侵犯公民隐私权活动的有效限制一样，卡兹案后有研究表明，"最高法院关于第4修正案适用范围的结论往往与社会科学对待特定警察侦查手段的一般观点相抵触"，[①] 法律的滞后导致其难以回答如何规范21世纪中政府与公民间的关系。不出所料，在2001年的"凯丽欧案"（Kyllo v. United States）[②] 中，最高法院认为，应当设计新的规则（理论）以应对现今和将来的复杂技术手段可能使得政府具有的透过墙壁和其他不透明屏障的"观察能力"，从而印证了上述研究的观点。与科学技术和犯罪手段的不断发展和更替，以及最高法院确立的"搜查"法则相呼应，在规制监听制度方面，美国国会先后通过了《联邦通信法》《综合犯罪控制与街道安全法》及《电子通信隐私法》等一系列成文法来保障公民通信自由和隐私等基本权利，规制秘密监听等政府权力的行使。直至2001年"9·11"恐怖袭

---

① Slobogin & Schumacher, Note 47, *supra*, at 774.
② 533 U. S. 27 (2001).

击事件发生后,美国国会以最快速度在一个月左右的时间内审议通过了美国历史上第一部专门针对恐怖主义的法律——《2001年爱国者法案》,该法案的副标题为"法案旨在阻吓和惩罚发生在美国和世界各地的恐怖主义行为,并加强法律执行中的调查手段等",法条规定和实践也证明了这部法律在很大程度上对执法机构解除了原本较为严格的司法程序,并赋予其更大的执法权力。①

由此可见,美国自20世纪初以来,便开始注重对监听、监视等技术侦查手段的程序规制,"刑事诉讼法宪法化"的正当程序革命不仅极大地发挥了联邦宪法在技术侦查程序控制中的作用,将抽象的宪法条文转化为具体的技术侦查的法律规范②,而且在司法监听制度中引入成文法的法律规制,并不断取得法治的进步和成效;然而,《2001年爱国者法案》这部法律的酝酿和颁布实施着实令美国的人权保障蒙上了阴影。

二 英国

1762年,英国法官卡姆登(Camden)提出了规制通信截收之四条准则:第一,通信截收的合法性存在的基础只有一个,那就是法律或普通法原则中存在对其授权规定的内容;第二,特定的授权行为的范围不得被随意扩张,也就是说,执行官员依据法律或普通法原则获得合法授权的行为,仅仅限定于实施所授权的特定行为,并不自然地包括与该特定授权行为极其类似的其他行为;第三,执行官实施特定的行为必须有时间上的限制,如果历时过久,那么这种行为的合法性是值得怀疑的;第四,仅仅是为了国家利益而实施的政府公权力行为也未必具有合法性。在当时的英国,不仅通信截收的授权有严格的标准,而且对通信截收的申请也要求具备以下四项条件:其一,必须针对的是重大、恶性的犯罪;其二,必须在采取所有常规的侦查手段均

---

① 参见邓立军《外国秘密侦查制度》,法律出版社2013年版,第45—57页。
② 参见邓立军《外国秘密侦查制度》,法律出版社2013年版,第109—110页。

告失败、别无他法时，才能采用该技术侦查手段；其三，必须要有充足的理由使授权主体相信通过通信截收手段的采取能够发现犯罪；其四，必须具有采取通信截收这种手段而非其他类型的手段的必要性。

1937年，由于电话等新型通讯工具的出现，英国政府决定在"政策"上由国务大臣签发许可证，授权对与犯罪有关的电话交流实施截收（即所谓监听）。但是，此时对于电话监听仍然仅处于由政府决定进行监听的状态，并无正式的法律规制，而这种由国务大臣签发的许可证，并不属于司法审查，仅仅为行政机关的自我授权。

1984年，发生了马龙诉联合王国（Malone v. the United Kingdom）一案。案件的最后，欧洲人权法院判决基于英国关于电话监听的规定含糊，国务大臣在这一事项之中近乎拥有无限制的自我授权等理由，判决联合王国败诉，由此直接推动了英国规制监听等技术侦查手段的正式立法的出台。①

此后不到一年的时间，《1985年通讯截收法》（Interception of Communication Act 1985）出台，该法案标志着英国对通讯监听措施第一次作出正式的有关规定。该法第2条的规定，要取得技术侦查的资格，需要获得国务大臣批准的令状。国务大臣签发通讯监听的许可证要具备的前提条件是，或者是为维护国家安全利益，或者是为防止或侦破重大犯罪，或者是为维护英国的经济福祉，或具备以上条件中的多个。其中，该法第10条第3项专门对前述之"重大犯罪"作了明确具体的规定②，并对"维护国家经济福祉"③进行了解释，即主要基于国家安全保护方面的考虑。此外，该法还规定，国务大臣须对通过通讯监听手段所获取的材料是否可以通过其他的合理手段或方法取

---

① 邓立军：《英国〈1985年通信截收法〉：立法背景、制度架构及当代命运》，《四川警察学院学报》2013年第5期。

② 包括暴力犯罪、获得大量财务收益之犯罪或多数人追求共同目的之犯罪；犯罪行为人年满21岁，无犯罪前科，但仍有可能被判三年以上有期徒刑之犯罪。

③ 系指被截取通讯者的行为对英国国家的经济造成重大威胁，而必须通过收集有关外国的情报作为英国政府外交政策的参考，以保障英国国之经济利益。

得进行判断,如果是,那么国务大臣便不得签发通讯监听的许可证。①

之后,《2000年侦查权控制法》(Regulation of InvestigationpowersAct 2000)取代了《1985年通讯截收法》。新法仍然规定了国务大臣或者国务大臣所指定的高官拥有签发通信许可证的权力,这仍然属于一种行政性令状。但是,相比于对技术侦查实行司法令状的欧陆及北美,英国实施的通讯截收行为并不算多。通过考察通信截收专员发布的年度报告可知,"2000年至2003年在英格兰及威尔士签发的通信截收许可证总数依次为1608、1314、1466、1878。相对于2006年7月统计的英国的6060万人口来说,,上述通信截收许可证签发的数目是比较小的"②。

三 荷兰

有资料显示,近十几年来,荷兰的公共安全观有了明显的改变,为了打击恐怖主义犯罪、有组织犯罪等严重犯罪,荷兰《刑事诉讼法》的改革逐渐偏离了诉讼程序的基本原则。荷兰立法、行政和司法机关从过去的十分认真对待公民权利,转变为现在的以基本权利为必须保障的底线。2005年《摄像头监控法案》(2005 Act on Camera Surveillance)规定,为维持社会秩序的需要可以在公共场所安装摄像头进行持续监控,摄像记录可以用于整个诉讼程序,这在一定意义上将侦查权间接扩张到了在公共场所出现的每一个普通公民身上。荷兰通过《2007年恐怖主义犯罪侦查、起诉可能性扩展法》(2007 Act on the Expansion of the Possibilities for Investigating and Prosecuting Terrorists Offences)修正了其《刑事诉讼法》中关于侦查的定义,扩大了其内涵;合理怀疑不再是侦查的基本要求,一方面,只要有"恐怖主义犯罪迹象"者均可以使用特殊侦查手段;另一方面,在组织犯罪中可以

---

① 参见邓立军《外国秘密侦查制度》,法律出版社2013年版,第11—16页。
② 邓立军:《英国通信截收制度的变迁与改革》,《中国人民公安大学学报》2007年第3期。

对那些没有明确参加犯罪的人采取特殊侦查手段，主动性侦查与侵犯性侦查行为越来越成为"家常便饭"。这其中难免大量使用技术侦查手段。最糟糕的是，这最初经由反恐立法引进的修正案，实际上适用于所有的刑事侦查活动。此外，2008年《电话通讯数据保存义务法案》（Bill on the Duty to Retain Telecommunication Data）规定，通讯供应商有义务将经由公用电子通讯或公共互联网进行的数据保存12个月。这无疑加强了公民隐私权被泄露的危险。

一位荷兰著名的刑事法教授兼上诉法院法官在其研究报告中称：在电话窃听方面，荷兰在多年前便已经成为世界领先国家之一。2007年下半年，荷兰司法机关实施了12491起电话窃听（其中手机窃听占84%，有线电话窃听占16%）。电话窃听的适用条件虽然受到了《刑事诉讼法》最严格的限制；但是显而易见，该权力的使用仍是十分容易的。在荷兰刑事司法实践中对于公民个人隐私的侵犯变得相当简单。① 综上所述，近10年来荷兰的技术侦查程序控制效果愈发下降，很多法律规定不仅在限制公民隐私措施的数目上不断增加，而且这些限制措施相互结合影响深远，对公民隐私构成了严重妨害。②

四 德国

德国是法治发达国家当中技术侦查法治化较早、程度较高的国家。早在19世纪前期，德国《基本法》中便已经有了"通信和电讯秘密不可侵犯；根据法律的命令才可以加以限制"的规定。监听在当时的德国是被严格禁止的，德国的侦查机关也无权使用这一措施。但是实践当中逐渐出现打击犯罪的迫切需要，德国公民这种隐私权的宪

---

① ［荷］帕尔特·海因·凡·科姆普恩：《荷兰刑事诉讼程序权利保障及其新发展》，倪铁、陈波译，《犯罪研究》2013年第1期。

② See Cf. Privacy International, "Leading surveillance societies in the EU and the World 2007", on 〈http://www.privacyinternational.org〉（see under: KeyPI Resources）. 转引自［荷］帕尔特·海因·凡·科姆普恩《荷兰刑事诉讼程序权利保障及其新发展》，倪铁、陈波译，《犯罪研究》2013年第1期。

法保护不断被新的法律规定所破坏，如德国《刑事诉讼法典》第99、100条关于邮件检查的规定就十分宽松，好在德国在技术侦查实践中对于宪法规定的"比例原则"贯彻得较为彻底，对邮件检查的权力起到了有效的制约作用。但是在窃听措施方面，基于有组织犯罪和恐怖主义活动猖獗，出于维护国家安全的需要，先后于1968年、1992年、1998年3次修改德国《基本法》，而这3次修正案的内容都指向国家公权力的扩张。1968年，德国《基本法》关于"通信和电讯秘密不可侵犯"的宪法性规定，通过修正案的形式增设了两个例外：一是针对德国社会存在的武器攻击、国际恐怖暴力犯罪等犯罪活动，规定了一些特殊侦查手段适用的优先性；二是细化了对窃听手段的审批权限、适用对象、适用范围等实质要件、执行程序和所获证据材料的使用等问题的规定。① 1992年，另一修正案赋予了侦查机关窃听并录制非公开言论的权力，规定针对特定案件，采用其他方式不能或者难以查清案情或者侦查犯罪嫌疑人居所时，允许监听、录制非公开言论等技术侦查手段。1998年，德国联邦议会经过激烈争论，以微弱优势通过了对德国《基本法》第13条即"住宅不受侵犯"限制的修改，使得对私人住宅的所谓"大窃听"措施成为可能。② 至此，面对严峻的社会治安和国际犯罪形势，德国的技术侦查制度呈现权力不断扩张、权利保障日渐萎缩的发展态势。

2004年，德国联邦法院的一纸判决稍稍扭转了这样一种权力扩张的趋势，判决对于所谓的住宅内窃听的合宪性与合法性进行了批判，指出住宅尤其是卧室是人的"最后庇护所"，其内的声音属于"绝对受到宪法保护的资讯"，这种对于"私生活的核心领域"的保

---

① 邓立军：《德国司法监听法治化的演进与发展》，《广东商学院学报》2006年第6期。

② 在德国，将非侵入私人居所的窃听称为"小窃听"，反之，侵入私人居所进行的窃听，基于其对公民宪法性基本权利的侵犯程度更大，遂称之为"大窃听"。参见［德］托马斯·魏根特《德国刑事诉讼程序的改革：趋势和冲突领域》，樊文译，载"中国法学网"，访问日期2014年3月27日。

护才是对人的尊严的宪法保障的实质体现。这一变化虽然使得警察在一段时期内在面对严重复杂的犯罪时变得手足无措,但是却纠正了惩治犯罪与保障人权"相冲突"的认识,强调以科学、文明、人道和有利于保障权利的手段①进行侦查。

综上所述,第二次世界大战以来,德国对于技术侦查尤其是监听的立法规定,由早期的严格禁止到逐步放开授权,不断地扩大技术侦查可适用案件的范围、技术侦查所适用的对象。有学者指出,日益猖獗的有组织犯罪和恐怖主义犯罪形势,是德国技术侦查打破监听原本被严格禁止这一宪法性规定的根本原因。② 由此可见,技术侦查法治化的进程是曲折而艰难的。

五 日本

以电子监控中的秘拍秘录手段为例,日本理论界和实务界对于秘拍秘录的法律性质属于任意侦查还是强制侦查存有争议:持其属于强制处分观点的学者坚持认为,侦查机关对拍摄对象的隐私权和肖像权造成严重侵犯,因此,只有在满足清楚的犯罪嫌疑、高度的取证之必要性、情况紧急、方法适当等严格的令状要求下才可实施;持其属于任意处分观点的学者认为,侦查机关在并未对拍摄对象实施外部强制,拍摄对象也无须承担任何忍受义务,据此侦查机关可自行决定是否及如何实施拍摄。而日本司法实务界则基本将其视为一种任意处分。③ 将其看作任意处分就意味着对其程序规制的要求远没有对强制处分那么高。

在通讯监听方面亦是如此。1999 年《通讯监听法》在进行修改时,由于当时对刑事诉讼法增设了一条"未征得通话任何一方的同意

---

① 王敏远:《程序正义与实质正义的关系辨析》,载"中国法学网",http://www.io-law.org.cn/showarticle.asp?id=434,访问日期2014年3月20日。
② 参见邓立军《外国秘密侦查制度》,法律出版社2013年版,第252页。
③ [日]田宫裕:《刑事诉讼法》(Ⅰ),有斐阁1985年版,第14页。

进行监听的强制措施，由法律另行规定"，根据强制措施法定主义，日本专门制定了《为犯罪侦查而监听通讯的法律》，除非满足《通讯监听法》十分严格的规定要件，否则不得采取监听措施。由此，截至2009年监听案件的数量每年只有个位数，之后每年至多为30件。司法实践对于打击有组织犯罪的需求越来越大，监听的要件亟待适当放宽以适应打击犯罪的需要。因此，2016年日本对《通讯监听法》加以修改完善：第一，扩大了监听通讯的对象犯罪，即原来法律的基础上增加了4种"团伙"犯罪，要比以往"有组织的杀人"的要件宽泛得多。第二，监听令状的要件包括犯罪嫌疑、通讯盖然性和补充性3个方面的要件，体现了监听通讯是"最后的侦查手段"。第三，监听的启动程序要件，包括监听证的请求权人——被指定的检察官或警视以上的司法警察、签发权人——地方法院的法官、监听期间——10日以内且延长总期间不超过30日。第四，监听实施的程序规定，主要包括可监听其他犯罪的情形与不可监听的情形，以及被监听者的权利保障。第五，在2019年以后，在监听中开始大幅地使用新开发的密码技术和信息处理技术，以追求监听通讯的效率和合理性。[①]

由此可见，虽然理论界对此手段的态度较为紧张，但是，立法和司法实践层面在一定程度上放宽了对此种手段使用的限制、扩张了技术侦查权。新的密码和信息处理技术能否顺利完成监听任务，是否能够在提高侦查效率的同时不对日本公民隐私权带来减损或威胁，值得在实践中进一步观察、检验和探讨。

六　域外制度的演进规律及相关思考

综合各个国家和地区关于技术侦查程序控制的法律制度，可以发现如下规律，即各国技术侦查程序法治的发展大致经历了或者即将经历法律制度从无到有，从粗到细，从宽到严；再随着各国犯罪形势的

[①] 参见［日］田口守一《刑事诉讼法》（第七版），张凌、于秀峰译，法律出版社2019年版，第133—137页。

变化，有组织犯罪、恐怖主义犯罪等新型犯罪的与日俱增，程序控制又出现从严到宽的"倒退"趋势。具体分析，各国或地区普遍存在较为相似的3个阶段：

第一个阶段，表现为技术侦查手段在实践中的率先运用，在经历了技术侦查权力不加限制的滥用之后，其才逐步被纳入法治的轨道。英国、美国、荷兰、日本等国家，在有明确的法律规制之前，对于监听等技术侦查手段的使用在实践中早已经具有较长的历史。这种现象符合法律在客观规律中的局限性特征，即基于法律对社会生活反映的滞后性，总是先有实践的探索以及问题的存在，才有针对性的法律规范加以调整。

第二个阶段，表现为程序控制的不断细化、法律规制范围的持续扩大，越来越多的技术侦查手段被纳入法治轨道，与此同时，技术侦查手段适用范围不断限缩，通过立法将技术侦查手段适用的案件限制在了一定范围之内。如美国1968年的《综合犯罪控制与街道安全法》规定，在未征得任何一方当事人同意情况下，窃听仅能由具备司法管辖权的法官授权进行。同样是1968年，德国通过了两个修正案，对德国《基本法》所确立的"通信和电讯秘密不可侵犯"的宪法性规定增设了例外，规定了在特定情况下可以准许监听。由于马龙诉联合王国一案败诉，迫于欧洲人权法院的压力，英国公布了《1985年通信截收法》，对通信截收采取了更为严格的限制。随着刑事法治的不断发展，权利保障理念逐渐深入人心，反映在技术侦查的法律制度层面，即是法律规定从粗到细、从宽到严符合客观规律，立法走向精细化、高质化是必然的结果。

第三个阶段，表现在技术侦查程序控制在法律制度上的放松，与技术侦查措施和手段适用量的不断增长。德国先是对严厉禁止的监听放开了法律的口子，随后又准许了对非公开言论的监听，后又将私人住宅纳入到监听范围内，并不断扩大监听适用的情况和案件范围。英国《2000年侦查权控制法》出台以后，将对于通信截收的授权主体从内务大臣扩大到了内务大臣和内务大臣指定的官员。2001年"9·11"恐怖袭击事件发生后,美国国会以最快速度在一个月左右的时间内审议通过了美国历史上第一部专门针对恐怖主义的法律即《2001年爱国者法案》,"法案旨在阻吓和惩罚发生在美国和世界各地的恐怖主义行为,并加强法律执行中的调查手段等"为该法案的副标题,法条规定和实践也证明了这部法律在很大程度上对执法机构解除了原本较为严格的司法程序,并赋予其更大的执法权力。[①] 日本"为了更有效地对付有组织犯罪",在2016年的刑事诉讼法改革中修改了其《通讯监听法》,不仅大幅度扩大了监听通讯的对象犯罪,还为提高监听通讯的合理性和效率,彻底修改了监听通讯的程序,使之比修法前使用更加便宜。[②] 随着恐怖主义犯罪和有组织犯罪的不断加剧,技术侦查在世界各国使用数量随之增长,技术侦查权力的扩张与技术侦查程序控制的放宽,是当前较为普遍的趋势。这种趋势令法治发达国家的人权保障在某种程度上蒙了阴影,也引起国际范围内的激烈争论和重重担忧。毕竟,遏制严重的犯罪态势、打击危害社会治安因素不能"矫枉过正",更何况是通过国家利用其强大的公权力所实现的一种对公民基本权利具有高度威胁的特殊侦查手段。在"9·11"以及一连串恐怖袭击之后,一些法治发达国家却犹如"惊弓之鸟",开启了对技术侦查措施对象、范围乃至地域的过度扩张和恣意使用,严重地侵犯了不特定多数人的基本利益。纵使有组织犯罪、恐怖主义犯罪猖獗,技术侦查不能被视为根除这些社会恶疾的"灵丹妙药",在任何情况下对其使用都必须遵循既定的法律制度,遵循基本原理和基本原则。否则,立法之稳固基础、司法之权威以及政府之公信力都将面临威胁。

---

① 参见邓立军《外国秘密侦查制度》,法律出版社2013年版,第45—57页。
② 参见[日]田口守一《刑事诉讼法》(第七版),张凌、于秀峰译,法律出版社2019年版,第17、133页。

小 结

通过对国际公约和世界上法治发达国家有关技术侦查程序控制法律制度的横向比较与纵向分析,至少能够总结出以下两点共性:

第一,技术侦查的程序控制法律制度需要以成文法为依托。可以发现,无论是英美法系还是大陆法系,无论是否已经有判例法在技术侦查规制中发挥作用,各个国家最终都制定了成文法典,对技术侦查的某项或者某几项手段进行专门的程序规制。即使是普通法系国家的美国、英国等也不例外,如美国在判例法的基础上,先后制定了《联邦通信法》《综合犯罪控制与街道安全法》《电子通信隐私法》及《2001年爱国者法案》;英国《1985年通讯截收法》《2000年侦查权控制法》等。究其原因,笔者认为,虽然判例法在协调性、维护法律的稳定性与统一性等方面较成文法有优势,但是就技术侦查而言,由于其存在高科技性、秘密性、专门性等特殊的性质,且不同手段在权利侵犯程度以及相应的适用限制程度上仍有许多差异,因此,不宜单纯采取判例法的形式对其加以规制,而应当保持和发展目前对技术侦查采取成文法规制的传统。这在一方面,鉴于技术侦查不同手段之间的差异性,判例的先例和示范作用在技术侦查程序规制上难以得到很好发挥,而成文法在程序规制方面体现出其具体、精细、条理、清晰的优越性,有利于权力的控制和监督;另一方面,基于社会发展与科技进步的速度飞快,许多判例很容易被时代所淘汰,纵使其中的判决写得再详细精彩,也会失去其被遵循的大部分价值,而作为技术侦查程序控制指导思想的基本原则的内容是不易变动的,将这些原则性的规定等以成文法的形式固定下来,从而有助于在维护法律的权威的同时,给技术侦查设定明确的程序要求。

第二,技术侦查程序控制的法律制度的规定通常都达到了宪法和刑事诉讼法的法律位阶。综观世界各国的宪法,基本上都会将隐私权规定在法律条文中，许多宪法都明文规定了技术侦查的程序法定原则、司法令状原则和比例原则等。这对于技术侦查在刑事诉讼中的实施具有重大的指导意义。同时，将最初的"一般性授权"条款上升为部门法的法律位阶，是现代民主法治建设的必然要求，况且，除却侦查机关的技术侦查活动需要程序控制以外，还涉及审判机关、公诉机关以及当事人等在技术侦查案件中的职权行使与权利保障，在诉讼法中对适用对象、适用范围、审批主体与审批程序、证据材料的使用等加以详细的规定，有利于明确授权机关的职权范围和权限，减少权力机关自由裁量的空间，从而降低公民基本权利受到侵害的可能。

不仅如此，通过比较分析，人们也从各国关于技术侦查程序法治的发展趋势中，发现一些潜在的问题，也即有不少国家在面对日益严峻的犯罪形势时所体现出来的对于打击和惩治犯罪的刑事诉讼功能与实现实体正义的刑事诉讼价值的过分倚重，同时对保障人权的诉讼功能与程序正义的诉讼价值的弱化。这些问题在上述国家或地区的司法实践中久已酝酿、发酵，有的国家甚至通过"棱镜门"事件折射出来，法治国家在国际范围内恣意采用窃听等技术侦查手段侵犯民众隐私权的丑闻，给世界各国在职权规制与权利保障等方面敲响了警钟。"恐怖主义虽然可憎且血腥，但是它是暂时的；而人权价值的破坏才是真正可怖的。"[①] 技术侦查的特殊性，要求人们必须回过头来重新审视对于实体正义与程序正义之间、控制犯罪与保障人权之间关系的认识。技术侦查程序控制从严格到宽松，这种程序法治在某种意义上的"倒退"现象，也反映出技术侦查程序控制制度基础依然薄弱。尤其是对于正在向法治国家迈进的国家而言，对法治发达国家在制度发展过程中取得的成果，应当加以借鉴；对于其所走的弯路或者所暴露出的问题，也应理性地进行分析研判。法治的发展需要逐步推进，往往没有捷径可寻，考虑到各国国情不同，并不代表我国可以跨越某

---

① 参见《法制日报》2004年6月17日。

些发展阶段,一蹴而就;另一方面,汲取国外经验与教训,如上述有关技术侦查程序控制放松的趋势,并不能够掩埋司法控制在刑事诉讼程序控制中的优越性,也并不代表在我国便不需要探索符合国情的司法控制制度;法律规定能够调整放宽的前提和基础是曾经足够严格和足够细化。因此,需要更多深入的理论研究,以推动技术侦查程序控制目标的有效实现。而技术侦查程序控制的基本原理与基本原则,恰是当前时代背景下亟须研究与思考的具有重要意义的理论问题。

第三章 技术侦查程序控制的基本观念

"若期待在旧事物上添加或者移植一些新事物的做法来取得巨大的进步，这是无聊的空想。若是不愿意老兜圈子而仅有极微小的进步，我们就必须从基础上重新开始。"① 对各国技术侦查程序控制法律制度进行横向比较与纵向分析，并非为了简单地移植其他国家或地区的做法，而应当透过现象看本质，结合我国的国情，研究技术侦查程序控制制度在立法中得以完善、在司法实践中得以有效实施所应首先树立的基本观念。

技术侦查作为一种新型的侦查手段，它的出现有着特定的历史背景，即科学技术的高速发展为刑事侦查活动带来了较传统侦查手段更为有效的科技手段。正如台湾学者林钰雄所说："随着科技的进展，犯罪的手段、形态也日新月异，尤其是组织犯罪的庞大实力，可谓改写了犯罪史。为了抑制跨国性的组织犯罪，国家必须使用有效的干预手段。"② 可以说，正是基于技术侦查的独特"魅力"，世界各国均十分重视科技手段在刑事侦查工作中的运用。

然而，在用来干预公民基本权利的同时，对于"干预手段的过度容许，可能使得我们的生活越来越接近欧威尔笔下的'1984'。拜由

---

① [英]培根：《新工具》，许宝骙译，商务印书馆1984年版，第16页。
② 林钰雄：《刑事诉讼法》（上册），中国人民大学出版社2005年版，第323页。

科技之'赐',本来只在诸如'007'般间谍片才会出现的许多刺探、窥视用品",①却已经被侦查机关习以为常地运用于公民的日常生活当中,而这些技术手段也成为"徘徊于有效性与法治国之间的犯罪控制"②,威胁着法治国家的根基。为此,随着科技发展而不断出现的技术侦查手段,在诉讼法保障人权的理念下,刑事诉讼有必要对其进行科学、规范的程序控制,在"制约职权"的同时确保权利不被侵犯,而这也正是技术侦查程序控制的基本观念。本章通过从应然的角度来论述技术侦查程序控制的必要性并阐述其基本观念,为技术侦查程序控制的构建提供重要的理论支撑。

第一节 技术侦查程序控制的必要性

一 技术侦查的必要性

现代刑事侦查活动中普遍运用技术侦查手段的重要原因在于技术侦查在发现犯罪、查获犯罪嫌疑人以及收集证据等方面所发挥的特殊作用,这也促使各国侦查机关纷纷在侦查实践中广泛运用各类技术侦查手段。同时,当前犯罪发生的严峻形势、犯罪行为的复杂程度,以及刑事诉讼对于证据的迫切需要,都决定了技术侦查在现代刑事司法实践中的现实必要性。

首先,运用技术侦查手段能够有效打击与预防犯罪。第一,技术侦查能够提升对于传统型犯罪的打击力度。在我国,党的十八大以来,在全面深化改革、全面推进依法治国,推进国家治理体系与治理能力现代化的当今,提升惩治犯罪的能力和水平,也是国家治理能力现代化的一个重要组成部分。事实上,就职务犯罪而言,采用技术侦查手段打击职务犯罪便早已成为各国的通行做法,《联合国反腐败公

---

① 林钰雄:《刑事诉讼法》(上册),中国人民大学出版社2005年版,第323页。
② Schroth:《徘徊于有效性与法治国之间的犯罪控制》,载林东茂《一个知识论上的刑法学思考》,中国人民大学出版社2009年版。

约》第50条第1款也明确规定在侦查贪污贿赂等腐败罪行时可以使用技术侦查手段。① 此外，对于一些组织化程度很高的犯罪网络，诸如毒品犯罪等，通过技术侦查手段同样能够有效掌握犯罪组织的犯罪事实，高效打击此类犯罪集团。第二，技术侦查能够有效侦破具有科技含量的新型犯罪。如前所述，科学技术的"双刃剑"不仅为侦查机关带来了新的技术措施，同时也为罪犯提供了新的犯罪手段。科学技术的发展，不仅给传统犯罪增加了科技因素，如网络诈骗；也催生出诸多新的高科技犯罪，如非法入侵他人计算机信息系统等"黑客"犯罪，严重影响了侦查机关发现犯罪、收集证据、打击犯罪的力度。可以说，在高科技的"帮助"下，这些新型犯罪改变了过去传统的犯罪手段与模式，犯罪行为人也往往更易藏匿，甚至是一些犯罪行为已经发生，被侵害人仍未可知。正是为了打击这种新的犯罪类型，侦查机关同样有必要运用科技手段展开侦查，"以彼之道还施彼身"，有针对性地打击此类犯罪。第三，技术侦查还能将犯罪遏止在萌芽状态，有效预防犯罪的发生。通过技术侦查手段，对相关犯罪嫌疑人进行监听能够及时、准确地掌握犯罪嫌疑人的动向，对于犯罪嫌疑人将要实施的犯罪行为进行有效阻止，从而达到预防犯罪的目的，尤其是对于恐怖主义等严重暴力犯罪，更需要主动运用技术侦查手段，将犯罪扼杀在萌芽状态。事实上，自"9·11"恐怖事件以来，包括美国在内的世界各国对于恐怖主义犯罪积极主动地采取技术侦查手段加以预防与打击。

其次，运用技术侦查手段有利于获取关键证据。在我国，由于物证技术相对落后，很多刑事案件的侦破仍过分依赖犯罪嫌疑人的口

---

① 《联合国反腐败公约》第50条第1款规定，"为有效地打击腐败，各缔约国均应当在其本国法律制度基本原则许可的范围内并根据本国法律规定的条件在其力所能及的情况下采取必要措施，允许其主管机关在其领域内酌情使用控制下交付和在其认为适当时使用诸如电子或者其他监视形式和特工行动等其他特殊侦查手段，并允许法庭采信由这些手段产生的证据"。

供。尤其是诸如贿赂犯罪等隐秘性较强的犯罪案件，口供往往成为侦破案件、认定犯罪事实的重要依据，这也就导致在司法实践中刑讯逼供仍然盛行，犯罪嫌疑人的合法权益也难以得到有效保障。就此点来看，其主要原因在于，"我国现在的侦查行为，不是从实物证据到言辞证据，而是从言辞证据到实物证据，即先对犯罪嫌疑人进行审问，套出相关信息后，再去收集实物证据，这种模式可称为'由供到证'模式"。① 然而，由于侦查机关在讯问犯罪嫌疑人时，并没有较为充分的证据促使犯罪嫌疑人如实供述，这也使得在讯问的开始阶段，带有侥幸心理的犯罪嫌疑人并不会如实供述，而少数无辜的犯罪嫌疑人更是无"实"可供，于是，迫于侦破案件的压力，侦查机关便倾向采取刑讯逼供的手段，迫使犯罪嫌疑人供述犯罪事实，并根据其所供述的信息，开展进一步的证据收集工作。如此，对于少数无辜的人来说，冤案便由此产生。针对上述取证困境，技术侦查的运用为侦查机关侦破案件、获取关键证据提供了十分有效的手段。通过技术侦查手段，侦查机关能够获得与犯罪事实有关的录音、录像等证据材料，即使没有犯罪嫌疑人的口供，也能够认定犯罪事实，从而降低对口供的依赖程度，继而减少对犯罪嫌疑人进行刑讯逼供行为的发生。同时，通过将这些运用技术侦查手段收集的证据材料摆在犯罪嫌疑人的面前，也可以促使犯罪嫌疑人主动交代犯罪事实，迅速侦破案件。此外，通过技术侦查手段收集相关证据也能有效应对犯罪嫌疑人、被告人的翻供翻证。②

---

① 任海新、林晓梅：《论检察机关技术侦查的必要性和正当性》，《重庆三峡学院学报》2010年第2期。
② 对此，有学者认为："首先，通过技术侦查手段形成的录音带、录像带、照片等证据，可以与犯罪嫌疑人的口供和证人的证言相互印证，增强原口供和证言的真实性、可靠性，否定翻供翻证的合理性；其次，技术侦查的存在，可以对犯罪嫌疑人和证人形成威慑力，使其产生害怕翻供翻证不成反而承担不利法律后果的心理；最后，技术侦查对律师也是一种强有力的约束，检察机关可以通过电子监听、秘密录像等掌握律师违法泄露案情甚至谋划翻供翻证的行为，从而使律师不敢以身试法。"参见谢佑平、严明华《赋予检察机关技术侦查权的必要性及控制》，《检察日报》2008年10月13日第3版。

第三章 技术侦查程序控制的基本观念

最后，运用技术侦查手段可以有力提升司法与社会效益。一方面，在经济社会发展的同时，各国犯罪数量也呈不断上升之势，犯罪形态、犯罪类型同样在不断发生变化。在侦查人员数量等司法资源相对有限，传统侦查手段难以应对的情况下，技术侦查为打击犯罪、侦破案件提供了一种高效手段。过去，侦查机关搜索、跟踪一名犯罪嫌疑人可能需要多名侦查人员不分昼夜的工作，即使如此，也难以迅速查获犯罪嫌疑人；而现在，只要对犯罪嫌疑人的手机等通讯设备进行技术性定位，便能迅速找到犯罪嫌疑人，从而节约大量的司法资源。过去需要几名侦查人员应对一名犯罪嫌疑人，采用技术侦查手段则可由一名侦查人员同时锁定多名犯罪嫌疑人。可以说，技术侦查手段的运用改变了传统的侦查手段与模式，能迅速而高效地打击犯罪。另一方面，犯罪数量的不断上升也严重威胁着公众的安全与社会的安定，尤其是近些年来愈演愈烈的恐怖主义犯罪，如果不能迅速而有效地打击犯罪，公众的生命安全难以得到保证，公众的恐慌情绪也会随之增加，影响社会的安定。例如，2014年发生在我国云南省昆明市火车站的"3·1"暴恐事件，严重危害着公众的生命安全。并且，该案的发生也给其他地区的公众带来了恐慌情绪，致使随后不久便发生了四川省成都市、广东省广州市的群众逃散事件，严重影响了社会的安定，同时也给相关商区造成了不小的经济损失。因此，正是鉴于前述关于技术侦查手段在打击与预防犯罪中的特殊功效，运用技术侦查手段不仅能够节约司法资源，提升司法效益，更有利于实现保障公众生命财产安全、维护社会稳定。

二 技术侦查程序控制的必要性

当然，尽管技术侦查手段在刑事侦查活动中发挥着十分重要的作用，对于打击与预防犯罪、获取关键证据、提升司法与社会收益等有着积极意义，但是，对于技术侦查手段的"过度容许"，也造成国家干预手段在有效打击犯罪的同时还会产生"附带性伤害"，即技术侦查手段同样可能侵犯犯罪嫌疑人在刑事诉讼中的诉讼权利与合法权益,以及社会普通公民的基本权利,如隐私权等。此外,对技术侦查手段的过度容许,也会造成侦查权的扩张,从而使其失去有效控制。因此,在现代刑事诉讼保障人权与打击犯罪并重的理念下,对技术侦查加以必要的程序控制便显得尤为重要。正如早期英国启蒙思想家洛克曾经指出,人的自由是国家应予实现的最高目标,[①] 个人权利先于国家存在,国家必须尊重和保护这种权利。对此,美国"宪法之父"麦迪逊曾尖锐地指出:"如果人都是天使,就不需要政府。如果是天使统治人类,就既不需要对政府进行外在控制,也不需要进行内部控制;为创制一个由人来统治人的政府,最大的困难在于:你首先要使政府能够控制被管理者,又要使政府能够进行自我控制。"[②] 笔者以为,此处的"政府能够控制被管理者",即为本研究中国家公权力通过技术侦查来控制犯罪;而政府的自我控制则表现为通过程序控制来防止权力的滥用,具体又包含以权力制约权力、以权力制衡权力——这里制衡权力的"权力"指的就是司法权。具体到刑事诉讼中,司法权的制衡便具象为对权力的程序性控制,正如弗兰克·福特说:"争取自由的历史,其中绝大部分是遵守程序性权利保障的历史。"[③] 因此,为了防止国家公权力对公民权利和自由的恣意侵犯,尊重和保障公民的基本权利,尤其是犯罪嫌疑人的诉讼权利与合法权益,必须对技术侦查进行程序控制。

(一)被追诉者诉讼权益的必要保障

在刑事侦查活动中,技术侦查之所以成为高效而有力的侦查手段,正是由于技术侦查手段自身所具有的特点。在高科技因素的影响

---

① [美] E. 博登海默:《法理学法律哲学与法律方法》,邓正来译,中国政法大学出版社1999年版,第52页。
② [美] 汉密尔顿等:《联邦党人文集》,程逢如等译,商务印书馆1995年版,第47页。
③ 邓继好:《程序正义理论在西方的历史演进》,法律出版社2012年版,第203页。

下，侦查活动的隐秘性与主动性被发挥得淋漓尽致。并且，由于技术侦查手段多直接运用在犯罪嫌疑人本人身上，通常都能获取涉及犯罪嫌疑人犯罪的关键证据。然而，也正是技术侦查手段本身所具备的这种隐秘性与主动性，在一定程度上也严重侵犯了犯罪嫌疑人在刑事诉讼中的诉讼权益与合法权益。

在现代法治国家的刑事诉讼中，禁止强迫犯罪嫌疑人自证其罪已成为一项重要的基本原则，其重要内涵之一便是犯罪嫌疑人供述的自愿性，即不能强迫犯罪嫌疑人在非自愿的情况下做有罪供述。举一个较为典型的例子，由于技术侦查手段的隐秘性，很可能在犯罪嫌疑人并不知情的情况下向其他人陈述了自己犯罪的事实，如果此时侦查机关通过技术侦查监听、录制了这段录音，并用于对犯罪嫌疑人定罪时的有罪供述，则侵害了犯罪嫌疑人供述的自愿性①。同时，该录音的真实性也难以保证。即使犯罪嫌疑人自愿说出了犯罪事实，也无法判断其所说的是否属实。在一定程度上，通过技术侦查监听犯罪嫌疑人的手段类似于过去监狱或看守所的告密人，只不过对犯罪嫌疑人的监听采取的是人工的监听方式。② 可以说，通过这种技术侦查手段获得的"有罪供述"无法保证其真实性，并且可以说这种手段在很大程度上违背了禁止强迫自证其罪的自愿性。在我国，2012 年修改的《刑事诉讼法》也首次确立了"不得强迫任何人证实自己有罪"的原则。对于技术侦查手段在我国刑事侦查活动中的运用，同样应该设置必要的程序控制。这既是对技术侦查手段的必要控制，也是对犯罪嫌疑人诉讼权益的保护，同时也能有效保障技术侦查手段所获证据的证据能力与证明力。此外，由于技术侦查多是在犯罪嫌疑人不知情的情

---

① 这里便可能涉及"另案证据的使用"问题，许多国家和法治地区对合法监听所获取的另案证据原则上是予以排除的，除非符合重罪原则且与本案有内在的关联性并得到充分证明才可能被使用。

② 日本 2016 年《通讯监听法》第 16 条规定，当发现犯罪嫌疑人为了委托他人处理业务而与医生、律师等人员通讯时，不能进行监听。参见［日］田口守一《刑事诉讼法》（第七版），张凌、于秀峰译，法律出版社 2019 年版，第 135—136 页。

况下进行,对于自身权利受到侵害时,也无法及时知道,从而导致本人及其辩护律师无法展开及时有效的辩护活动,在某种意义上说,这也是为了确保辩方的辩护权利能够得到保障,从而达到与控方的平等武装和平等对抗。①

(二)公民基本权利的必要保护

侦查机关对犯罪嫌疑人实施技术侦查的主要目的在于查找犯罪嫌疑人、收集与犯罪事实有关的证据材料,然而在这一过程中,往往也收集到了与犯罪无关的诸多信息,其中一些信息不乏为犯罪嫌疑人本人的隐私秘密。同时,在对犯罪嫌疑人采取技术侦查手段时,犯罪嫌疑人的家人、朋友等普通公民也会间接地暴露于监听、监视等技术侦查设备的监控之下,而这些与犯罪无关的普通公民的诸多信息也会被侦查机关所知悉。2013年遭到曝光的美国政府"棱镜计划"便是利用高科技手段侵犯公民以及世界各国公民的隐私权等基本权利,引起全世界范围内的高度关注,各国公众也纷纷指责这一计划对各国普通公众的隐私、通讯自由等基本权利的侵犯。而这一计划得以实施的一个重要原因便在于"9·11"事件等恐怖主义暴力犯罪在美国以及其他国家日益频发,美国政府为了能够"先发制人"打击恐怖主义暴力犯罪而采取了对民众的电话、短信、邮件等通讯信息进行监控,从而主动发现有关恐怖主义暴力犯罪的信息并能够做到提前预防,避免类似于"9·11"、波士顿爆炸案等恐怖主义暴力犯罪的发生。但是,美国民众以及世界各国政府与民众对于美国政府就"棱镜计划"等监听活动的辩解并不认可。具体到刑事诉讼中,与美国政府"棱镜计划"不同,刑事诉讼中的技术侦查手段应当是针对特定人员、在刑事案件立案之后,通过诉讼程序而非行政程序实施的侦查活动。虽然技术侦查手段对于打击犯罪、预防犯罪有着不可替代的作用,但其侵犯普通公民基本权利的潜在危害也值得警惕,并应予以必要的有效控

---

① 参见冀祥德《控辩平等论》,法律出版社2018年版,第44—62页。

制。尤其是对于除恐怖主义暴力犯罪之外的其他犯罪，在运用技术侦查手段时，更需要采取必要的程序控制来防止其对于普通公民基本权利的侵犯。可以说，前述两项关于技术侦查对犯罪嫌疑人与普通公民基本权利的侵犯，构成了对技术侦查进行必要的程序控制的一个重要基本观念——权利保障。

（三）侦查权扩张的必要限制

关于国家权力的扩张，法国早期启蒙思想家孟德斯鸠曾在《论法的精神》一书中指出："每个有权力的人都趋于滥用权力且把权力用至极致，这是一条亘古不变的经验。"其中对于国家行政权力的制约，便体现为司法权的独立。如前所述，在刑事诉讼中，最有可能对犯罪嫌疑人及其他普通公民权利造成侵害的便是侦查机关行使的侦查权。也正因为如此，法治国家应当在刑事诉讼中对侦查权施以严格的权力制约，其中最为重要的便是对侦查权的司法控制，主要包括司法授权与司法救济。[①] 具体到侦查活动中，鉴于技术侦查手段本身所具有的特点，以及其可能对犯罪嫌疑人诉讼权益与其他公民基本权利的侵犯，更加有必要在刑事诉讼中对技术侦查进行必要的程序控制，这也正是对技术侦查进行必要的程序控制的另一个重要的基本观念——职权制约。

第二节　技术侦查程序控制的基本观念

作为一项特殊的侦查手段，技术侦查的运用不仅可能侵犯犯罪嫌

[①] 就司法授权来说，域外行使侦查权的司法警察或检察官要运用逮捕、搜查、扣押、窃听、羁押或者其他强制性措施，必须事先向法官提出申请，后者经过专门的司法审查程序，如认为符合法定条件，才许可上述侦查活动，并颁布许可令。当然，如果存在特殊情形，侦查机构和侦查人员也可以自行实施，但要立即送交法官或法院处理。就司法救济来说，嫌疑人及其辩护人如果对有关强制侦查措施不服，可以向一个中立的司法机构或司法官提起诉讼，在该诉讼中，司法警察和原作出强制侦查措施的法官都要承担举证责任，以证明其实施强制侦查措施具有合法性和正当性。参见陈卫东、李奋飞《论侦查权的司法控制》，《政法论坛》2000年第6期。

疑人的诉讼权益以及其他普通公民的基本权利，同时也会造成侦查机关代表国家行使的侦查权力的扩张，正是基于技术侦查的潜在危害性，在现代刑事诉讼中才有必要对其进行司法控制，其中蕴含着现代刑事诉讼中两个重要的基本观念，即权利保障与职权制约。同时，由于现代刑事诉讼的另一层重要目的是惩治犯罪，这里便存在对于人权保障（职权制约）与惩治犯罪之间关系的认识问题。上述基本观念的树立，有赖于对二者之间关系的正确认识。在此前提下，基于现代社会对于打击犯罪的需要，在刑事诉讼中对作为打击犯罪有效手段的技术侦查进行程序控制必然无法一蹴而就，而应随着保障权利与制约权力的进程不断发展，逐步推进技术侦查的程序控制，并最终实现。因此，对于现阶段我国技术侦查程序控制制度的完善，还应秉持逐步推进的观念。

一 权利保障

在现代法治社会中，尊重和保障人权不仅是刑事诉讼的一项重要目的，也是刑事诉讼中各种制度赖以建立的重要理论基础。在一定意义上说，刑事诉讼发展的每一个阶段都渗透着权利保障观念的因子。人权一般是指"每个人都享有或都应该享有的权利"[①]，就其权利的内容而言，主要包括生命、自由、财产等方面的权利。刑事诉讼中的人权保障观念体现了对刑事被追诉者以及全体社会成员权益的维护[②]，它要求"不仅是保障被告人的合法权利，保障对犯罪的查证、处罚的

[①] 关于人权的概念，包括两层意思：第一层指权利，即"是某某权利"；第二层指观念或原则，即"每个人都享有或都应该享有权利"。前者是我们通常所说的法学意义上的权利，它由各种各样的权利构成。从不同角度，这些权利可以分为生命权利、自由权利；或者人身权利，政治权利，经济、社会和文化权利等。后者是关于人的一些原则，它由若干关于人及人类社会应该怎样对待人、尊重人的判断、命题或原则构成，人权概念正是二者的融合。参见夏勇《人权概念起源——权利的历史哲学》，中国政法大学出版社2001年版，原版导言第4页。

[②] 汪建成：《〈刑事诉讼法〉的核心观念及认同》，《中国社会科学》2014年第2期。

正确、合法；保障被害人的诉讼权利，使被害人受侵害的权益得到应有的补偿；并且，通过惩罚犯罪的诉讼活动，维护国家安全和社会秩序，保护国家、集体和公民的财产，保护公民的人身权利、民主权利和其他权利，更是对全社会人权的最大保障。"[①] 同时，刑事诉讼的人权保障更多的还是一种程序上的保障，因为在实体法上，对犯罪嫌疑人、被告人的刑事处罚本身便是对其基本权利的"侵犯"，即对其生命、自由、财产等权利的剥夺或限制。而也正是在于刑事司法中的实体法本身对犯罪嫌疑人、被告人的基本权利的"侵犯"，才更需要刑事诉讼从程序上保障他们的人权。与之同理，在刑事犯罪中，被害人以及其他普通公民的基本权利可能已经遭到犯罪的侵害，因而，当案件进入司法程序时，同样也就更不能对被害人以及其他普通公民的基本权利再次造成伤害，并需要为他们的合法权利提供保障。从此点来说，正是因为在刑事司法的实体上，犯罪嫌疑人、被告人的基本权利可能将要受到制裁，被害人以及其他公民的基本权利可能已经受到犯罪的侵害，才更凸显出从程序上给予他们人权保障的重要价值所在。

当然，刑事诉讼权利保障的发展，从其历史上看，同样经历了一个漫长的过程。在近代人权概念诞生之前，尤其是古代封建社会时期，早期的刑事司法程序并无人权保障之说，而在很多时候，刑事诉讼中的一些制度更是体现着对人的基本权利的侵犯，其中最为典型的制度便是刑讯制度，而各国种类众多的刑讯手段也使得犯罪嫌疑人、被告人在接受最后的刑罚之前，便已遭受了身体、自由等基本权利的严重侵犯。同时，作为保障犯罪嫌疑人、被告人人权重要权利的辩护权在彼时的刑事诉讼中也受到诸多限制。在近代人权重要发源地之一的英国，"直到相对现代的时期，律师仍然不被允许起任何真正的作用；而且即使其起了什么作用，也很少有被告能付钱给他。由于偏

---

① 徐益初：《刑事诉讼与人权保障》，《法学研究》1996 年第 2 期。

见,刑事法律事务被看成了社会上一种肮脏的工作。"① 而当时的法律规定,严重犯罪案件中失去自由的犯罪嫌疑人不能聘请辩护律师,该规则一直延续到1836年《重罪审判法》实行才予以废除。② 而在早期的大陆法系,由于许多国家采取的是纠问式的诉讼模式,对于犯罪嫌疑人、被告人的权利保障同样存在缺失。③ 直到中世纪之后,欧洲主要国家的启蒙思想家,如洛克、孟德斯鸠等,在秉承古典自然法学派观点的基础上,提出了"天赋人权"的观点。在当时,刑事诉讼中的人权理念便集中表现为确立了犯罪嫌疑人、被告人的辩护权。④ 而辩护律师的介入也为犯罪嫌疑人、被告人的人权保障提供了重要保证。可以说,在现代刑事诉讼人权保障理念的指导下,世界主要国家均建立了一套以辩护权为核心内容、相关制度配套的人权保障体系,并且这一保障体系也是通过规范刑事诉讼的程序设置而得以实现。

---

① [英] S. F. C. 密尔松:《普通法的历史基础》,中国大百科全书出版社1999年版,第461页。

② [英] S. F. C. 密尔松:《普通法的历史基础》,中国大百科全书出版社1999年版,第470页。

③ 在大陆法系的法国、德国、意大利等,由于罗马法的复兴以及教会审判程序法的影响,采用的是纠问式的审判方法,"这种刑事诉讼是国家对被告人提起的诉讼。其程序是书面的和秘密的,被告人没有延请律师权"。此外,16世纪和17世纪英国的星座法院同样声名狼藉,成为普通法系"纠问式制度"的典型。参见[美] 约翰·亨利·梅利曼《大陆法系》,顾培东、禄正平译,法律出版社2004年版,第133—135页。

④ 针对中世纪以来封建专制统治的种种弊端,以洛克、孟德斯鸠、卢梭等为代表的资产阶级启蒙思想家纷纷提出"人权"理念,特别是意大利刑法学家贝卡里亚在1764年《论犯罪与刑罚》一书中提出的无罪推定原则,为辩护权的确立提供了坚实的理论基础。1789年8月26日,法国在《人权宣言》中正式确立了"无罪推定原则",并于10月在制宪会议的一项法令中规定,从追究被告人犯罪时起,就允许有辩护人参加。1793年,法国在《雅各宾宪法》中进一步规定国家要设立"公设辩护人",把法律援助作为诉讼当事人的一项诉讼权利。1808年,拿破仑颁布的旧《刑事诉讼法》正式规定了被告人享有辩护权的原则。在英国,斯图亚特王朝复辟后,国会于1679年颁布了《人身保护法》,对除叛国罪和重罪以外的被告人,赋予了辩护的权利,到1836年,威廉四世在《重罪审判法》中规定,"不论任何案件的预审或审判,被告人都享有辩护权"。在美国,受洛克的自然权利理论的影响,在1787年颁布的《美利坚合众国宪法》的第6修正案中正式规定了被告人享有获得律师帮助其辩护的权利。自此,犯罪嫌疑人、被告人的辩护权成为"诉讼人权保障的一项重要标志"。参见管宇《刑事审前程序律师辩护》,法律出版社2008年版,第33—34页。

具体到技术侦查程序控制上，由于在侦查阶段，犯罪嫌疑人处于被追诉的地位，侦查机关为了查清犯罪事实、收集证据，通常会对犯罪嫌疑人采取相关强制性措施，对于严重犯罪案件，犯罪嫌疑人多被羁押，人身自由受到限制。与此同时，侦查机关还会采取各种侦查手段，而这些侦查活动一般均在秘密状态下进行，尤其是隐秘性更强的技术侦查手段，犯罪嫌疑人难以察觉，这也就容易造成对犯罪嫌疑人基本权利的侵犯，如前所述，在这一过程中，其他普通公民的基本权利同样可能受到侵犯。正是基于侦查阶段的特殊性，世界各国均十分注重在侦查阶段对犯罪嫌疑人的人权加以保障。例如，在讯问犯罪嫌疑人的过程中，为了避免侦查机关为获得口供而刑讯犯罪嫌疑人，主要国家均确立了律师在场制度。此外，对于可能被羁押的犯罪嫌疑人，也多设立了羁押的司法审查程序。而对于更有可能侵犯犯罪嫌疑人以及其他公民隐私权等基本权利的技术侦查手段的运用，主要国家也都设立了相关的审查程序，并严格控制技术侦查手段的运用。因此，鉴于侦查阶段的特殊性以及技术侦查手段对于侵犯犯罪嫌疑人以及其他普通公民的隐私权以及其他基本权利的危害性，对技术侦查实施必要的程序控制，对于保障犯罪嫌疑人以及其他普通公民的基本权利都有着重要意义，而技术侦查的程序控制也必须以权利保障作为重要理论支撑，这也是现代刑事诉讼的应有之义。

二　职权制约

职权制约是指对职权机关行使国家权力的行为进行约束，即对权力的规制。在刑事诉讼中，职权制约就是指通过法律规定的程序，对刑事司法中职权机关行使的侦查、检察以及审判权力予以制约。作为刑事诉讼中的一项基本原理，职权制约便意味着在设置、建立相关刑事诉讼程序以及制度的过程中，必须融入职权制约的因素，并通过对权力的制约来实现对权利的保障。

就权力制约思想的起源来说，最早可追溯到古希腊先哲亚里士多德提出的权力三要素：议事部分、行政部分与司法部分；并且，"倘使三个要素都有良好的组织，整个政体也将是一个健全的机构"①。同时，亚里士多德还提出了加强权力制约、限制专制权力的思想，以及由法律来制约权力的法治思想，因为在他看来，"法律是最优良的统治者"②。更为重要的是，孟德斯鸠的学说还首次赋予了司法权在国家权力体系中的独立地位以及对立法权与行政权的制约，因为，在他看来，"要防止滥用权力，就必须以权力约束权力"，③ 同时，权力的滥用也往往容易造成对于权利的侵犯，正因为如此，现代法治国家的重要主旨便是制约权力、保障权利。就二者之间的关系来说，制约权力是保障权利得以实现的手段，而保障权利是制约权力得以实施的目的。

具体到刑事诉讼中，由于侦查机关在侦查阶段行使的侦查职权易于扩张且被滥用，因而现代法治国家均在刑事诉讼中对侦查机关的职权予以严格制约，尤其是对那些可能侵犯到犯罪嫌疑人及其他普通公民权利的职权行为，如刑事强制措施、讯问等侦查活动，均设置了严格的程序或相关制度予以规制。对于具有高科技性、隐秘性且更容易侵犯犯罪嫌疑人及其他普通公民权利的技术侦查手段，各国更是对于技术侦查的运用设置了严格的程序，以此规范侦查权力的行使，加强对于权力的制约。④ 在我国的刑事诉讼中，对于侦查权的制约，我国

---

① 参见［古希腊］亚里士多德《政治学》，吴寿彭译，商务印书馆1965年版，第133—134、215页。

② ［古希腊］亚里士多德：《政治学》，吴寿彭译，商务印书馆1965年版，第171页。

③ 在孟德斯鸠的学说中，司法机关对立法机关的活动是否违宪及行政机关的执法活动享有监督制约的权力。参见［法］孟德斯鸠《论法的精神》（上册），商务印书馆1995年版，第154页。

④ 在主要法治发达国家，司法审查模式被认为是防止技术侦查被滥用的有效方法。在法国、荷兰、德国等主要国家，多采用该模式。如法国《刑事诉讼法》第81条规定："预审法官应当按照法律规定进行一切他认为有助于查明事实的侦讯。"其中便包括了监听等在内的技术侦查措施。在德国，刑事诉讼法也对技术侦查适用的条件、期限、技术侦查手段的种类等问题予以明确规定，而其中最为重要的便是由法官签发司法令状。参见胡铭《英法德荷意技术侦查的程序性控制》，《环球法律评论》2013年第4期。

《刑事诉讼法》第 7 条规定了法、检、公三机关"分工负责、互相配合、互相制约"的原则,在刑事诉讼中着重表现为检察机关对侦查活动的监督。同时,修改后的《刑事诉讼法》也加强了当事人对于侦查机关行使侦查权力职权活动的制约,赋予相关当事人申诉、控告的权利。[①] 可以说,在现代法治社会中,通过程序控制来制约职权机关行使权力已成为刑事诉讼中必不可少的部分,同时,对于权利的保障,也发挥着不可替代的重要作用。

三 逐步推进

所谓逐步推进是指对技术侦查的程序控制需要一个循序渐进的过程,而无法一蹴而就。从本质上讲,也就是指在现阶段的技术侦查活动中,对于权利保障与职权制约的要求无法直接达到一个很高的程度,其主要原因在于在对技术侦查进行程序控制的过程中,还存在一些障碍、阻力,从而使得以权利保障与职权制约作为基本观念的程序控制无法一步到位,而是在这个过程中逐步推进,最终实现对于技术侦查的程序控制。

笔者认为,我国技术侦查的程序控制的有效实现之所以存在阻力以至于需要一个逐步推进的过程,根源仍在于我国刑事诉讼中长久以来存在"重实体、轻程序""重打击犯罪、轻保障人权"的落后观念,可以说,我国目前尚未很好地实现从"侦查中心主义"向"审判中心主义"的转变。技术侦查程序控制逐步推进的过程,正是伴随

[①] 现行《刑事诉讼法》第 117 条规定:"当事人和辩护人、诉讼代理人、利害关系人对于司法机关及其工作人员有下列行为之一的,有权向该机关申诉或者控告:(一)采取强制措施法定期限届满,不予以释放、解除或者变更的;(二)应当退还取保候审保证金不退还的;(三)对与案件无关的财物采取查封、扣押、冻结措施的;(四)应当解除查封、扣押、冻结不解除的;(五)贪污、挪用、私分、调换、违反规定使用查封、扣押、冻结的财物的。受理申诉或者控告的机关应当及时处理。对处理不服,可以向同级人民检察院申诉;人民检察院直接受理的案件,可以向上一级人民检察院申诉。人民检察院对申诉应当及时进行审查,情况属实的,通知有关机关予以纠正。"

着刑事诉讼从野蛮到文明、从愚昧到科学、从恣意到规范的过程①，需要一步一步地实现。如前所述，技术侦查手段的运用，不仅能够帮助侦查机关迅速而有效地锁定犯罪嫌疑人，发现犯罪事实，收集相关证据材料，还能主动发现可能或将要发生的犯罪，尤其是那些隐秘性较强的犯罪或者高科技犯罪，因而使得技术侦查成为打击犯罪的重要手段，这在表面上造成了技术侦查的程序控制与实现打击犯罪的目的存在一定"冲撞"的假象，令人们在司法实践中在适用技术侦查手段时，常常面临是追求刑事诉讼打击犯罪的目的，抑或追寻职权规约和权利保障的价值之间的两难局面，导致对技术侦查进行程序控制存在着观念上和行动上的阻力。

而事实上，以上所述关于针对打击犯罪与保障人权进行抉择的观念值得反思。首先，打击犯罪与保障人权之间并非"此消彼长"的关系，并不存在强调其中一个，就要让渡另外一个的问题。之所以实现打击犯罪目的会成为对技术侦查进行程序控制的阻力，或者说双方之间存在着冲突，是因为人们在对于打击犯罪与技术侦查程序控制（对权利保障与职权制约的要求）之间关系的认识上存在偏差。这一认识的偏差实际上指向的是打击犯罪与人权保障和职权制约之间关系上的偏差。目前，无论是学界还是实务界，对于二者之间关系的主要观点仍然是"平衡论""并重论"或"兼顾论"，这难免导致人们对二者的关系形成一定的误读，认为二者是"动态平衡"的，既然如此，那么二者必然存在"此消彼长"的关系。而实际上，打击犯罪与人权保障（职权制约）是现代刑事诉讼所要实现的两个基本价值，但二者不是同一层面上的价值，并不存在矛盾关系。"对于两者的关系，应从另一个角度来理解，应当以什么样的方法来追诉犯罪的问题。强调权利保障和职权规制，就是要求采用文明的方法以实现发现、揭露、证实、惩罚犯罪这个基本目标。"因此，在技术侦查中肯

---

① 参见王敏远《法学家眼中的刑事诉讼的进步》，载郭书原主编《当代名家法治纵横谈》，中国检察出版社2011年版。

定权利保障，便意味着赞同采用文明的方法实现打击犯罪的目标。肯定职权规制，便意味着赞同对职权机关规范地履行职责的要求。甚至从某种意义上说，刑事诉讼法律规范对权利保障的肯定程度体现着其文明程度。①

因此，解决技术侦查的程序控制问题，应该从正确认识技术侦查活动中打击犯罪与人权保障和职权制约的关系入手。技术侦查活动中的权利保障和职权制约的要求须通过技术侦查的司法控制加以实现，这实际上要求人们用科学、规范与文明的方法运用技术侦查手段实现"发现、揭露、证实、惩罚犯罪这个基本目标"。打击或惩治犯罪的诉讼目的并不能成为无法对技术侦查进行程序控制的借口，而技术侦查的程序控制也不会成为实现打击或惩治犯罪目标的障碍，这是权利保障观念和职权制约观念的内在要求，体现着刑事诉讼发展的文明程度。基于现阶段我国法治文明建设仍处在不断发展的过程当中，司法实践中所体现的诉讼文明程度仍有欠缺，执法机关与司法机关工作人员的法治意识有待进一步提高；同时，在打击犯罪的现实目标下，对于"文明"方法的呼吁，或者对"文明"方法的选择，还需要一个转变观念的过程。因此，笔者认为，技术侦查程序控制的发展过程，如同技术侦查程序控制的权利保障观念和职权制约观念的树立和不断深入的过程一样，并非一蹴而就，也需要一个逐步推进的过程。

小　结

"所有拥有权力的人，都倾向于滥用权力，而且不用到极限决不

---

① 参见王敏远《现代刑事证据法的两个基本问题——兼评我国刑事证据法的新发展》，载王敏远《一个谬误、两句废话、三种学说》，中国政法大学出版社2013年版；王敏远：《程序正义与实体正义辨析》，《人民法院报》2000年11月3日第3版。

罢休。"① 这是自古以来客观存在的一种趋势。"如果说公权力是河流中的激流,那么程序就如同河流两岸的堤坝,为公权力的运行设置了边界,防止公权力越权、泛滥。"② 而设置程序的"堤坝"所依据的基本观念,便是对职权的制约与对权利的保障。技术侦查程序控制的权利保障观念和职权制约观念的树立,体现了现代法治文明背景下刑事诉讼正当程序原理的内在要求,是技术侦查程序控制制度的理论基础。

鉴于在我国的司法实践中,法治文明建设、法治理念、法治意识的不足,以及国家维护社会治安、打击严重犯罪的需要,技术侦查的程序控制存在一个从无到有、从宽到严、从粗到细、从行政化到司法化转变的过程,但是相信随着历史的不断演进,程序的"堤坝"将更加牢固,技术侦查的程序控制方法将更加有效、内容更加合理、制度更加完善,而逐步推进观念正是这一动态过程的理论支撑。只有准确理解、把握并在立法和司法实践中坚持这些基本观念,才能更好地落实《刑事诉讼法》的有关规定,并有效地应对技术侦查在刑事诉讼活动中已经出现或者即将出现的问题和情况,进而提出完善法律和相关司法解释的建议。

---

① [法]孟德斯鸠:《论法的精神》(上卷),许明龙译,商务印书馆2009年版,第166页。

② 汪建成:《〈刑事诉讼法〉的核心观念及认同》,《中国社会科学》2014年第2期。

第四章 技术侦查程序控制的基本原则

"有了原则和概念,我们就有可能在只有较少规则的场合下进行工作,并有把握地去应对那些没有现成的规则可循的新情况。"[①] 基本原则是制度建构和完善的依据,是立法和司法实践的指导思想。技术侦查程序控制的基本原则对其制度系统具有统领全局的作用。

无罪推定原则、程序法定原则、司法审查原则以及比例原则,皆为现代法治国原则派生的贯穿刑事诉讼始终的重要原则,也是技术侦查程序控制的四项基本原则。无罪推定原则强调对基本人权和人格尊严的尊重;[②] 程序法定原则追求的是立法权对司法权的制约,呼吁人们对刑事程序法的信仰;[③] 司法审查原则彰显的是控审分离与正当程序的内在要求;[④] 而比例原则作为基本权利的适用方法,表明了基本权利主体在对抗国家公权力威胁时的立场。

同时,技术侦查的特殊性,决定了其程序控制的特殊性,由此,程序控制的基本原则在不同的诉讼阶段和程序中也有其特殊的要求,

---

① 参见[美]罗·庞德《通过法律的社会控制法律的任务》,沈宗灵、董世忠译,商务印书馆1984年版,第23页。
② 参见王敏远主编《刑事诉讼法学》(上),知识产权出版社2013年版,第495页。
③ 参见汪建成《〈刑事诉讼法〉的核心观念及认同》,《中国社会科学》2014年第2期。
④ 参见陈卫东主编《刑事审前程序与人权保障》,中国法制出版社2008年版,第91页。

需要结合其特殊性进行专门的解读。本章将在论述以上基本原则的内涵与实质的基础上，重点探讨这些原则在技术侦查程序控制中的特有体现及其特殊作用。

第一节 无罪推定原则

无罪推定作为刑事诉讼的一项基本原则，与有罪推定同样不是一项孤立的原则，而是与保障司法公正、刑事被告人权利等刑事诉讼制度和规则诸多方面存在密切联系的原则；其不仅在反封建斗争中曾具有重要的历史意义，而且在现代社会中仍是一种具有世界普遍意义的法律文化现象。①

一 无罪推定原则的内涵

"无罪推定"是作为与"有罪推定"对立的概念而产生的。从历史的角度观察，"有罪推定"先于"无罪推定"而存在，它是人们针对封建专制下的刑事诉讼法律制度的一些现象所进行的原则性归纳，主要是指：任何被指控为犯罪的人都被假定为有罪，可以不经正当的司法程序而将其直接宣告为罪犯，或者作为罪犯来对待；或者即便经过了司法程序，但这种程序的进行建立在假定被告人有罪的基础之上。"有罪推定"的具体表现有如被指控为犯罪的人可以不经司法程序便被裁决机关确定为罪犯；司法与行政不分，控诉与审判不分，无法保证司法程序的客观、中立、公开、公正；被追诉人是诉讼的客体，没有诉讼权利可言，从而对其进行长期的人身自由和财产的限制或剥夺被认为是理所应当；被告人的口供被认为是证据之王，且可以采用刑讯逼供等既不人道又不科学的方法获取等。②作为对封建蛮横

---

① 参见王敏远《刑事司法理论与实践检讨》，中国政法大学出版社1999年版，第17页。
② 参见王敏远、郝银钟《无罪推定原则的基本内涵与价值构造分析》，转引自"中国法学网" http://www.iolaw.org.cn/showArticle.asp?id=190，访问日期2014年2月10日。

专制的刑事司法制度进行深刻批判的法律思想,"无罪推定"应运而生——意大利著名启蒙法学家贝卡里亚于1764年最早指出,"在法官判决之前,一个人是不能被称为罪犯的。只要还不能断定他已经侵犯了给予他保护的契约,社会就不能取消对他的公共保护"①。以此为思想基础,1789年法国《人权宣言》第9条规定:任何人在其未被宣告为犯罪以前,应当被假定无罪。

作为现代法律文化现象,无罪推定通常并不直接被规定在世界各国或地区的法律文件中,而是被人们从这些立法例中归纳总结出来,并将其上升为一项具有世界普遍意义的法律原则。意大利在其1947年宪法中规定:被告人在最终定罪以前,不得认为有罪。从国际公约来看,早在1948年联合国大会通过的《世界人权宣言》以及1966年通过并于1976年生效的联合国《公民权利与政治权利国际公约》中便对无罪推定原则进行了确认;随后一些区域性或者各国和地区的重要法律文件中均对该原则加以确认。如1978年苏联最高法院全体会议的决议中确认:被告人在其罪责未依法定程序被证明并被已发生法律效力的判决所确定以前,被视为无罪。《中华人民共和国香港特别行政区基本法》第86条规定:任何人在被合法拘捕后,享有尽早接受司法机关公正审判的权利,未经司法机关判罪之前均假定无罪。② 在尊奉判例法渊源的美国,其内涵是指,除非公诉主体在公开审判的过程中,经过对抗式的程序,根据具有法律上可采性的证据,以排除合理怀疑的程度证明被告人有罪,否则犯罪嫌疑人在法律上就是无罪的(not legally guilty of a crime)。③ 无罪推定原则确立了刑事诉讼的一种理念,即将被追诉人视为无辜者,从而限制国家公权力对于法律上

---

① [意]切查利·贝卡里亚:《论犯罪与刑罚》,黄风译,中国大百科全书出版社1993年版,第31页。
② 参见王敏远、郝银钟《无罪推定原则的基本内涵与价值构造分析》。
③ 参见[美]约书亚·德雷斯勒、艾伦·C. 迈克尔斯《美国刑事诉讼法精解》(第一卷·刑事侦查),吴宏耀译,北京大学出版社2009年版,第25页。

的无辜者的权利造成侵害。无罪推定原则的运用可能在事实上将增加有罪者逃脱法律惩罚的概率,却降低了无辜者被冤枉的可能性,是减少冤错案件的根本指导思想。可以说,无罪推定原则作为一项确认和保障被追诉者的基本法律准则,已经远远超越了社会制度、意识形态、法律文化传统等界限,成为世界各国普遍认可的宪法学原则,并作为民主法治社会的制度性要素,充分地体现在现代各国刑事诉讼结构当中。它不是孤立地存在,而是与其他刑事诉讼制度相互联系的。

刑事诉讼自其产生之日起便存在双重任务:既要追究犯罪人的刑事责任,同时又要尽量避免无辜者受到刑事追究,这是刑事诉讼民主与文明的内在要求。"无罪推定"除了对于司法机关具有主观认识上的要求之外,客观上的要求便体现在司法程序如何保障无辜者免受刑事追诉之累这一层面。因此,无罪推定的内涵起码可以总结为以下四个方面:其一,无罪推定使被告人摆脱"诉讼客体"的地位而获得诉讼权利主体的身份;其二,无罪推定原则下公正司法程序的关键在于,相对于有罪推定诉讼制度下司法机关追诉犯罪时所表现的司法恣意,司法机关的行为受到法律程序的制约,从而有助于实现客观公正和避免对被告人的不公正待遇;其三,推定被告人在判决前无罪,不仅意味着要推翻这一假定须有确凿充分的证据,更意味着这些证据的提出及证明的责任在控诉一方;其四,推定被告人在判决前无罪,还同时意味着在判决前不能将其作为罪犯来对待,也就是说,对于限制其公民权利、诉讼权利的一系列强制措施的使用必须慎重,而且即便采用了也应尽早结束这种限制,更重要的是,违反了这一原则所实施的行为及结果,应当被排除或不予认可。①

二 无罪推定原则在技术侦查程序控制中的体现

据报道,在斯诺登将美国当局的"棱镜"项目曝光后,美国总

---

① 参见王敏远、郝银钟《无罪推定原则的基本内涵与价值构造分析》,转引自"中国法学网"http://www.iolaw.org.cn/showArticle.asp?id=190,访问日期2014年2月10日。

统奥巴马及国家情报总监詹姆斯·克拉珀等高官纷纷为此事"灭火",他们提出的三大辩解理由之一便是,"棱镜"项目不针对美国公民。①虽然该事件掺杂着许多政治性因素,并非典型的法律事件,但是就公民法定的基本权利受到侵害而言,"棱镜"项目的许多内容是否具有法律依据便是首要的问题,无论该项目意图针对的对象是美国公民,还是境外公民,项目在实际执行过程中已经对众多无辜的美国本土公民以及国际民众的个人隐私等基本权利构成事实侵害,这显然与现代刑事正当程序的基本原理和无罪推定基本原则背道而驰。

笔者认为,无罪推定作为刑事诉讼的一项基本原则,虽然其直观地、集中地体现在司法审判部分而非侦查部分之中,但是结合以上对无罪推定内涵的分析可以看到,其精神实质在侦查环节同样得到重要体现,"无罪推定建立在个人权利优位的理念基础上,强调对刑事诉讼中的国家权力行使加以约束,它要求无论采取何种侦查措施,包括搜查、拘留、逮捕、监听等,只要涉及对公民权利的明显干预,政府都应当证明其正当性"②。尤其是技术侦查这种对被追诉者权利存在潜在巨大威胁的特殊侦查措施的运用,对于无罪推定原则精神的理解和落实尤为重要。

第一,无罪推定原则要求将被追诉者视作刑事诉讼的主体,而非诉讼客体,这一诉讼地位的确立在侦查阶段意味着犯罪嫌疑人或者说被侦查对象具有独立的诉讼权利主体身份,职权机关不能将被追诉对象简单地作为诉讼客体,恣意地对任何具有犯罪嫌疑的人采

---

① 参见 http：//baike.baidu.com/link?url＝YDIoaWkucPvZbQoz5AW-7NmHUXdwEmZ2JH1tOthaE4oxUBFIgoDlMoR2pqlTjWFJOAXecfP5KLNRHnYKxk4yj1qdXW_gxo4nYqk9BoSR-W4vylv9ThHRIXysPaitQ6OUFrraZcmPXbpT4I9ALvHNYq#refIndex_3_10901700,访问日期2014年2月20日。

② 陈学权、秦策：《比较刑事诉讼国际研讨会会议综述》,转引自陈光中、陈泽宪主编《比较与借鉴：从各国经验看中国刑事诉讼法改革路径》,中国政法大学出版社2007年版,第459页。

取特殊的强制侦查手段,而是应当尊重犯罪嫌疑人的主体性。这里需要指出的是,鉴于社会的不断发展和犯罪类型的不断更新,基于控制犯罪、维护社会安全的客观需要,对于某些特殊的严重犯罪在一定的前提下采取技术侦查是必要的,这本身与"无罪推定"原则的精神实质并不矛盾。关键在于技术侦查措施不是不能采取,而是必须在充分保护被侦查对象的权利、规制职权机关权力的前提下采取。

第二,无罪推定原则要求诉讼过程必须经过公开、公正的司法程序,从而有助于实现判决的客观公正以及避免对被告人的不公正待遇,这一要求体现在技术侦查中,则是指对于某些认为确有必要采取技术侦查措施的对象,在决定对其展开技术侦查之前,必须要经过严格的司法程序制约,需要从实体和程序两方面向客观、中立的第三方申明采取技术侦查的必要性,经过严格的司法审查,在符合其程序控制基本原则的前提下决定技术侦查措施的使用并对其加以监督,维护被追诉者所应当受到的公正待遇。

第三,无罪推定原则要求推翻被告人法律上无罪的这一假定须有确凿充分的证据,且这些证据的提出及证明的责任在控诉一方。相应地,在技术侦查中,一方面,在试图推翻案件及犯罪嫌疑人不适用技术侦查手段时,也即决定采用技术侦查手段之前,权力机关必须要有充分的依据足以支撑这个决定,这些依据须是具体的而不是抽象的;另一方面,要保障被追诉者"充分捍卫自身权利的权能",赋予其防御性的"武器",即辩护权,其有提出异议的权利,而控诉一方没有足够的依据,则要承担不利的后果。

第四,无罪推定原则要求对于这种严重威胁公民权利、诉讼权利的特殊强制侦查措施的使用必须限制在最低限度内,并应尽早结束这种措施对侦查对象的使用,并且应当设置相应的程序性法律后果,比如违反法律程序所获取的技侦证据材料应当被排除等。

无罪推定原则奠定了现代刑事诉讼的根基。笔者认为,不能因为技术侦查在侦破犯罪当中的必要性，从而否定无罪推定原则在技术侦查程序控制中的适用性。技术侦查的采取与无罪推定原则的贯彻不但不存在矛盾冲突，相反，技术侦查程序控制必须遵循无罪推定的基本原则才能得以实现。

第二节 程序法定原则

程序法定原则是刑事程序法中至关重要的基本原则，它的基本含义指的是国家执法和司法机关的职权及其追诉犯罪的程序，只能由立法机关所制定的法律预先明确规定；任何执法和司法机关及其工作人员都不得超出法律设定的职权进行刑事诉讼活动，也不得违背法律规定的程序任意决定诉讼的进程。与贝卡里亚所提出的刑事实体法之罪刑法定原则相对应，其基本内核即"法无名令不可为"。程序法定原则要求立法权对司法权进行制约，而不是依从。① 该原则无论在大陆法系抑或英美法系皆源自宪法理论，可谓宪法学基本原则，它与刑事实体法中的"罪刑法定原则"、行政法中的"依法行政原则"共同形成现代法治国理论②中的三大核心理念。③

一 程序法定原则的内涵

程序法定原则的基本含义，源自不同法系的国家有不同的说法，基于不同的宪法基础，这些学说集中反映在大陆法系的"法律保留原则"和英美法系的"正当程序原则"之中。笔者认为，本书所论述的程序法定原则的内涵包含以上两方面的含义。大陆法系之"宪法法律保留原则"，根据德国《基本法》的规定，其内涵包括规定公正的

---

① 参见汪建成《〈刑事诉讼法〉的核心观念及认同》，《中国社会科学》2014年第2期。
② 德国公法学家Otto Bahr在1864年的《法治国》一书中将"法治国"概念表述为"国家将一定之自由分配给人民，并仅得在法律规定的条件下使得加以干涉"。
③ 参见陈卫东《程序正义之路》（第一卷），法律出版社2005年版，第67—85页。

实施程序以防止滥用权力和保护公民权利以及建立有效的刑事司法系统；其要求"只有法律才能确定负责审判犯罪人的机关以及它们的权限，确定这些法院应当遵守什么样的程序才能对犯罪人宣告无罪或者作出有罪判决。所有这一切，都要由立法者细致具体地作出规定"①；其着重强调"司法所遵循的程序仅由法律来规定"的形式程序法治。而英美法系之"正当程序原则"源于美国联邦宪法第5条、14条的经典表述："未经正当法律程序，不得剥夺任何人的生命、自由或财产"，其要求规定违反程序的法律后果，如规定严格的非法证据排除规则等程序性后果来赋予程序法定原则更强的执行力，其更加强调程序的正当性与公平性的实质程序法治。

程序法定原则是法治国家的必然要求和国民主权原理的体现②，是刑事诉讼公正、秩序、效益等价值得以实现的保障，是在刑事法领域实现人权保障的基础。③ 它要求：只有法律才能确定负责审判的机关即法院，以及法院的权限和其对被追诉人作出无罪或有罪判决据以遵循的程序，这些内容都需要立法者细致而又具体地进行规范。④ 这一原则之所以要强调以立法权制约司法权，是因为"如果司法权与立法权合二为一，则将对公民的生命和自由施行专断的权力，因为法官就是立法者"⑤。因此，程序法定的基本原则涉及立法和司法两个层面。

二　程序法定原则在技术侦查程序控制中的体现

程序法定原则体现在侦查程序中的下位原则，便是"强制侦查法定原则"，指的是强制侦查在原则上只有符合法律规定的实体要件和

---

① ［法］卡斯东·斯特法尼等：《法国刑事诉讼法精义》，罗结珍译，中国政法大学出版社1998年版，第10页。
② 宋英辉：《刑事诉讼原理》，法律出版社2003年版，第75页。
③ 郑铭勋：《刑事程序法定原则论纲》，《河南法学》2007年第3期。
④ 参见［法］贝尔纳·布洛克《法国刑事诉讼法》，罗结珍译，中国政法大学出版社2009年版，第7页。
⑤ ［法］孟德斯鸠：《论法的精神》，张雁深译，商务印书馆1982年版，第155—156页。

程序要件才能进行。① 鉴于技术侦查是典型的强制侦查行为,其对于公民人权构成极大的侵扰,在为了实现侦查犯罪的目的而不得不采取时,强制侦查法定原则要求技术侦查这类强制处分只能在法律规定的条件下依照法定的程序加以实施。

程序法定原则在技术侦查程序控制的各个方面都有显著的体现。从世界范围内技术侦查程序控制的立法状况来看:

首先,技术侦查的程序控制首先有各国的宪法作为根本的法律依据。如前所述,英美法系国家中,如美国的联邦宪法在技术侦查的程序规制方面发挥着重要的作用,其宪法第4修正案实际上为技术侦查行为合法性确立了判断标准,宪法第6修正案对于技术侦查的对象及其辩护律师诉讼权利的保护以及程序性法律后果的设置提供了法律依据,许多关于监听、监视等技术侦查措施规制的判例法都是在联邦宪法的基础上衍生出来的;作为加拿大1982年宪法一部分的加拿大《权利与自由宪章》第2条第2项也明确规定公民"通信手段的自由"不受侵犯。② 大陆法系国家中,如德国《基本法》第10条明确规定"通信和电信秘密不可侵犯";日本《宪法》第13条、21条、25条也有关于公民的通信秘密和个人隐私不容侵犯的规定等。我国《宪法》第40条也规定,公民的通信自由和通信秘密受法律保护。

其次,在宪法性法律渊源的基础上,多数国家对于技术侦查程序也会以制定法的方式加以具体规制,在法律位阶上,法治发达国家通常已经摆脱了"技术侦查神秘主义"的立法倾向,不限于一般性的法律授权文件,而往往是以部门法的形式加以固定,这样的例证不胜枚举:如前所述虽为普通法国家的英国和美国,都在判例法规制的基础上制定了专门针对技术侦查程序控制的成文法案,加拿大在其实体

---

① 强制侦查是与任意侦查相对应的一个概念,其源于日本刑事诉讼理论,即指不受被处分人的意志约束而实施的侦查;任意侦查则是指以受处分人明示或默示的同意或承诺为前提的侦查,在手段方法上较之强制侦查宽松,相应地,在程序控制上没有前者严格。

② 参见邓立军《外国秘密侦查制度》,法律出版社2013年版,第115页。

法规范与程序法规范交织的加拿大《刑事法典》的第六章专门对"司法窃听"的程序作了较为详细的规定；本身即有着制定法传统的国家如德国、法国、意大利、日本等国都有专门针对技术侦查措施进行程序控制的法典。如日本 1999 年修订的《刑事诉讼法》便明确将"未经通讯双方当事人任何一方同意而实施的监听"视为"强制侦查"，并要求其遵守程序法定原则。① 由此看来，有了宪法和较高法律位阶的成文法作为法律依据，技术侦查权力在司法实践中的行使和监督便有了立法基础，被侦查对象的权利行使和救济也有了相应的保障。

再次，程序法定原则也有排除性规定。由于侦查程序负责案件事实的查明与证据收集的审前诉讼阶段，侦查权具有行政权的性质；与审判阶段相比，虽然建立了司法审查机制的国家的侦查程序具有一定的司法性，但是侦查权本身作为行政权追求效率的特点与审判程序追求过程和结果公正的特点，侦查行为更加强调合目的性与审判行为更加强调合规范性形成鲜明对比，因此，对于侦查程序的司法性质与法律控制始终达不到审判程序中立裁判与两造的严格标准。② 这一原则的弱化在技术侦查程序中体现得十分明显，如许多国家的法律制度中对于紧急情况下采取技术侦查措施都有例外的程序规定，即允许侦查主体先行采取措施，而后在规定的期限范围内申请审批权主体对侦查措施予以追认，否则其所采取的措施与所取得的证据材料便会失去法律效力。

除了上述表现之外，程序法定原则还强调"无程序则无追究"的思想，即如若不能遵照既定的程序规则进行刑事诉讼则要产生相应的"程序性法律后果"③。这在技术侦查这种实施起来具有高度隐

---

① 参见宋英辉译《日本刑事诉讼法》中国政法大学出版社 2000 年版，第 8 页。
② 参见陈卫东《程序正义之路》（第一卷），法律出版社 2005 年版，第 87 页。
③ 程序性法律后果主要是指，对违反法定程序的规定所获得的证据因其违法品格而丧失证据效力以致被排除于诉讼程序之外以及其他程序性的裁判后果。程序性法律后果主要是指对违反法定程序的规定所获得的证据因其违法品格而丧失证据效力以致被排除于诉讼程序之外以及其他程序性的裁判后果。参见王敏远《设置刑事程序法律后果的原则》，《法学家》2007 年第 4 期。

秘性，同时违反正当程序的实施将对公民基本权利带来严重侵害的强制侦查处分中体现得尤为突出。例如，宣布违法技术侦查程序无效、排除违法程序或方法收集的技术侦查证据等。只有设置科学的程序性法律后果，程序法定原则才会落到实处，否则，就很可能会因为缺乏必要的程序立法而沦为宣誓性的口号，无法在司法实践中落地生根。

第三节　司法审查原则

现代刑事诉讼的基本理念是：将国家惩治犯罪的活动纳入"诉讼"的轨道，使得诉讼的每一阶段都存在控、辩、审三方的相互制衡，使得作为国家利益代表的控诉方能够与辩护方在中立的司法裁判面前进行理性的论辩，从而保证实现刑事诉讼作为一种诉讼活动的使命。① 综观域外法治发达国家刑事诉讼中技术侦查的立法与司法实践，除英国、新加坡等少数国家情况较为特殊以外，大多数国家在技术侦查的程序控制上都遵循了司法审查原则。

一　司法审查原则的内涵

在现代刑事诉讼基本理念的指导下，"现代司法审查原则以自然正义原则和正当程序原则为支撑，要求未经法院的司法审查，任何人不得被剥夺生命、自由或者科处其他刑罚；未经法院审查，不得对公民实施逮捕、羁押等强制措施以及其他强制性侦查措施。"② 司法审查原则要求由法院对国家公权力干预个人权利的行为的合法性进行审查以抑制公权力的滥用。在英美法及日本法中表现为"令状主义"，

---

① 孙洪坤、汪振林：《西方国家审前司法审查制度比较研究——兼论建立我国审前司法审查制度》，《国家检察官学院学报》2003年第1期。
② 谢佑平、万毅：《困境与进路：司法审查原则与中国审前程序改革》，《四川师范大学学报（社会科学版）》2004年第2期。

在大陆法系国家表现为法官保留原则。① 从世界范围来看，两大法系尽管在诉讼构造和理念上有很大的区别，但是由法官对侦控权力进行监督却是各国共同的选择。② 这是因为一个科学有效的诉讼程序既可以保障权利以维护权力相对人的自治，又可以规制权力以保证其合目的地动作。③

《公民权利和政治权利国际公约》当中明文规定了被逮捕或者被拘押的人有被迅速带见法官、尽快接受审判或者释放的权利，以及就其被逮捕或者拘押向法院提起诉讼迅速获得司法救济的权利。④ 这是司法审查原则在国际公约中的典型体现。

在当事人主义诉讼模式下，以正当程序和人权保障理论为先导，英美法系国家建立了较为严格的司法审查制度。这主要体现在，根据英国法律，警察要对嫌疑人实施逮捕、搜查，必须事先向治安法官提出申请，并说明正当、合理的根据；由治安法官批准后，方可逮捕或搜查。⑤ 逮捕后指控前，警察对任何逮捕后公民的羁押时间一般不得超过24小时；提出指控后，必须将在押犯罪嫌疑人不迟延地送交治安法院，由治安法院决定羁押或保释。⑥ 无证逮捕和搜查只有在紧急情况或特定情况下才能进行；英国《人身保护令法案》规定了"人身保护令"制度，即被捕人或代表有权请求法庭发出命令将被捕人在一定期限内解送法庭，以审查其监禁理由，如认为无正当理由可立即

---

① 参见陈卫东《程序正义之路》（第一卷），法律出版社2005年版，第82页。
② 徐美君：《侦查权的司法审查制度研究》，《法学论坛》2008年第5期。
③ [美] E. 博登海默：《法理学法律哲学与法律方法》，邓正来译，中国政法大学出版社1999年版，第52页。
④ 《联合国公民权利和政治权利公约》第9条第3款："任何被逮捕或者拘禁的人，应被迅速带见审判官或其他经法律授权行使司法权利的官员，并有权在合理的时间内受审判或被释放。"第4款："任何因刑事指控被逮捕或拘禁被剥夺自由的人有资格向法院提起诉讼，以便法庭能不拖延地决定拘禁他是否合法以及拘禁不合法时命令予以释放。"
⑤ 徐美君：《侦查权的司法审查制度研究》，《法学论坛》2008年第5期。
⑥ 陈卫东、陆而启：《羁押启动权与决定权配置的比较分析》，《法学》2004年第11期。

释放,否则,法庭应依法定程序进行审判。此外,英国还通过非法证据排除规则对侦查权进行事后审查和控制。

美国宪法第4修正案判例法的核心特征便是:关于合理根据的评判者,宪法倾向于一个"中立、超然的地方法官",而不是"常常处于揭露犯罪的竞争状态之下"的警察。① 根据美国法律,警察在实施逮捕、搜查、扣押、窃听等行为前必须向法官提出申请,② 以逮捕为例,美国警察在执行逮捕之前,必须通过向治安法官(magistrate)提供充足的证据为其申请提供可以成立的理由(probable cause),以获得治安法官签发的授权令状。在紧急状态下,还可进行无证逮捕,③ 但必须"无不必要迟延地"将被逮捕者就近带到联邦治安法官或者州地方法官处接受预审,这个过程要求警察以及被逮捕一方均须参与且双方可就是否羁押或者变更强制措施等问题展开辩论,④ 治安法官基于此审查是否存在逮捕的合理理由。⑤ 此外,美国也规定了严格的非法证据排除规则,对侦查权进行事后审查和控制。

加拿大《宪法》第1章第9条规定:"逮捕或扣留每个人在被逮捕或拘留的时候都有下述权利:……取得以人身保护令的方法决定羁押的正当性,并且如果羁押是非法时应获得释放"而且,在加拿大通常只有高级法院的法官才有权签发人身保护令。

在大陆法系国家,司法审查原则通常以"令状主义"(也称"令

---

① Johnsonv. United States, 333 U. S. at 13 – 14. 转引自[美]约书亚·德雷斯勒、艾伦·C. 迈克尔斯《美国刑事诉讼法精解》(第一卷·刑事侦查),吴宏耀译,北京大学出版社2009年版,第95页。
② 徐美君:《侦查权的司法审查制度研究》,《法学论坛》2008年第5期。
③ 刘根菊、杨立新:《对侦查机关实施强制性处分的司法审查》,《中国刑事法杂志》2002年第4期。
④ 陈卫东、陆而启:《羁押启动权与决定权配置的比较分析》,《法学》2004年第11期。
⑤ 刘根菊、杨立新:《对侦查机关实施强制性处分的司法审查》,《中国刑事法杂志》2002年第4期。

状原则")加以体现,这些国家通常都将令状原则明文规定于宪法和刑事诉讼法典中。所谓"令状"(warrant),指的是记载对有关强制性处分进行裁判的文书。令状主义要求在进行强制性处分前,必须经法院或者法官对其理由和必要性予以判断后决定是否签署令状,原则上要求向被处分者出示。如德国《基本法》第13条规定了对搜索、监听、监察等行为的司法审查,[1] 第19第4款更是将司法审查的范围扩大至只要权利受侵犯,即可要求司法审查的地步。[2] 第104条第3项规定了对逮捕的司法审查。[3] 德国《刑事诉讼法》更是将包括通缉令、精神病鉴定、身体检查、扣押、暂时的收容、暂时的吊销驾照、暂时的职业禁止命令等诸多可能侵犯公民权利的行为规定为法官司法审查之内容。[4] 2001年俄罗斯国家杜马通过的俄罗斯联邦新刑事诉讼法典规定,只有经过法院决定,才能正式羁押犯罪嫌疑人、被告人,才能对住宅进行勘验、搜查和扣押物品和电报,进行监听和录音,对

---

[1] 德国《基本法》第13条规定,"(一)住所不得侵犯;(二)搜索唯法官命令,或遇有紧急危险时,由其他法定机关命令始得为之,其执行并须依法定程序;(三)根据事实怀疑有人犯法律列举规定之特定重罪,而不能或难以其他方法查明事实者,为诉追犯罪,得根据法院之命令,以设备对该疑有犯罪嫌疑人在内之住所进行监听。前述监听措施应定有期限。前述法院之命令应由三名法官组成合议庭(Spruchkoerper)裁定之。遇有急迫情形(beiGefahrimVerzuge),亦得由一名法官裁定之;(四)为防止公共安全之紧急(dringend)危险,特别是公共危险或生命危险,唯有根据法院之命令,始得以设备对住所进行监察。遇有急迫情形,亦得依其他法定机关之命令为之;但应立即补正法院之裁定;(五)仅计划用以保护派至住所内执行任务之人而为监察者,得依法定机关命令为之。除此之外,由此获得之资料,只准许作为刑事诉追或防止危险之目的使用,唯须先经法院确认监察之合法性;遇有急迫情形,应立即补正法院之裁定。"

[2] 德国《基本法》第19条第4款规定:"其权利受到公共权力侵犯的任何人,都可以要求法院对侵犯进行审查。"参见谢佑平、万毅《困境与进路:司法审查原则与中国审前程序改革》,《四川师范大学学报(社会科学版)》,2004年第2期。

[3] 德国《基本法》第104条第3项规定:"任何人因犯有应受处罚行为之嫌疑,暂时被拘禁者,至迟应于被捕之次日提交法官,法官应告以逮捕理由,加以讯问,并予以提出异议之机会。法官应实时填发逮捕状,叙明逮捕理由,或命令释放。"

[4] [德]克劳思·罗科信:《刑事诉讼法》(第24版),吴丽琪译,法律出版社2003年版,第316—345页;参见郎胜主编《欧盟国家审前羁押与保释制度》,法律出版社2006年版,第123—180页。

第四章　技术侦查程序控制的基本原则

公民的通讯秘密权利予以限制。① 德国法律规定："嫌疑人或被告人在被拘留或逮捕后，应毫不迟疑地被带到法官面前，最迟不能超过被拘留或逮捕的次日，由法官审查逮捕或拘留是否正确，要否维持已经签发的拘留证效力。"由此可见，令状主义实现了由中立的第三方即审判机关对强制性处分进行审查判断，从而直观体现了司法控制和人权保障理念。②

二　司法审查原则在技术侦查程序控制中的体现

在斯诺登将美国"棱镜"项目披露以后，美国当局辩解声称该项目的技术侦查措施"得到了立法、司法、行政的授权和监督，曾接受严格的法律审查"③，但是从斯诺登所揭露的信息以及众媒体的追踪报道④来看，许多技术侦查措施被美国当局滥用于刺探国内外普通公民的基本生活隐私——巨量的信息被截取，其深度与广度令人瞠目的同时，更令人对每一项信息被采集时其相关技侦措施是否一一经过事前授权、过程审查与事后监督产生高度的怀疑，其可能已严重违反了技术侦查的程序法定原则与司法审查原则。

联合国的有关文件在允许各国使用技术侦查的同时，也提出了明确的要求："鉴于电子侦查的干扰性，通常必须对之进行严格的司法

---

① 陈光中主编：《俄罗斯联邦刑事诉讼法典（简介）》，黄道秀译，中国政法大学出版社2002年版；转引自杨雄《刑事诉讼中司法审查机制的实证分析——以俄罗斯和我国台湾地区的司法改革为范例》，《甘肃政法学院学报》2007年第6期。
② 参见宋英辉《刑事审前程序的理念与原则——兼谈我国刑事诉讼制度改革面临的课题》，载江伟、陈光中《诉讼法论丛》第5卷，法律出版社2000年版，第13页。
③ 参见 http：//baike.baidu.com/link？url＝YDIoaWkucPvZbQoz5AW-7NmHUXdwEmZ2JH1tOthaE4oxUBFIgoDlMoR2pqlTjWFJOAXecfP5KLNRHnYKxk4yj1qdXW_gxo4nYqk9BoSR-W4vylv9ThHRIXysPaitQ6OUFrraZcmPXBpT4I9ALvHNYq#refIndex_3_10901700，访问日期2014年2月20日。
④ 《旧金山纪事报》表示，该行动"几乎没有法律监督"，"这位总统因为承诺消除13年前的袭击给美国人带来的恐慌走进白宫，却再次让民众失望"。

控制，并且必须从法律上订立许多保障措施以防止滥用。"① 这实际上是从令状主义的角度来对其进行司法控制。行使技术侦查权的司法警察或者检察官，必须事先向法官提出申请，在经过专门的司法审查程序后，如被认为符合法定条件，才许可有关侦查活动，并颁发许可令；在诉讼过程中，法官对于手段实施的条件、期限以及对象的范围进行审查和监督，需要变更或解除的及时发布相应的令状；同时，对于被追诉人及其辩护人提出的有关异议进行审查，司法警察和原作出司法授权的法官都要承担相应的举证责任，以证明技术侦查措施实施的正当性与合法性；在技术侦查实施之后，对于其收集的相关信息的运用、处理或销毁要及时作出命令，对于违反程序所获取的证据材料要予以否认或者排除等。司法审查具体分为3个方面，即对于技术侦查的授权或称前置审查采用司法令状主义，过程审查采用司法审查方式，以及事后审查采用司法监督和司法救济的方法。

相应地，技术侦查的司法审查的机制主要包括：实行令状主义进行事前审查、根据授权令状的内容进行过程审查以及运用非法证据排除规则等程序性法律后果的设置进行司法救济。对技术侦查实行司法审查已基本上成为世界各国的通例。以美国为例，其秘密监听与监视等技术侦查手段原则上都采取法官授权的程序，美国法典第199章第2518条对实施技术侦查措施的侦查人员之申请、授权法官之审查与令状之签发、侦查人员对授权令状之执行、司法机构之法律监督以及违反程序之法律后果等程序控制体系下的一系列内容进行了具体而明确的规定。如侦查人员在申请时须将与本次侦查活动有关的具体事项以书面形式落实到申请书中供法官审查；法官在收到申请后，须依据比例原则、最后手段原则等对法律规定的签发令状的条件逐条进行审核以寻找"合理根据"；法官在签发令状时也须根据法律规定将与本次决定有关的具体事项一一在令状上加以记载，以发挥令状的授权和

---

① 参见《联合国打击跨国有组织犯罪公约立法指南》第385条、《联合国反腐败公约》第634条。

限权作用；侦查人员在依照令状执行技术侦查之中以及之后，出现令状所列事项以外的内容，必须再一一经过法官的授权或确认。①

第四节 比例原则

比例原则作为基本权利的适用方法表明了对基本权利主体的立场。正如德国宪法法院（BverfG）所做的表述，"比例原则源于法治国原则，它是基于基本权利自身本质的需要，作为表述公民对抗国家的一般自由诉求的基本权利，只有当为了保护公共利益时，才能被公权力合比例地予以限制。"② 早在上一轮刑事诉讼法再修改时，许多专家便建议在《刑事诉讼法》"任务与基本原则"一章中增加该项原则，建议公、检、法三机关"实施强制性诉讼行为，应当严格限制在必要的范围内，并与所追究罪行的严重性、犯罪嫌疑人、被告人的社会危险性相适应"。③ 比例原则始终未被纳入我国《刑事诉讼法》的基本原则的规定当中，但实际上，它是现代公法的"帝王条款"，是刑事诉讼法不可或缺的原则之一。

一 比例原则的内涵

比例原则的精神在于，纵使为了实现国家刑罚权的目的，也不得恣意行使侵害人身、财产权益的强制侦查方式。比例原则的思想最早可追溯至《英国大宪章》关于"人们不得因为轻罪而受重罚"的规定。从19世纪末一位德国的行政法学者第一次关于"警察权力不可

---

① 郑雷：《技术侦查使用原则之域外探析》，《中国检察官》2013年第17期。
② BVerfGE 19, 342（48 f.）转引自［德］安德烈亚斯·冯·阿尔诺《欧洲基本权利保护的理论与方法——以比例原则为例》，刘权译，《比较法研究》2014年第1期。
③ 参见陈光中主编《中华人民共和国刑事诉讼法再修改专家建议稿与论证》，中国法制出版社2006年版。

违反比例原则"的主张①,到 1923 年该书的第 3 版中提出的"超越必要性原则即违法的滥用职权行为",再到 20 世纪初德国行政法学界用来形容警察行使权力的限度的"不可用大炮打小鸟"②的名言,比例原则逐渐被立法者所接纳,并逐渐写入法典当中③。随着民主与法治理念的不断发展,比例原则超越了警察法的界域,被赋予宪法性的地位。自此,比例原则在其他部门法的理论研究与立法和司法实践中得到了长足的发展。比例原则要求,除非公权力主体所追求的目的是必要的,否则,个人的自由不能被恣意地强烈侵犯,即使有必要加以侵犯,侵犯的影响与所追求的目的也应当均衡。④ 比例原则的确立对于合理划分国家权力与公民个人权利的界限,防止国家权力的滥用、保护公民个人权利具有十分重要的意义。

比例原则有广义和狭义之分,此处阐述的是广义上的含义。归纳起来,其内涵可以通过妥当性原则、必要性原则与均衡性原则(也即狭义的比例原则)三个子概念共同组成。具体而言:

其一,妥当性原则。这一原则描述的是权力运用的手段,即采取的手段是否妥当,是否是达成目的的最优选择。具体内涵主要体现为强制侦查的最后手段原则,也即在穷尽包括传统侦查手段在内的其他侦查方法却没有结果或者不能实现侦查目的,在此基础上选择相应的强制侦查手段才具有妥当性。

---

① 德国行政法学者奥托·迈尔(Ottomayer)在 1895 年出版的《德国行政法》一书中首次提出这一主张。
② 德国另一位行政法学者弗莱纳(F. Fleiner)在《德国行政法体系》一书中提出这一名言。
③ 1931 年的《普鲁士警察行政法》规定,警察处分必须具有必要性方属合法。同时该法第 14 条对必要性定义为:"若有多种方法足以维持公共安全或秩序,或有效地防御对公共安全或秩序有危害之危险,则警察机关得选择其中一种,惟警察机关应尽可能选择对关系人与一般大众造成损害最小方法为之。"参见李燕《论比例原则》,《行政法学研究》2001 年第 2 期。
④ 参见[德]安德烈亚斯·冯·阿尔诺《欧洲基本权利保护的理论与方法——以比例原则为例》,刘权译,《比较法研究》2014 年第 1 期。

其二，必要性原则。这一原则描述的是权力行使的目的，即采取的方法是否存在必要性，是否有助于相关目的的达成。其内涵又可以通过重罪原则与最少侵害原则来诠释。首先，重罪原则体现在适用范围的必要性上，以技术侦查为例，各国通常都会对可以适用技术侦查措施的特殊严重犯罪规定有明确具体的范围，如严重的、复杂的、暴力的、对社会造成严重影响和危害的有组织犯罪、恐怖主义犯罪、毒品犯罪案件等。其次，最少侵害原则体现在适用手段的选择、适用对象及其范围、适用期限等的设定上，即在有多种方法能够同样达成目的时，应当选择对公民权益侵害最少的方法或手段。以技术侦查为例，如果通过室外的跟踪监视便能够达到侦查目的，则要尽量避免采用室内监听与监视的措施，从而在适用手段上尽量减少对公民的隐私权的侵扰；如若通过设定为期一周的通信截收即能获得侦查犯罪所需线索和证据，则要尽量避免更长时间的技术手段对公民权利带来的侵害；同样，如若能够将侦查手段适用的对象锁定在两个人以内，则尽量避免电话监听或者电子侦听等技术手段牵涉到第三人的个人隐私等。

其三，均衡性原则。这一原则描述的是手段与目的的关系，即所采行的方法造成的损害应当与所要达成目的之利益相衡平。其内涵是如果权力行使的目的是出于保护国家的公共利益，那么当实现这一目的的手段可能会对公民的基本权利造成侵害时，这种侵害的程度必须限制在与所欲保护的国家利益相衡平的范围之内，且对于那些可能因为公共利益的保护而使隐私权等基本权利受到侵犯的无辜者给予必要的关照。

二 比例原则在技术侦查程序控制中的体现

对于"棱镜"项目，《华盛顿邮报》曾报道称，美国当局将该项目"对反恐有功"作为其赖以存在的重要理由，引起民众的强烈质疑，即"该项目为美国国家安全带来的收获是否值得侵犯个人隐私"。① 也就是说，公民的宪法性基本权利不容任意干涉或剥夺，不能单纯为实现反恐等维护国家安全的目的便将无辜者的人权置之度外，公权力所采取的技术侦查手段与其所欲实现的目的必须相称，否则，便违反了程序控制的比例原则。

从技术侦查的视角来看，比例原则的妥当性、必要性与均衡性原则的内涵恰恰反映了对于特殊的强制性处分限制适用的理念和适度的原则②，即必须根据犯罪的严重性、掌握证据的充分性以及案情的紧急程度等加以判断，从而达到少用、慎用技术侦查措施，防止过多或不当的行为对公民基本权利的侵害。当然，除了上述关于目的的必要性、手段的妥当性以及手段和目的的均衡性以外，其还有着更加丰富的含义。以下重点对比例原则在技术侦查中所具有的特殊内涵加以分析：

其一，技术侦查手段的采用与其潜在的危害之间需要遵循比例原则。有学者指出，在此方面存在以下三个底线，包括：人的最低限度原则，即主要指对侦查对象以外的第三人的权益保护；内容的最低限度原则，即主要指要保证被追诉人犯罪活动以外的私生活领域不能随意受到侵犯，将监听等技术侦查的适用范围尽可能地限缩至与侦查目的相关的内容上；以及期限的最低限度原则，即主要指有必要对技术侦查的期限控制到最低限度，以尽可能缓解技术侦查措施的采取与当事人权益的保护之间的紧张关系。如，美国联邦最高法院在1967年伯格诉纽约州（Berger v. New York）案中，纽约州关于监听的法律被裁定为违宪，其理由便主要是该法授权长达两个月的监听无异于让侦查人员仅凭一个莫须有的理由就可以反反复复地侵入私人场所，其宽

---

① 参见 http://baike.baidu.com/link?url=YaYSsIM6RiQeOjzZkbWRiFKcoQ7ZAi2hVf7 UX-LBrvFUtULWmt3riY86g9FfNKBKcupJVnXm6kpBhjb1eVLn_Fa8UD81CgE8X-ITfZJW0upS，2014年3月14日。

② 参见宋英辉《刑事审前程序的理念与原则——兼谈我国刑事诉讼制度改革面临的课题》，转引自江伟、陈光中《诉讼法论丛》第5卷，法律出版社2000年版。

泛的授权规定缺乏足够的司法监督和程序保障①。为此,美国在次年通过的《综合犯罪控制与街道安全法》第三编明文规范联邦电子监控,并为各州和地方实施电子监控设定最低法律标准,其中具体包括"规定执行人必须采取措施将对与侦查犯罪无关的谈话的监控降低到最小的限度"的标准,此外,还规定实施电子监控应具备适当理由、具体说明及合理性。②

其二,技术侦查手段的采用与犯罪严重程度之间要存在比例的问题。依据比例原则,侦查主体所使用的侦查手段不得与其所达成的侦查目的明显不相当,重点涉及犯罪的恶性程度和社会危险性的大小、犯罪证据材料获取的难易程度以及案情的紧急程度三个方面。从世界范围来看,这样的例证不胜枚举,如法国就在1991年和2004年在其刑事诉讼法典中分别针对普通犯罪与较为严重的犯罪(主要涉及有组织犯罪)规定了不同程度的监听手段,即分别为普通监听和特殊监听。③德国法律曾一度增加的"住宅监听"即所谓的"大监听",也规定其只有针对"特别严重的罪行,采用其他手段都特别困难或者没有结果","延误将可能危及公共安全尤其是公众生命安全"的情况下,可以临时采取大监听的技术侦查措施。④

其三,技术侦查手段的采用与审批或者执行机关的身份或者级别之间也存在比例的问题。技术侦查的审批主体原则上由法官来担任,但在延误就有严重危险后果发生的情况下,检察官或者警察也能够临时行使决定权,但是,这种决定权只有在事后及时得到法官的确认才具有法律效力,否则将自始无效。根据技术侦查手段在种类和轻重程度等方面的差异,许多国家对不同技术侦查手段的审批,规定了不同

---

① 参见李学军主编《美国刑事诉讼规则》,中国检察出版社2003年版,第262页。
② 参见18 U. S. C. 2510/2518,转引自[美]马丁·马库斯《监控的正当程序》,赵琳琳译,载陈光中、陈泽宪主编《比较与借鉴:从各国经验看中国刑事诉讼法改革路径》,中国政法大学出版社2007年版,第297页。
③ 邓立军:《外国秘密侦查制度》,法律出版社2013年版,第219—227页。
④ 参见德国《基本法》第13条。

身份的授权和审查主体，或者是同一种身份的不同级别的审查授权主体。以德国的窃听手段的程序控制为例，德国《刑事诉讼法》第100条规定对于电信往来的监视和录制原则上只能由法官决定，而对于私人住宅的窃听原则上只能由检察官办公室所在地区的法院刑事审判庭①决定；而这两种窃听手段所对应的紧急情况下的审批主体也不相同，前者是检察院，后者是刑事审判庭的庭长，且这种紧急情况下作出的临时决定都需要在3日内经原则上的授权主体确认②等。

小 结

无罪推定原则、程序法定原则、司法审查原则和比例原则等皆为贯穿刑事诉讼全过程的基本原则。对于技术侦查的程序控制来说，也不例外；同时，鉴于技术侦查的特殊性，对于这些基本原则从技术侦查的视角来看，却可以解读出更为丰富的含义。其中，无罪推定作为刑事诉讼的一项基本原则，虽然其直观体现主要集中在司法审判的部分而非侦查部分，但是其精神实质在技术侦查这种对被追诉者权利存在潜在巨大威胁的特殊侦查措施的运用过程中即侦查环节同样得到重要体现；程序法定原则是刑事诉讼法至关重要的基本原则，体现在技术侦查的程序控制上，即只有法律才能确定技术侦查司法控制的机关以及它们的权限，确定这些主体应当遵守什么样的程序才能对技术侦查权力进行有效的授权、审查、执行与监督，并对其所涉及的权利予以保障和救济；司法审查原则是刑事诉讼中最重要的原则之一，它要求"中立、超然的地方法官"，而不是"常常处于揭露犯罪的竞争状态之下"的警察对技术侦查进行严格的审查，并通过司法令状的形式加以授权；要求对技术侦查程序的过程审查以及庭审过程中对证据材料的审查判断，都必须遵循三方对造与中立裁判的原则。司法审查原

---

① 参见德国《法庭组织法》第74条a。
② 参见邓立军《外国秘密侦查制度》，法律出版社2013年版，第257页。

则是程序法定原则顺利实现的重要保障。程序法定原则主要强调立法机关保证程序公平的立法责任，司法审查原则主要强调司法机关在维护程序合法公正方面肩负的使命，二者并存才能为防范公权力恣意侵犯人权架构"双保险"。[①] 比例原则是国家干预公民基本权利时必须注意的基本原则，它要求技术侦查的手段与目的合乎比例，即只有在其他任何传统侦查手段都无法达到侦查目的的前提下，采用技术侦查手段所带来的负面效果不应超越其所欲维护的国家利益，要求将侵扰被侦查对象基本权利的程度降到最低。比例原则是程序法定原则的必要补充，共同为司法审查提供了标准和依据。综上所述，无罪推定原则的精神实质是技术侦查程序控制原则的基础，与程序法定原则、司法审查原则和比例原则三者相互呼应，构成指导和统领技术侦查程序控制规范的完整的原则体系。

[①] 参见陈卫东《程序正义之路》（第一卷），法律出版社2005年版，第83页。

第五章　我国技术侦查程序控制检视

在我国《刑事诉讼法》2012年修改以前，技术侦查存在程序控制的缺位，以至于有观点认为我国技术侦查基本处于"立法薄弱、执法混乱、司法无力"[①]的境地；此后，技术侦查正式被纳入刑事程序法治的轨道，特别是2021年最高人民法院颁布的修订后的《关于适用〈中华人民共和国刑事诉讼法〉的解释》[②]在证据和程序方面增加了一些具体规定。然而技术侦查在立法中出现的诸多问题以及司法实践中遗留下来的"症结"却长期存在，并影响着技术侦查程序法治的发展与公民权利保障的进一步实现。本章着眼于我国技术侦查程序控制在立法与司法实践中的历史与现实，在分析技术侦查程序控制制度发展状况的基础上，指出我国技术侦查的立法设计对程序控制的实现存在的障碍、技术侦查程序控制在方法选择及其内容上存在的弊端以及相关配套制度存在的问题，为提出切实可行的建议奠定基础。

第一节　我国技术侦查程序控制状况

对世界各国技术侦查程序法治状况进行横向比较，可以看到我国应

---

① 程雷：《秘密侦查立法宏观问题研究》，《政法论坛》2011年第5期。
② 以下简称为《刑事诉讼法解释》。

当属于技术侦查法治化进程较为落后的国家之一。对我国技术侦查程序法治"从无到有"的历史进行纵向分析,可以发现我国技术侦查的立法进程十分曲折,同时也导致司法实践中的技术侦查权长期"法外"行使的混乱局面。本章通过介绍我国技术侦查立法和司法的发展历史与现实状况,并对现行立法与司法的现状及其背后的原因加以评析,试图对我国技术侦查"入法"所产生的争议加以解读,本节拟在肯定立法进步之处的基础上,为揭示我国技术侦查程序控制存在的问题提供参考。

一 立法和司法发展状况评析

法治国家在技术侦查立法上具有悠久的历史,大陆法系国家如德国、法国、意大利都通过制定并公布实施比较系统的立法文件,不断完善其《刑事诉讼法典》的"法典型立法模式"来实现其技术侦查的法治化进程,如德国《刑事诉讼法典》第99—101条、第110条对技术侦查进行了较为详尽的规制①;而英美法系国家的判例法对于其技术侦查规制的起源和发展起了重要的作用,此外,后来也都针对技术侦查的程序控制问题建立了专门的制定法加以应对。如美国最早关于监听的判例 Olmstead 案始于1928年,开创了监听在判例法乃至全球立法的法律渊源;后来随着技术侦查本身的复杂性以及立法的不断发展,又分别于1934年、1968年、1986年以及2001年相继出台了关于技术侦查程序控制的制定法;英国技术侦查在立法上具有标志性的突破则是其《1985年通信截收法》,司法改革后新颁布的《2000年侦查权控制法》丰富和完善了有关规范并将前者取代。相比之下,我国的技术侦查法治化进程较为落后,以下将就我国在这两方面的立法与司法状况展开具体分析。

(一)立法发展状况

我国现行《刑事诉讼法》在近年来经历了两次修改,其中在

---

① 参见邓立军《外国秘密侦查制度》,法律出版社2013年版,第246页。

2012年终于迎来了技术侦查第一次实质意义上的"入法",2018年的修改涉及技术侦查的内容仅仅是检察机关自侦案件范围限缩带来的变化①。但总的来看,与前述各国家和地区有关程序法律规制的内容相对照,差距仍然很大。

同时,对我国技术侦查程序法治"从无到有"的历史进行纵向分析,可以发现我国技术侦查的立法进程颇为曲折,发展速度十分缓慢。我国《宪法》第40条在规定公民的通信自由和通信秘密受法律保护的同时,赋予了国家安全机关、公安机关或者人民检察院依照法律规定的程序对通信进行检查的权力。而此处所谓"法律规定的程序",主要在现行《刑事诉讼法》及相关司法解释中有所体现,但也只是笼统的规定。技术侦查在立法当中最早被明确加以规定,是1993年颁布的《国家安全法》②和1995年的《人民警察法》③,而更多具体规定只在侦查部门某些规范性法律文件中才有体现,如公安部2000年颁布的《关于技术侦察工作的规定》对技术侦查手段的适用对象、审批制度、法律责任以及技术侦查装备技术建设、机制和队伍管理等都有规定。④此外,公安部内部的实施细则用于指导公安机关的技术侦查实践。但长期以来这项权力被过度保护着,姑且不论技术侦查的种类及技术侦查手段的使用程序找不到法律依据,即便是技术侦查及其各类手段的名称本身在实践中都是有保密要求的,因此上述具体的操作性文件都是"内部规定",不对外公开。对于这样一种严重威胁公民人权的侦查措施,在2012年《刑事诉讼法》修改以前始终未在刑事程序法中加以规制;直到2013年《刑事诉讼法》颁布实施,"技术侦查"才第一次以部门法的规定形式出现,破除了长期以

---

① 2021年修订后的《刑事诉讼法解释》在证据和诉讼程序上增加了具体规定。
② 该法已被废止且相关内容已由2014年11月1日颁布的《中华人民共和国反间谍法》代替,参见新的《反间谍法》第12条的规定:"国家安全机关因侦查间谍行为的需要,根据国家有关规定,经过严格的批准手续,可以采取技术侦察措施。"
③ 我国《人民警察法》直接规定"因侦查犯罪的需要"可以采取技术侦查措施。
④ 参见陈卫东主编《模范刑事诉讼法典》,中国人民大学出版社2011年版,第318页。

来连名称都不公开的"技侦神秘主义"传统。

我国在过去很长一段时期在诉讼构造上存在"侦查中心主义"倾向,"重实体、轻程序"的诉讼观念较为显著,导致侦查机关过分追求惩罚犯罪的目标的实现,而忽视对于人权的保障、程序的尊重和程序正义的维护。因此1996年在对《刑事诉讼法》进行修改的时候,技术侦查立法问题尚未进入立法机关的视线,仍奉行"技术侦查神秘主义",以最大限度地实现其打击犯罪、侦破案件的实体目标。在1996年对《刑事诉讼法》进行修改过后,理论界开始针对技术侦查法治化的问题连续不断地向立法机关提出建议。随着世界人权理念影响的不断扩大和我国法治建设发展的不断深入,我国于1998年10月5日签署了《公民权利与政治权利国际公约》,该公约对于"尊重和保障人权"以及公民的隐私权不受侵犯都提出了明确的要求。批准和加入该公约是评价一国人权理念发展和法治文明程度的重要标志。由于我国的国内法与公约的许多要求相去甚远,在签署公约以后,我国一直在致力于早日批准和加入该公约的准备。实际上,早在十届全国人大常委会立法规划之前,专家学者便多次展开有关技术侦查"入法"的讨论,2003年10月,《刑事诉讼法》再修改工作便被列入十届全国人大常委会立法规划前后,学者们针对技术侦查的法律制度进行了一系列的研究。如陈光中先生在《刑诉法再修改专家建议稿》中指出,技术侦查和秘密侦查的法治化,"既有利于加强其程序控制、保障人权,也有利于追诉机关更好地利用这些手段控制犯罪、指控犯罪",[①] 建议对监听、截取和收集电子信息、秘密拍照、犯罪心理测试及派遣秘密侦查员、诱惑侦查等手段的适用范围、条件、程序等问题加以规定。2004年,"尊重和保障人权"终于成为一项宪法原则,这体现出我国为加入公约所做的努力;国家的决策层也曾于2004年

[①] 参见陈光中《〈刑事诉讼法再修改专家建议稿〉重点问题概述》,载陈光中、陈泽宪主编《比较与借鉴:从各国经验看中国刑事诉讼法改革路径》,中国政法大学出版社2007年版,第10页。

之前以及之后的若干年里多次声明,将尽力推进批准公约的工作。综观各国对该公约的从签署到批准经历的时间,德国用了5年,英国用了8年,意大利用了11年,而最长的是比利时和美国用了15年的时间。① 我国于1998年签署该公约,如能早日实现《刑事诉讼法》等重要法律的修改完善,便可以避免使我国从签署到批准该公约的时间比目前各个成员国还要长,并可能继续拖延下去。为此,理论界始终为《刑事诉讼法》能够列入当届人大常委会的立法规划而积极努力,而司法体制改革与《刑事诉讼法》的修改问题便是彼时最重要的课题之一。在这个过程中,对于技术侦查立法的制度构建的探讨也逐渐趋于成熟,如2006年中国社会科学院法学研究所、中国政法大学刑事法律研究中心和美国纽约大学共同举办的比较刑事诉讼国际研讨会上,"监听"在我国的立法与实践问题已经进入了深度讨论的阶段。② 如陈卫东教授在2007年也曾撰文强烈呼吁《刑事诉讼法》再修改的过程应当着重考虑技术侦查的合法化问题。③ 遗憾的是,由于在当时《刑事诉讼法》的改革涉及的部门利益过多,相互制衡和监督的权力主体各方却在技术侦查立法方面难以达成一致意见,导致《刑事诉讼法》的修改在当届人大任期内"夭折",也或多或少地影响到我国批准《公民权利与政治权利国际公约》的步伐。正如有学者所指出的,"批准公约与刑事诉讼法的修改有着互动关系"④。2012年,在等待了长达十余年以后,技术侦查的立法工作终于提上议事日程。

---

① 参见 http://baike.baidu.com/link?url = IAeT7WU7ZUBY7rthMr30xUgTMCUkLuKEwxiP4bir3wkc_ VtRrTkpPg6Sj4j8c1ZK,访问日期2013年12月31日。
② 参见陈学权、秦策《比较刑事诉讼国际研讨会会议综述》,载陈光中、陈泽宪主编《比较与借鉴:从各国经验看中国刑事诉讼法改革路径》,第459—462页。
③ 参见陈卫东《理性审视技术侦查立法》,《法制日报》2011年9月21日第9版。陈卫东教授当时的主要论证理由为:在任何一个法治国家,都在强调权利保障与犯罪控制的平衡,"捆住警察的左手,就必须放开警察的右手"。
④ 参见《我国将批准公民权利和政治权利国际公约》,《南方周末》2005年09月22日, http://news.sina.com.cn/c/2005-09-22/11337836499.shtml,访问日期2014年3月25日。

(二) 立法体现

我国1993年颁布的《国家安全法》(现已废止)以及1995年的《人民警察法》都没有在部门法意义上对技术侦查加以规定,更没有对技术侦查的程序控制在法律层面进行具体的规制,2012年修改的《刑事诉讼法》实现了这一"质"的飞越。当时的《修正案(草案)》第56条规定,"在第二编第二章第七节后增加一节,作为第八节",即"技术侦查措施"一节,对于技术侦查措施的适用范围、批准手续、执行程序以及所获材料用作证据等进行了规定(该节同时规定了秘密侦查的有关措施)。

首先,从《刑事诉讼法》本身来看,"技术侦查措施"一节是修法后完全新增的内容,主要从技术侦查批准和执行主体、适用技术侦查的范围、期限及其延长、技术侦查的执行程序、保密要求,以及证据材料运用的特殊性等方面进行了规定。此外,该节还规定了"秘密侦查"和"控制下交付"等内容。值得一提的是,关于技术侦查的控制程序,包括前置的审查授权、过程审查监督以及事后的司法救济等方面,修改后的法律鲜有涉及,仅在批准程序中规定了一句"经过(严格)的批准手续",这与20世纪90年代颁布的《国家安全法》《人民警察法》中对技术侦查在程序法律规定方面相比并无实质性进展。

相较修改后的《刑事诉讼法》,《人民检察院刑事诉讼规则》[①](以下简称"《刑事诉讼规则》")和《公安机关办理刑事案件程序规定》[②] 对于技术侦查适用的案件范围、种类、对象、审批程序、证据的使用等进行了一定的细化或补充[③]。其一,关于适用范围,现

---

① 《人民检察院刑事诉讼规则》由最高人民检察院于2019年12月2日修订并于2019年12月31日起施行。
② 《公安机关办理刑事案件程序规定》由公安部于2020年7月最新颁布并于2020年9月1日起施行。
③ 2021年新修改的《刑事诉讼法解释》在技术侦查证据的审查与认定方面增加了更加具体的规定;对公诉案件审查受理以及死刑复核程序等方面增加了关于对技术侦查采取程序控制的规定。

行《刑事诉讼规则》第227—228条和《公安部规定》第263条在《刑事诉讼法》第150条的基础上分别对检察院和公安机关可以采用技术侦查措施的案件范围加以规定或列举。其二，关于技术侦查的种类和适用对象，现行《公安部规定》第264条将技术侦查的种类描述为"记录监控、行踪监控、通信监控、场所监控等"；将适用对象明确为"犯罪嫌疑人、被告人以及与犯罪活动直接关联的人员"。其三，关于批准程序，虽然现行《刑事诉讼法》没有具体规定，但是现行《刑事诉讼规则》和《公安部规定》基本明确了技术侦查措施的批准主体与批准、解除及期限延长的法律文书等；现行《刑事诉讼规则》还对延长措施使用期限的申请时间和文书要有内容上的要求。其四，关于证据材料的运用，《刑事诉讼法》第154条专门规定了通过技术侦查措施或者其他秘密侦查手段所获证据的使用问题。《关于实施刑事诉讼法若干问题的规定》①（以下简称《刑诉法实施规定》）、现行《刑事诉讼规则》和《公安部规定》都强调，"采取技术侦查措施收集的材料作为证据使用时，批准采取措施的法律（决定）文书应当附卷"；《刑事诉讼规则》第229条和《刑诉法实施规定》第20条还规定，"辩护律师可以依法查阅、摘抄、复制"；《刑诉法实施规定》第20条则进一步规定，辩护律师可就其查阅、摘抄、复制的证据材料"在审判过程中可以向法庭出示"。此外，《刑事诉讼规则》第230条还对于收集证据材料的程序加以规范，规定"采取技术侦查措施收集的物证、书证及其他证据材料，侦查人员应当制作相应的说明材料，写明获取证据的时间、地点、数量、特征以及批准机关、种类等，并签名和盖章。"新的《刑事诉讼法解释》在第四章第七节、第八节及第九章、

---

① 《关于实施刑事诉讼法若干问题的规定》由最高人民法院、最高人民检察院、公安部、国家安全部、司法部、全国人大常委会法制工作委员会联合发布并于2013年1月1日起施行。

第十七章①当中新增了对采取技术侦查措施所获证据材料进行审查认定与使用的相关规定，尤其在"证据"一章的第八节"技术调查、侦查证据的审查与认定"中特别对需要移送的技术侦查证据材料的内容②、需要着重审查的证据之合法性③、裁判文书中体现这类特殊证据材料的注意事项④等进行了较以往更为详细的规定。

（三）立法状况评析

现行《刑事诉讼法》及司法解释关于技术侦查有关规定的增加引起了社会的关注。学界普遍认为，技术侦查的法治化是因应社会发展客观情势的必然趋势，其合法化进程值得肯定。这反映了我国立法机关对目前实践中技术侦查职权行使和证据材料使用缺乏规范等亟待解决的问题的重视，而且客观上也有助于提升我国的法治水平，加速我国刑事司法在人权保障方面和国际接轨的进程。

---

① 第四章"证据"第七节"视听资料、电子数据的审查与认定"第 112 条规定，采用技术侦查（调查）措施收集、提取电子证据的，应当着重审查其是否依法经过严格的批准手续；该章第八节"技术调查、侦查证据的审查与认定"着重规定了技术侦查（调查）证据的审查与使用规则，详见正文；第九章"公诉案件第一审普通程序"第一节"审查受理与庭前准备"第 218 条规定了人民法院应当在收到起诉书和案卷、证据后，审查"是否移送证明指控犯罪事实及影响量刑的证据材料，包括采取技术调查、侦查措施的法律文书和所收集的证据材料"。第十七章"死刑复核程序"第 426 条规定了报请复核死刑、死缓的报告，应当包括"通过技术调查、侦查措施抓获被告人、侦破案件，以及与自首、立功认定有关的情况"。

② 《刑事诉讼法解释》第 118 条规定，移送技术侦查（调查）证据材料的，应当附采取该措施的法律文书、证据材料清单和有关说明材料；移送采用技术侦查（调查）措施收集的视听资料、电子数据的，应当制作新的存储介质并附制作说明，写明原始证据材料、原始存储介质的存放地点等信息。

③ 《刑事诉讼法解释》第 119 条规定，对技术侦查（调查）收集的证据材料，除一般审查外，还应着重审查 4 个方面的内容：1. 技术侦查（调查）措施所针对的案件是否符合法律规定；2. 技术调查措施是否经过严格的批准手续，按照规定交有关机关执行；技术侦查措施是否在刑事立案后，经过严格的批准手续；3. 采取有关措施的种类、适用对象和期限是否按照批准决定载明的内容执行；4. 所收集的证据材料与其他证据是否矛盾；存在矛盾的，能否得到合理解释。

④ 《刑事诉讼法解释》第 121 条规定，人民法院在裁判文书中对于"相关证据的名称、证据种类和证明对象"是可以表述的；"有关人员身份和技术侦查（调查）措施使用的技术设备、技术方法等"是不得表述的。

第一，初步实现了技术侦查措施的主体、适用范围、种类和对象的法治化。

就技术侦查的决定和执行主体而言，现行《刑事诉讼法》及司法解释明确了根据案件性质分别由公安机关或者检察院决定，并统一由公安机关执行的规定。有学者指出，在《刑事诉讼法》关于增加"技术侦查措施"一节内容的讨论中，检察系统曾强烈呼吁赋予检察院完整的技术侦查权，但最终立法确定的方案是仅赋予其技术侦查的决定权，执行权仍由公安机关或者国家安全机关行使，原因主要有二：一是技术侦查手段本身是严重干预公民隐私权的"双刃剑"，是以牺牲公民隐私权来换取安全的一种"必要的恶"，应当严格控制执行主体；二是在2018年对《刑事诉讼法》进行修改前，检察机关负责自侦案件，他们的侦查对象很多都是党员干部，他们使用技术侦查手段的风险在于容易令该手段在内部的使用"引发政治生活的混乱，造成人人自危、相互猜忌的局面"[①]。

关于技术侦查的适用范围，法律规定基本遵循了"重罪原则"和"立案后方可适用"两项要求，试图避免手段的适用流于形式。其中重罪原则实际上体现了作为程序控制基本原则之一的"比例原则"的精神，将"立案"作为时间起点体现了严格适用的规制精神，[②] 克服了"立法宜粗不宜细"的传统立法倾向：现行《刑事诉讼法》对技术侦查措施的适用范围进行了规定，司法解释对公安机关或检察机关可以采用技术侦查措施的案件范围加以细化规定。

关于技术侦查措施的种类，现行《刑事诉讼法》没有进行规定，可能的原因是考虑到明确规定技术侦查种类可能导致手段的曝光，不利于防范反侦查，影响到技术侦查的效果。现行《公安部规定》对技术侦查实施的种类描述为"记录监控、行踪监控、通信监控、场所监控等"，从立法技术上看，这样的分类较为清楚规范；从操作层面

---

① 参见程雷《论检察机关的技术侦查权》，《政法论丛》2011年第5期。
② 参见陈卫东《理性审视技术侦查立法》，《法制日报》2011年9月21日第009版。

来看，便于划归不断出现的技术侦查手段的范畴。

关于技术侦查的适用对象，现行《刑事诉讼法》仅在第150条最后一款明确了紧急情况下适用技术侦查的特殊对象，即"被通缉或者批准、决定逮捕的在逃犯罪嫌疑人、被告人"，未对一般情况下的适用对象加以明确。现行《公安部规定》则将适用对象明确为"犯罪嫌疑人、被告人以及与犯罪活动直接关联的人员"。

第二，逐步确立并巩固了采用技术侦查措施收集的证据的法律地位。

一方面，现行《刑事诉讼法》和《刑事诉讼法解释》肯定了运用技术侦查措施收集的材料的证据效力。通过立法赋予技术侦查所获材料的证据能力，使得通过秘密搜查等技术侦查措施获取的物品或痕迹作为物证使用，通过监听监视等措施获取的录音、录像作为视听资料使用，通过网络技术获取的电脑内存资料作为电子数据的证据材料使用成为可能，此外，侦查人员对技术侦查过程的描述也可能作为证人证言在法庭上使用，这是对司法实践经验的科学总结，对重大、疑难案件的侦破以及技术侦查法治化建设的推动均具有重要意义。

另一方面，2012年《刑事诉讼法》未规定证据的使用过程须遵循证据审查、判断规则与公开质证程序，对证据使用的原则紧紧围绕以不危及人员安全、暴露相关人员身份与技术方法作为使用的前提；必要的时候，甚至可以无须经过庭审质证程序，而是由法官在庭外对证据进行核实后确定其证据效力。许多学者认为，这种对于限制质证原则正常使用的规定有待商榷。2021年《刑事诉讼法解释》增加了关于技术侦查（调查）证据审查与认定的规定，比如其第118条、119条专门规定了所获证据在实体和程序上的合法性审查问题；第120条第一款规定了通常情况下所收集的证据材料应当经当庭出示、辨认、质证等法庭调查程序的查证。此外，现行《刑事诉讼规则》规定"辩护律师可以依法查阅、摘抄、复制"用作证据的技术侦查措施所获取的材料,《刑诉法实施规定》则进一步规定辩护律师可将这些证据材料"在审判过程中可以向法庭出示"。这些配套规定,有利于维护被追诉方的辩护权利,对抗庞大的公权力并防止其滥用,同时也有利于保障公民基本权利和诉讼权利。

总的来看,2012年《刑事诉讼法》虽然已经实现了技术侦查"无法可依"的"零"的突破。然而,有关技术侦查规定之粗糙,操作性之缺乏等问题仍然存在,让学界对于推动了15年之久的《刑事诉讼法》改革研究迎来的是这样一个与期待相距甚远的结果,颇有些无奈。技术侦查在立法上仍然存在着"走三步退两步"的状况:且不论立法、司法解释的规定与学界一直以来的呼吁存在着很大的差距,但比较2012年《刑事诉讼法》修改在2011年的《征求意见稿》与2012年3月审议通过后的《刑事诉讼法》内容规定之差别,足以说明《刑事诉讼法》的改革仍存在许多需要向前推进的问题。本书将在后面第二节和第三节中注重对这些问题进行论述。

(四)司法发展状况与评析

2012年《刑事诉讼法》颁布实施以前,在司法实践中,技术侦查措施作为侦查工作中的一种特殊方式和搜查手段,在打击越来越隐蔽化、智能化和组织化的犯罪上一直发挥着巨大的作用。与以普通侦查为主导的传统犯罪侦查模式不同,技术侦查以秘密性、技术性和强制性为特征,并以快、准、高效著称,从而成为侦查机关打击犯罪的一大利器。在2012年修改后的《刑事诉讼法》实施以前,技术侦查在实践中早已作为侦破重大疑难和特殊案件的"撒手锏"而长期处于"无法可依"的状态,其在司法实践中从启动、执行到证据材料的使用都较为宽松,仅凭公安机关和国家安全机关的内部规定即可批准采用这项对公民权利有巨大潜在威胁的侦查手段,违法或不当使用也不会受到任何制裁;更有甚者,技术侦查被有权之人直接或者间接地随意利用,甚至在个别地方,打击犯罪的有效手段已经沦为官员打击报复、排除异己的御用工具。这无疑让人不寒而栗。① 长期以来，由于立法上没有关于技术侦查及其证据的相关规定，在司法实践中出于保护技术侦查手段及相关人员不被暴露的考虑——《公安部关于技术侦察工作的规定》专门规定了技术侦查所获取的证据材料不能直接作为证据使用，也不能在法庭上出示，只能作为侦查取证的线索，通过适用《刑事诉讼法》规定的侦查措施将其转化为法定的证据形式，才能作为证据使用。这一内部政策带来的后果要么是"只能做不能说"，要么是"做了也白做"；同时，"证据转化"的做法既不利于被追诉方辩护权利的行使，也不利于诉讼资源的合理配置。

在2012年《刑事诉讼法》颁布实施以后，笔者曾到基层司法实践部门了解实践中对于技术侦查措施的运用是否更为慎重，执行机关从思想观念到具体行动是否有显著的变化。然而令人遗憾的是，由于这种在司法实践中多年经验形成的巨大惯性，技术侦查的基本使用情况在实践中并未立即得到明显改善。鉴于司法实践中技术侦查本身的"保密性"，即便在2012年以后，从技术侦查的适用频率到适用的案件和对象范围等，人们难以通过实证研究形成更有说服力的论证；能够直观感受到的是，实践中授权机关和执行机关的工作人员对于技术侦查潜在的权利侵犯性，以及技术侦查对程序控制要求的认知有了一定的提升，但与法治国家的司法实践相比，仍有很大的差距。作为技术侦查的决定和执行机关，我国的侦查机关掌握着庞大的专属资源和专属权力，从一定程度上说，侦查机关可以轻易地决定动用国家的公权力对特定对象开展调查和追踪——基层实践中这样做的也不在少数，仅从前几年受到普遍关注的对于官员贪腐案件如王立军案、刘亚力案等案的查办过程中所暴露出的技术侦查权力的滥用问题便可见一斑。如若手握技术侦查决定与执行大权的侦查机关工作人员对技术侦查之于公民基本权利具有潜在的侵犯性持漠视态度甚或不以为然，且

---

① 参见刘晨琦《论我国技术侦查措施的法律规制》，《湖北警官学院学报》2014年第3期。

对我国技术侦查法治化之举不理解、不赞同，目光仅集中在如何最大限度地行使权力侦破案件上，那么作为普通公民，何以期待技术侦查在司法实践中受到程序法之有效规制，何以免于对自身基本权利随时遭受公权力侵扰之担忧？

此外，实践中还隐现出两个方面的新问题。第一，技术侦查合法化之后，出现了符合立法意旨的"限权"效果，技术侦查手段的使用受到了较为严格的控制，由此对侦查部门侦办案件带来了一定的"障碍"或"不便"，令人意想不到的是，随之而来的并不是对特殊侦查权的谨慎批准和使用成为习惯，而是网侦、情报等这些尚未被纳入《刑事诉讼法》规制、容易批准且方便使用的公安手段，在侦破案件过程中，成为取代技术侦查手段的"新主流"。据实务部门的同志回忆，可以说，技术侦查措施仅仅在很小的程度上得到了规制，更多的情况是，因为"不好用""不便用"，技术侦查手段自"入法"那天起，甚至逐渐被办案机关"雪藏"。第二，2018年《监察法》的出台，以及《刑事诉讼法》的相应修改，使得之前由检察机关反贪反渎部门行使的职务犯罪侦查权转隶监察机关行使；同时，与刑事诉讼程序中技术侦查权相对应的是监察程序中的"技术调查权"法治化。但是《监察法》对技术调查权的规定更加有限，况乎对其加以规制的内容，多为内部规定。2021年新修订的《刑事诉讼法解释》也主要是增加了技术调查证据与刑事诉讼中证据审查与认定相衔接的内容。这意味着，之前属于"职务犯罪侦查权"一部分的"技术侦查权"，在2012年《刑事诉讼法》修改、技术侦查法治化之后，本应同样地受到刑事程序的控制，却在2018年《刑事诉讼法》修改、职务犯罪侦查权转隶之后，这项权力的规制在立法层面发生了一定程度的缺失。从法理、权力特征及手段性质上讲，技术调查权与技术侦查权，两者除了适用的背景、场合与对象有分别之外，在权力本质和手段性质上并无实质差别。但从目前情况来看，在一定程度上，与技术侦查权相比，技术调查权显然缺乏司法性的程序控制。①

立法的不断进步、完善不等同于法律的正确实施，这还需要一个循序渐进的过程。以强制措施制度问题为例，羁押性强制措施的过度使用、超期羁押，是过去很长一段时期在实践中存在的严重问题，而逮捕、拘留等羁押性强制措施在《刑事诉讼法》及司法解释中早已有较为严格和明确的规定，2012年修法时又专门规定了"羁押必要性审查制度"，2016年最高人民检察院又专门出台了试行的《办理羁押必要性审查案件的规定》，这一系列动作旨在加强并规范对羁押措施的司法性审查。反观技术侦查，其在2013年以前"无法可依"，其决定和行使几乎不受任何限制，2013年至今，亦没有更加具体和具有可操作性的规定出台。因此，面对司法实践中技术侦查长期"法外"运行留下的"后遗症"，想要通过一次修法就彻底治愈是不现实的；单纯归咎于侦查机关内部存在的问题也是不公平的。究其根源，除却以上所述之侦查机关在司法实践中存在的问题之外，更深层次的原因则是我国技术侦查之决定权与执行权集于侦查机关一身，尚未建立起对于技术侦查权的司法控制，尚未摆脱"侦查中心主义"的刑事诉讼构造之弊病。因此，在从程序法的视角对技术侦查和控制技术侦查的必要性和程序方法进行阐释的基础上，只有立足于我国的现实分析技术侦查的立法与司法缺陷，结合实践找到制度完善的进路，才能逐步实现真正的法治化进程。

二 对我国技术侦查"入法"之争议的解读

时间回溯到2011年8月30日，《刑事诉讼法修正案（草案）》及草案说明全文公布，并向社会公开征集意见。《刑事诉讼法修正案（草案）》一经公布即引起轩然大波。尽管对于本次修改全国人大常

---

① 囿于篇幅和主题，技术调查权的有关问题不在本书中探讨。

委会有说明①，有理论的阐述②，也有随后出台的新的相关司法解释加以细化③，但是还是出现了很多对于"技术侦查"立法的质疑。其中一类强烈的声音便是指责这是以侦查部门为主导的立法结果，"技术侦查合法化的理由通常认为这有利于司法机关打击犯罪，方便其收集证据和情报。""这等于人大立法机关向司法机关授权决定是否对什么人采取特务行动。"④ 人们担心："技术侦查的法治化，实质上是公安机关的扩权，不仅不利于人权的保障"，⑤ "还为侦查机关滥用职权提供了明确的法律依据，"可以说不是法制的进步而是一种倒退"⑥。无论如何，这些不同的声音都表达了社会各界对于技术侦查与《刑事诉讼法》对之所作的规定的一种关切。然而，这样的质疑虽然听起来似乎有其道理，但是对于理性的学术研究来讲，学者应在盲目地声讨中去伪存真，探求立法原意，对本次《刑事诉讼法》关于技术侦查的规定做出客观准确的解读；同时，应清醒地认识到，解决技术侦查的程序控制问题才是立法和司法改革进一步探索的关键所在。

纵观各国有关技术侦查程序控制立法后的效果和评价，实际上无不经历着一个从呼吁通过立法加以规制，到民众对立法不满甚至怨声载道，再到立法接受实践的洗礼并不断发展完善的曲折前进过程。以英国为例，在《1985年通信截收法》立法以前，以通信截收为主的技术侦查措施始终处于"无法可依"的状态，在民众对于人权保障

---

① 即《关于〈中华人民共和国刑事诉讼法修正案（草案）〉的说明》。

② 如全国人大常委会法制工作委员会刑法室编：《关于修改中华人民共和国刑事诉讼法的决定：条文说明、立法理由及相关规定》，北京大学出版社2012年版。

③ 如当时有效的最高人民法院、最高人民检察院、公安部、国家安全部、司法部、全国人大常委会法制工作委员会《关于实施刑事诉讼法若干问题的规定》；公安部《公安机关办理刑事案件程序规定》；最高人民检察院《人民检察院刑事诉讼规则（试行）》；最高人民法院《关于适用〈中华人民共和国刑事诉讼法〉的解释》，等等。

④ 参见http://www.360doc.com/content/11/0910/07/1989814_147196708.shtml，访问日期2014年2月25日。

⑤ 参见http://roll.sohu.com/20111012/n321945817.shtml，访问日期2014年2年25日。

⑥ 参见龙宗智《强制侦查司法审查制度的完善》，《中国法学》2011年第6期。

的呼吁和1984年欧洲人权法院就英国的Malone案对其刑事司法状况进行了严厉的批判和谴责之后,终于引起了英国立法机关对于技术侦查法治化的重视,该法标志着英国首次在立法上对隐私权加以确认,具有重大的历史意义。然而该法颁布以后仍有许多批判的声音,认为这是一部"赋权"的法律,为政府公权力对公民隐私进行监控和侵扰提供了法律依据。但从历史的角度回过头来看,该法虽然首先是一部对政府部门进行授权的法律,但同时也是对政府的行为加以严格控制的法律。基于法律的滞后性,随着时间的推移与技术的进步,该法的有关规定已不再适应时代发展的需要,民众要求改革的呼声不断高涨,该法终被《2000年调查权控制法》所取代,新法更加明确、具体地规定"表现出高度的立法精细化的倾向,法律的可操作性也因此大大增强","是一部较为系统全面的法典","充分体现了通过程序实现技术侦查法治化的精神"。① 然而也有理由相信,随着时代进一步发展和法治社会的不断完善,这部法律终将被更加符合法治要求和时代特征的法律所代替。

由此可见,技术侦查的立法进程不是一蹴而就,而应是逐步推进的。在立法的最初阶段,囿于缺乏立法经验和实践检验,实现"从无到有"的飞越着实需要经受巨大的挑战和质疑,然而这并不能掩埋技术侦查的立法初衷是对于刑事法治精神的不懈追求,不仅使得这种特殊公权力的行使有法可依,而且使得这种公权力的行使受到法律程序的制约并使之限制在一个足够小的范围之内,从而保障公民的宪法性基本权利免受其恣意侵犯。从根本上说,在技术侦查立法的层面,"赋权"是一种外在形式,而"限权"才应当是这种形式所蕴含的目的或实质。因此,关于技术侦查"入法"是权力的扩张以及为权力的滥用披上法律的外衣的说法,既缺乏从历史发展规律的角度看问题的眼光,也反映了对于《刑事诉讼法》作为程

---

① 参见邓立军《外国秘密侦查制度》,法律出版社2013年版,第2—36页。

序法的价值理解的缺失和法治理念的阙如。人们应当认识到，限制这种对公民基本权利具有严重侵扰性的特殊侦查权力的使用，不能通过试图淡化对其的法律规定而使之于法无据——因为历史和现实已清楚地证明，技术侦查在特定的犯罪侦查中发挥着不可替代的作用，其功能、价值及适用之必要性不容否认；换言之，技术侦查在侦查实践中早已存在并将一直存在下去，其程序控制不能因其在《刑事诉讼法》上无明文规定而被公权力机关所忽视——相反，人们应当通过有效的程序控制方法，使技术侦查权力的行使符合正当程序的内在要求，避免技术侦查在刑事诉讼中成为"法外特权"而被滥用，公民的宪法权利才能真正得以保证，而这才是我国技术侦查"入法"的应有之义。

第二节　我国技术侦查程序控制问题反思

技术侦查措施自其产生之日起，便成为强大的国家公权力的代表，同时与公民隐私权等宪法性基本权利形成了天然的紧张关系。如果说我国刑事诉讼中的侦查结构模式带有浓重的"超职权主义"色彩，那么技术侦查的不当使用使这种"超职权主义"的倾向发挥到了极致。技术侦查的一大特点即"秘密性"，这使得侦查机关在行使权力时几乎可以不受任何来自另外一方的限制，被追诉者在诉讼过程中容易被"客体化"，控辩双方在这种情况下没有平等可言。然而，是"平等创造了司法和构成了司法"。现代刑事诉讼理念要求裁判者居中，控辩双方地位平等，任何一方权力（权利）的膨胀都会导致诉讼结构的失衡，尤其是公权力过于强大，将导致诉讼所应体现的公平正义，尤其是司法审判的公正性遭到质疑，甚至令诉讼程序沦为赤裸裸的行政治罪的过程。① 就目前来看，虽然我国的技术侦查程序控

---

① 参见陈卫东《程序正义之路》（第一卷），法律出版社2005年版，第363—364页。

制通过2012年以来的一系列立法活动已经取得了一定的成效,但是,程序法治的体系尚不完善,法律实施者与社会公民的法治意识尚有待加强。越是处于(新规定实施的)起步阶段,就越应尽量减少司法的灵活性——因为当公权力本身还存在一些问题、弊病的时候,一旦给它一些缝隙,这些问题和弊病将有可能生长、扩大[①]。而现有的技术侦查立法规定之粗糙且缺乏操作性,给了司法的自由裁量及执法的灵活性过大的空间,如不对其加以细化,技术侦查立法在实践中很有可能异化为单纯的授权依据,后果堪忧。以下具体从三个方面对技术侦查"入法"后我国技术侦查程序控制仍存在和新产生的问题加以分析。

一 技术侦查的立法设计对程序控制的障碍

如前所述,技术侦查的程序控制是一个系统,是由多个部分组成的有机整体。在立法上如果破坏了这一系统的完整性与统一性,便会对程序控制机制的运行产生障碍。我国技术侦查程序控制存在缺陷,首先即表现在我国《刑事诉讼法》增加有关技术侦查的规定在内容安排和结构设计上有欠妥当,没有很好地遵循系统论的客观规律,导致对技术侦查程序控制目的的有效实现形成一定的阻碍。起码体现以下方面:

第一,从立法规制的对象范围上看,技术侦查与秘密侦查、控制下交付混合在一节中加以规定,不利于明确对其各自的程序控制要求和实现其立法目的。根据本书前述关于技术侦查概念及其与秘密侦查之比较的分析可知,技术侦查与秘密侦查是两类具有显著区别的特殊侦查措施,二者从侦查措施的表现形式、手段性质、描述方式以及对权利干预的状况、法治化的进程等多个方面存在差异。修改后的《刑事诉讼法》将秘密侦查甚至控制下交付与技术侦查规定在一节当中,从根本上存在问题:其一,现行《刑事诉讼法》将实际上为"乔装

[①] 参见《陈光中、田文昌、王敏远、陈卫东四位学者:谈刑事诉讼法的修改历程》,http://xbxsf.nwupl.cn/Article/llqy/201204/4644.html,访问日期2014年2月22日。

侦查"所包含的内容等同于"秘密侦查"并与"技术侦查"合并规定，在逻辑上、语义乃至在实践中都缺乏相应的支撑理由，对此应当审慎研判。其二，技术侦查与秘密侦查在立法上没有明确的定义和界限，只是笼统地进行了规定与授权。这种宽泛的授权意味着侦查机关可以"无所不用其极"地使用各种措施挖掘公民的隐私与信息，其后果难免令人担忧。

实际上，在2011年8月30日公布的刑事诉讼法修正案（草案）建议增加的第151条（现为《刑事诉讼法》第154条）关于"依照本节规定采取侦查措施收集的材料"用作证据的规定，与现行《刑事诉讼法》即最终修改决定的版本所规定的内容存在差异：在修正案（草案）中这条规定被分成2款，第1款是对技术侦查措施和秘密侦查措施所收集的材料在刑事诉讼中可以用作证据的统一规定，而第2款则是专门对秘密侦查措施所收集的材料用作证据的特别规定——鉴于秘密侦查措施的特殊性，出于侦破犯罪并保护特定人员（通常是"线人"）人身安全的需要，对实施秘密侦查的特定人员的真实身份进行保密，必要时对证据材料进行庭外核实等有关保护措施；而在最终颁布施行的《刑事诉讼法》中，本条（现行法第154条）没有被拆分成2款，对技术侦查措施与秘密侦查措施所收集的材料在刑事诉讼中用作证据的特殊规定没有进行区分，相应地，在法条内容的表述上也作了细微的改动，如删去了"实施秘密侦查收集的证据"这个前提，将"可能危及特定人员的人身安全"调整为"可能危及有关人员的人身安全"，将"应当采取不暴露特定人员真实身份等保护措施"调整为"应当采取不暴露有关人员身份、技术方法等保护措施"等。这意味着，技术侦查措施的证据规则采用了与秘密侦查措施证据规则一样的例外规定，其可能的结果便是，控方利用手中强大的技术侦查权所取得的证据材料无法公开、平等、透明地呈现给被追诉一方，即便犯罪已经被侦破，即便诉讼已经走到了庭审阶段，辩方仍然无法有效地行使辩护权。这样的规定与"草案说明"中所称要"注意对刑事诉讼参与人包括犯罪嫌疑人、被告人合法权利的保护",以及"强化侦查措施的规范、制约和监督,防止滥用"以"完善侦查措施"等相关提法发生矛盾,而且,这使得刑事诉讼中的控辩平等原则、审判公开原则尤其是庭审过程中的质证原则在实践当中都难以得到落实,直接影响着我国刑事程序法治和人权保障的进一步发展。

第二,从立法设计的体系安排上看,仅在"侦查"一章中将其作为一项单纯的侦查措施加以规定也不利于实现对技术侦查的有效控制和保障公民的合法权益,亦不符合现在"以审判为中心"的诉讼制度改革的有关要求。[①]

技术侦查的程序控制实际上贯穿刑事诉讼的各个阶段,且涉及刑事诉讼的许多方面,尤其是关于技术侦查程序控制的基本原则是指导技术侦查司法实践的基础,但是法律却没有对此加以明文规定;对于技术侦查所获材料作为证据的类别、使用的规则和程序,在证据制度部分加也没有以细化规定,只在新修订的《刑事诉讼法解释》中有所涉及;关于技术侦查所获证据在庭审过程中的运用,不但没有在审判阶段加以规定,反而在侦查阶段规定审判活动的内容、规定"审判人员"的行为,与法治发达国家皆由法官主导刑事诉讼程序相比,我国这一立法规定可谓"侦查中心主义"刑事诉讼构造的典型标志;此外,关于技术侦查所涉被追诉方之辩护权等诉讼权利,在辩护制度中也没有得到体现。

二 我国技术侦查程序控制机制的问题

如前所述,技术侦查的程序控制是一个由多个部分有机组成的系统,除了在立法设计层面需要遵循系统论的规律使之具有可操作性以外,在司法实践层面更要求此种运行机制是一种良性的运行机

[①] 参见最高人民法院、最高人民检察院、公安部、国家安全部和司法部于2016年10月发布并实施的《关于推进以审判为中心的刑事诉讼制度改革的意见》和最高人民法院于2017年2月发布的《关于全面推进以审判为中心的刑事诉讼制度改革的实施意见》。

制。"机制"一词最早源于希腊文，原指机器的构造和工作原理；社会科学意义上的机制的建立，一靠体制，二靠制度。对此处的机制可以从以下两方面来解读：一是组成程序控制系统的整体的各个部分的内容，二是程序控制系统是如何运作的，也即程序控制的方法；那么体制在这里重点指的是国家权力的配置，制度则主要是程序法律规范。我国刑事司法在审前程序中"重实体、轻程序"，在诉讼构造上容易以侦查为中心、诉讼模式又带有"超职权主义"的倾向，刑事诉讼在手段和方法上必然经历从愚昧走向科学、从野蛮走向文明、诉讼职权的行使从恣意走向规范的螺旋式上升的过程。在这种背景下，技术侦查虽然初步实现了法治化，但是基于法律制度的不足，我国技术侦查程序控制机制在其内容上和方法上出现了许多问题。具体分析如下：

（一）程序控制的内容过于笼统

从法律规定的形式和内容与其目的的对应关系来看，虽然如前所述我国将技术侦查"入法"绝非给权力机关滥用技术侦查权在法律层面提供便利，其终极目的一定是通过法律的规定对其"限权"，然而，立法的规定在诸多方面存在着立法思路和立法技术等方面的欠缺，导致人们对立法原意的曲解和所谓"这部法律就是对技术侦查进行'赋权'"的误读，因此，有必要对其背后的原因进行分析。以下围绕我国目前的技术侦查相关立法当中存在的具体问题展开。

1. 规定对技术侦查的职权限制，却缺乏具体要求

现行法第150条规定公安机关或者人民检察院"根据侦查犯罪的需要，经过严格的批准手续，可以采取技术侦查措施"，但由于对何为"严格的批准手续"没有规定具体的程序性和实体性要求，导致这条规定在形式上沦为单纯授权性的规定。现行法第151条第一款"批准决定应当根据侦查犯罪的需要，确定采取技术侦查的种类和适用对象"，这条规定的本意旨在强调在决定采取技术侦查措施的种类和确定其适用对象上应当十分慎重，但是，由于没有规定具体的控制

原则或者参考标准，使该条规定不具有可操作性，丧失其拘束力；第151条第二款关于"不需要继续侦查"的情形也没有加以明确，从而使得"应当及时解除"缺乏时机上的法律标准。

与法治发达国家相比，我国在程序控制具体内容的规定上过于笼统，不利于落实程序控制的程序法定原则。其一，就实体性审查内容而言，我国法律规定过于笼统、模糊。首先，缺乏明确的适用案件范围，"重大""严重"等描述较为模糊，容易造成各地实践部门在适用范围上的不一致，甚至为达到破案指标对法律规定做扩大解释。同时，现行法对于技术侦查措施的适用条件的界定也较为模糊，只以"根据侦查犯罪的需要"大而化之，这样的规定往往容易导致技术侦查的滥用，严重侵犯当事人的合法权益，不能真正地起到打击违法犯罪和维护社会治安的作用。此外，在措施的期限限制和解除方面规定得不够。在限制方面仅规定了使用期限，且经过所谓的"批准"可无限次延长；在解除方面仅在司法解释中出现"不需要继续采取"，然而如何界定是否需要继续却是个疑问。其二，就程序性审查内容而言，考察大多数已经实现技术侦查法治化的国家的做法就会发现，从技术侦查措施使用的申请材料，到技术侦查的授权令状，再到措施适用过程中变更决定的令状和提交给授权主体的实施报告以及措施实施完毕后的总结报告①，这一系列文书都有明文的法律规定，而且对于每一份文书具体应涉及的内容，法律也有详细的规定，以便法官据以进行司法审查。相比之下，我国《刑事诉讼法》"技术侦查措施"一节中几乎没有关于法律文书的规定，只在相关的司法解释中涉及一部分，这与司法审查的令状原则所要求的程序设置还有很大的距离。仅在《公安部规定》第265条、266条与《刑事诉讼规则》第229条中提及具体的法律文书，包括"呈请采取技术侦查措施报告书""采取技

---

① 例如新西兰《2012年搜查与监控法》第三章关于"监控装置令"的申请、签发与报告的规定。参见《2012年新西兰搜查与监控法》，李玉华等译，中国政法大学出版社2013年版，第91—116页。

侦查措施决定书""呈请延长技术侦查措施期限报告书""延长技术侦查措施期限决定书"和"解除技术侦查措施决定书"等。但是,六部委的《刑诉法实施规定》以及以上两个司法解释在涉及司法文书附卷的规定时,都规定只有在"采取技术侦查措施收集的材料作为证据使用"时才要求文书"附卷",且提及的文书只有"批准采取技术侦查措施"文书①,这显然是有问题的:司法实践中如果办案部门如果违反程序,在批准文书的日期上做手脚,或者据此规定而不将延长或者解除的法律文书附卷,仅留存一份批准采取的决定书,这足以令执行人员轻易地掩盖其超期使用或者滥用技术侦查措施的行为,而不会带来任何的程序性后果,也不会受到任何的法律制裁。由此,无论从规定的法律位阶来看,还是从规定的内容要求来看,我国目前的立法规定都违背了程序法定和司法审查的基本原则。

2. 规定对技术侦查的职权限制,却缺少违反程序之法律后果

现行法第151条第二款规定对不需要继续侦查的"应当及时解除",还规定了技术侦查批准令状的有效期限及其延长,但是并没有规定不及时解除的程序性法律后果,从而导致这样的限制性规定在实践中难以落到实处。又如,第152条第一款规定技术侦查的执行必须"按照批准"执行,第二款就保护隐私、材料及时销毁且不得用于其他非特定的用途进行了规定,但是同样没有规定违反这些要求是否有程序上的不利后果。由于这些要求对于侦查机关追诉犯罪来说都是他们实现目的的途径和手段,如若不规定程序性后果,侦查机关出于维护国家利益、打击犯罪的目的,在大量的基层侦查工作压力下,我们难以保证其严格按规定实施;但是对于公民个人来讲,规定的要求却

---

① 2021年最新修订的《刑事诉讼法解释》第118条中终于部分改进了这一问题,规定移送技术调查、技术侦查证据材料的,应当附全部法律文书,没有特指某一种或几种文书。但是在各个机关有其各自最高机关自己的"规则""规定"的情况下,由最高人民法院一家出台的"解释"的效力如何,实践中是否对侦查和审查起诉阶段有实际的约束力,仍然需要打个问号。

关乎其基本人权和隐私的重要权利的保障，一旦被违反，公民的宪法性基本权利即面临被恣意践踏的危险。缺少程序性法律后果，职权规制可能沦为一个口号。

3. 规定技术侦查所涉权利之保护，却缺少权利受侵犯之救济

现行法律规定了技术侦查的使用以及对其获取的他人隐私信息的保护，但仅仅进行了宣示性的规定，在程序上也没有就技术侦查的实施对隐私权利造成侵犯设置任何的法律后果，这便难以保证这些规定真正能够落实，而由于技术侦查的秘密性，被追诉者在使用事前与使用过程中通常都难以知悉有关情况，从而将导致其权利救济的途径彻底丧失；同样，如第 154 条关于技术侦查收集的材料用作证据使用，缺乏关于证据排除的程序法律后果设置。在技术侦查决定、授权及实施的程序违反法律规定时，应当视情况对其所获证据予以排除。然而，现行法在新增的第 8 节中对此完全没有涉及，而在证据制度这一章关于非法证据排除的规定中，对于实物证据的排除规则仅明确规定了"物证和书证"的排除，没有关于技术侦查所获材料如何适用排除规则的规定。2021 年《刑事诉讼法解释》第 119 条虽然新增了对技术侦查（调查）证据着重审查其程序及实体合法性的内容，但是仍然没有规定排除认定的规则和法律后果。"无救济则无权利"，缺少程序性法律后果，人权保障或将成为一纸空谈。

4. 规定强调公权力利益之维护，却忽视权利主体利益之保护

现行法第 154 条关于技术侦查所获材料作为证据使用的特殊规定仅强调，"如果使用该证据可能危及有关人员的人身安全，或者可能产生其他严重后果的，应当采取不暴露有关人员身份、技术方法等保护措施，必要的时候，可以由审判人员在庭外对证据进行核实"，《刑事诉讼法解释》第 117 条、第 120 条第 2 款，《人民检察院刑事诉讼规则》第 230 条第 2 款和《公安机关规定》第 268、273 条也相应规定了该内容。如果说，为了保护在参与秘密侦查（隐匿身份的侦查

和控制下交付）中的卧底、线人等的身份和其本人及相关人员的人身安全，而迫不得已需要进行"庭外核实"证据，是没有问题的；但是对于所谓的"技术方法""技术设备""侦查方法"的保护，一定要以让渡庭审实质化、违背证据规则为代价吗？两者之间是否符合基本的比例原则，是否还有其他可行的替代性方案？值得思考。可以说，这一规定反映出对于国家公权力的维护和对打击犯罪的利器——技术侦查方法的保护，且这种保护甚至可以凌驾于审判公开原则和质证原则之上，而缺乏对被追诉人的权利在诉讼过程中应当如何保护的规定。如果审查判断事实和证据的程序存在问题，那么所获证据材料即便再有证据的实体性价值，也难以保障程序的尊严，更无法实现对人权的保障。

（二）程序控制的方法存在弊端

与程序控制内容存在的问题相比，更需要关注的是：技术侦查虽然已经被纳入法治轨道，但是我国的侦查权控制基本上采取内部行政控制的方法，在侦查权的司法控制上与法治发达国家相比仍有差距。同时，检察机关虽然是宪法规定的法律监督机关，一方面，从我国的司法体制上来看，检察院承担着多重角色，它既是追诉机关，又是侦查机关，还是法律监督机关，而公诉机关的基本职能往往决定了其与侦查对象对立的立场，难以有效地发挥其法律监督职能；另一方面，立法对于检察院法律监督职能在技术侦查方面的行使缺乏明确的规定。从目前的法律制度来看，我国对技术侦查的程序控制采用以内部行政控制为主的程序控制方法，同时，还包括具有中国特色的"准司法"控制[①]。结合第一

[①] 此处"准司法"之所以加引号，主要是基于在我国担任技术侦查外部控制的主体是法律规定为司法机关的检察机关角色的复杂性形成的，即检察院既是公诉主体，又是侦查主体，还是法律监督主体，加之《宪法》与《刑事诉讼法》将公检法三机关"分工负责、互相配合、互相制约"作为我国刑事诉讼的基本原则加以规定，导致检察机关对侦查行为的外部控制无论从主体抑或程序上看，都缺乏司法性，且与前文第二章所述的"准司法"的控制方法具有一定的差距。因此，在讨论我国制度问题的时候，拟采用"中国特色的准司法控制"的表述。

章关于技术侦查程序控制方法的论述,以下仍从前置审查、过程审查和事后救济等控制机制中存在的问题加以分析。

1. 前置审查

前置审查也即事前的审批授权。根据我国现行法律规定,技术侦查前置审查的主体为"设区的市一级以上公安机关负责人",而申请主体主要是公安机关刑侦部门(通常为"刑警大队")或者检察院的自侦部门;前置审查是通过公安机关或检察院的行政审批实现的,可见,前置审查环节的程序控制方法是行政控制。

现行法虽然规定使用技术侦查措施需要"经过严格的批准手续",但未对批准的主体和程序作出明确规定。尽管现行《公安部规定》明确了由"设区的市一级以上公安机关负责人"批准,但是关于检察院自侦案件决定采取技术侦查的批准主体,现行法律的表述较为模糊;但《刑事诉讼规则》第229条规定"人民检察院采取技术侦查措施应当根据侦查犯罪的需要,确定采取技术侦查措施的种类和适用对象,按照有关规定报请批准"以及《公安部规定》第265条第2款"人民检察院等部门决定采取技术侦查措施,交公安机关执行的,由设区的市一级以上公安机关'按照规定办理相关手续'后,交负责技术侦查的部门执行,并将执行情况通知人民检察院等部门",根据这两款规定的内容可知,检察院拥有对自侦案件采取技术侦查的决定权,具体由办案人员还是其他人员来决定,规定不明确。而对于"追捕被通缉或者被批准、决定逮捕的在逃人员适用技术侦查措施的",现行法律规定中的审批程序仅体现为"经过批准"四字,司法解释对此也没有更为详细的补充规定。

笔者认为,关于批准主体和批准程序的规定亟需解决以下问题:

第一,对于公安机关管辖的案件,公安机关技术侦查部门既是技术侦查的控制主体,又是实施主体。决定权与执行权集公安机关于一身,实践中,刑侦部门为了追求案件的早日侦破,对于希望采取技术侦查手段的案件,可能会想尽办法与作为兄弟部门的技侦部门沟通联系，获得其审批，由此可能难免存在"托关系、找熟人、走后门"等违反法定程序的情况，甚至出现权力寻租现象，权力腐败的滋生将公民的基本权利置之度外。

第二，关于法律赋予检察院的技术侦查权的解读。与公安机关的技术侦查权由"设区的市一级以上公安机关负责人"掌握相比，检察院的技术侦查权从立法规定来看掌握在其自身手中，而执行权统一交由公安机关技术侦查部门——从外部形态上来看，检察院对于自侦案件的技术侦查审批采取了决定权与执行权的分离，带有"准司法"控制的某种特征——但在实际效果上恐怕不甚乐观，这非但不能反映检察院对技术侦查的控制更加严格，却是立法在检察院技术侦查权控制方面存在疏漏的一个体现。

首先，虽然《刑事诉讼规则》第229条规定检察院"按照有关规定报请批准"，但是报请谁批准，在法条中并未明确指出；再结合《公安部规定》第265条第2款"人民检察院等部门决定采取技术侦查措施，交公安机关执行的，由设区的市一级以上公安机关按照规定办理相关手续后，交负责技术侦查的部门执行"来看，其一，检察院自侦案件采用技术侦查的决定权掌握在其自身手里；其二，公安机关"配合办理"大于"审批"，对检察院送交的拟采用技术侦查手段的案件几乎没有程序控制——在检察院决定并交由公安机关执行时，《公安部规定》没有明确规定设区的市一级以上公安机关"审批"，而是以"按照规定办理相关手续"代替。至于检察院在决定采取技术侦查措施前有无内部审批程序，法律没有明文规定，2018年《刑事诉讼法》修改后，检察院侦查权有较大调整，根据司法解释，检察院自侦案件原则上由设区的市级检察院立案侦查①。那么，技术侦查是否也须经过设区的市级检察院审批？对于检察院管辖的案件，公安机关技术侦查部门基本上没有审查权，只是"按照规定办理相关手

---

① 参见最高人民检察院2018年发布的《关于人民检察院立案侦查司法工作人员相关职务犯罪案件若干问题的规定》。

续"的实施主体；检察院一方面作为法律监督主体，监督公安机关的侦查活动的合法性，另一方面作为侦查主体的同时又享有技术侦查的决定权。而检察院内部对于自侦部门作出决定的批准几乎"形同虚设"，缺乏程序控制的实际功能。同时检察院基于其法律监督主体的"威慑力"，在将技术侦查决定传达给公安机关技术侦查部门时，即使法律规定了技术侦查部门要"按照规定办理手续"，也很有可能对此"睁一只眼闭一只眼"，难以真正把关。因为一方面公安机关受检察院的"监督"，对检察院"配合"甚至成为一种"惯例"，这也是三机关"相互配合"的基本原则在实践中被异化得最明显的样本之一；另一方面，法律既没有规定技侦部门对此有审查的职权和义务，更没有针对检察院或者技侦部门的错误决定或判断设置任何"程序性法律后果"。可以说，检察院决定采取技术侦查便仿佛拿到一张"绿色通行证"，从检察院的内部行政审批到技侦部门的"配合"，一路"无障碍通行"。从这一角度来看，对于检察机关自侦案件的技术侦查存在严重的"审批不足"问题，不符合技术侦查程序控制的基本原理。其次，《公安部规定》第265条中所谓的"规定"和"相关手续"究竟指什么？依旧含糊的表达给程序控制增加了诸多阻碍。然而实践中还有一种情况，在检察机关反贪反渎部门转隶监察委以前，在检察院自侦案件中，对于一定级别的犯罪嫌疑人拟采取技术侦查措施，需要经过相应级别的行政主体的审批，但这种审批并不是基于程序控制的基本原理和基本原则的司法审批程序，而是游离于刑事诉讼程序之外的行政审批，这种非司法性的"审批"实则破坏了技术侦查的程序正义和实体正义。因此，检察院自侦案件的技术侦查控制并非"准司法"控制方法的体现，归根到底仍然是行政控制的属性，这种权力主体形式上的分离并不能避免权力的滥用或不正当行使及对公民权利的侵犯和对程序正义的破坏。而随着监察体制改革和配套法规的制定，对于涉嫌职务犯罪人员由原来可能采取技术侦查变为采取"技术调查"，并且对于该手段的审查不再受《刑事诉讼法》的约束。① 由于程序性质发生了重大变化,这部分嫌疑人员在被移送检察机关审查起诉前的有关权利现由监察委保障,本书中不做讨论。

2. 过程审查

如前所述,过程审查主要是指技术侦查在被司法授权以后,司法主体依据法定的条件、期限以及签发令状的内容对于技术侦查及其所获信息的运用情况依职权或者依申请而进行的审查和监督。根据我国现行法律规定,技术侦查过程审查的主体仍是"原批准机关",鉴于批准授权即前述"前置审查"的主体基本都是内部审查主体,包括公安机关技侦部门负责人与检察院自侦部门即反贪局,相应地,过程审查的程序,主要包括决定权主体对于其决定实施的技术侦查措施的种类、适用对象的变更、措施使用期限的延长以及措施的解除等内容的条件进行审查并做出新的决定。可见,这一过程完全属于行政控制的方法。另外,根据我国《宪法》和《刑事诉讼法》规定的"法律监督原则",人民检察院依法对刑事诉讼实行法律监督,《刑事诉讼规则》第567条也专门规定了检察院对技术侦查活动的法律监督。由此,技术侦查过程的审查主体还包括作为法律监督机关的人民检察院,过程审查的程序也应包括检察院对技术侦查措施的合法性所实施的监督程序。由此可见,过程审查环节的程序控制方法除了行政控制,还可能存在具有中国特色的准司法控制。

关于过程审查的行政控制方法,法律规定得非常笼统,关于其实体性审查与程序性审查的内容与法治发达国家相比有很大的差距,鉴于前文已有较为详细的分析,在此不再赘述。问题的关键在于,一方

---

① 对比新《刑事诉讼法解释》第119条着重审查的第(二)项可知,对于"技术侦查"措施所获证据材料的审查,须确定该措施是否在刑事立案后、经过严格的批准手续进而采取,但对于"技术调查"措施,仅规定审查其"是否经过严格的批准手续、按规定交有关机关执行",对于技术调查是否在监察立案后并没有相关的程序合法性审查。由此可见一斑:对于职务犯罪侦查权转隶后的监察"技术调查权",前置审查、过程审查以及事后审查的程序控制力度恐比以前更弱。

面，我国的过程审查没有采取司法控制的方法，法律将技术侦查措施的审批权赋予公安机关和检察机关，将技术侦查措施的实施权赋予公安机关。对于公安机关来说，技术侦查沿袭了"自审自批""自侦自查"的老路，缺乏权力运行的外部监督机制。内部审查制度的弊端是显而易见的，实践中难以避免宽松、懈怠、纵容甚至渎职枉法的现象发生。另一方面，笔者之所以说"可能存在""准司法"控制，是因为：从司法体制上看，检察机关具有的多重职能会在一定程度上影响其有效发挥对于技术侦查的监督和制约作用。从法律规定上看，检察院的法律监督在技术侦查立法方面几乎是一片空白，可能的结果便是出现对于侦查活动制约效果十分有限的检察监督，对于技术侦查的制约更加微弱。加之技术侦查作为新型侦查手段具有秘密性和特殊性，实践中难免被作为监督主体的检察机关忽视，也难免被作为被监督主体的侦查机关规避——因为法律并没有明确规定检察监督部门对技术侦查应当如何进行监督，目前的立法在此处不具有可操作性。

现行法律规定对于我国技术侦查的"准司法控制"并未加以重视，且既有的规定也缺乏可操作性。这主要表现在：检察院的法律监督虽然是《宪法》和《刑事诉讼法》赋予的职权，但是《刑事诉讼法》中对于具体的立案、侦查、审判、执行以及羁押期限、死刑复核等的监督，都零散地规定于各章当中，对于作为新增内容的技术侦查，法律上尚没有专门的有关法律监督的规定；仅在最高检《刑事诉讼规则》"侦查活动监督"一节第567条第7款规定了"违反刑事诉讼法采取技术侦查措施的"行为属于侦查监督的内容，再无详细规定。相比之下，《刑事诉讼法》及司法解释对同样具有强制性的审前羁押措施以及其他一些同样新增的刑事诉讼活动的法律监督，作了较为明确的规定，如《刑事诉讼规则》第573—582条这10条皆是专门对强制措施的法律监督的规定；并对强制措施的违法情形进行了列举，还专门规定有对看守所执法活动的监督，专门规定了对"强制医疗"等特别程序的法律监督。与法治发达国家相比，我国刑事诉讼立法和司法实践中普遍将强制处分视为侦查机关的固有权限，除了逮捕必须经过检察机关批准以外，其他的强制侦查措施几乎不受司法的控制或监督，同时，检察机关在进行诉讼监督的同时，往往将重心放在审判程序上，一定程度上忽视了其他诉讼阶段的监督。[①] 这种状况亟待改变。

3. 事后审查

从我国目前的立法和司法实践来看，技术侦查事后审查和救济的主体是检察院，技术侦查的事后审查实行的是检察监督这一中国特色的"准司法"控制模式，而几乎没有司法救济可言，被追诉方的基本权利和诉讼权利得不到有效救济。

纵使修改后的《刑事诉讼法》已经规定了只有那些严重的犯罪案件才能适用技侦措施，为何在实践中一般犯罪案件适用技术侦查措施的现象仍层出不穷呢？这与技术侦查缺乏有效的法律监督密切相关。具体而言，除存在与上文所述之过程审查中的法律监督之同样的问题以外，一方面，如前所述，针对公安机关技术侦查的法律监督，《刑事诉讼法》没有明文规定，仅在《刑事诉讼规则》中有所涉及；另一方面，检察院对其自侦部门的监督更加宽松，主要表现为：其一，《刑事诉讼规则》第569条规定检察院"负责捕诉的部门"对于本院侦查部门在侦查活动中有违法情形的，应当提出纠正意见。这种通过本院部门之间"提纠正意见"加以监督的形式的效果十分可疑。

我国技术侦查事后审查存在的又一缺陷，是司法救济的严重缺位。一方面，法律在技术侦查一节的规定当中忽略了关于权利救济的内容设置，尤其是程序性法律后果的设置，乃我国刑事诉讼法司法救济机制中的一块短板；另一方面，无论是依申请的救济还是依职权的救济，现行《刑事诉讼法》在当时修改后的117条有关申诉和控告的"列举式"规定当中忽略了关于技术侦查相对人及其辩护人、诉讼代

[①] 参见汪建成《论诉讼监督与诉讼规律》，《河南社会科学》2010年第6期。

理人和利害关系人对于技术侦查程序违法的申诉和控告的权利；相应地，《刑事诉讼规则》第556条在规定检察院依有关人员根据《刑事诉讼法》第117条之申请救济时，涉及技术侦查的当事人及有关人员的权利便游离于法律保护之外。

在权力缺乏有效监督制约的情况下，技术侦查措施易于严重侵犯公民隐私权等宪法性的基本权利。我国的技术侦查事后控制缺乏司法审查的保障，法官对侦查阶段的侦查行为不进行审查，刑事强制措施和一般侦查手段的采取不需要法官的授权，在法律没有规定的情况下，法官也不会对技术侦查措施进行审查。同时，也没有专门针对技术侦查措施实施对象的救济机制。这一点有违法治的精神和人权保障的要求，也不符合技术侦查程序控制的基本原则。

综上所述，其一，从立法技术的角度来讲，作为素有"小宪法"之称的《刑事程序法》，在程序规定上过于宏观，势必影响其在实践中落实技术侦查职权规制基本原理的效果，对公民的隐私权构成潜在的威胁。其二，从程序控制方法的角度来看，这种对于批准主体、批准程序规定的笼统、抽象，从根本上反映出，我国目前对于技术侦查程序控制方法选择存在偏颇，对于技术侦查的司法控制十分薄弱。对于技术侦查的授权和监督，是一个对犯罪类型、案件的严重程度及其与拟适用的技术侦查的种类、拟适用的对象范围等是否符合比例的实体性审查的过程，也即一个发现真实的过程。根据技术侦查的基本原理和基本原则，非正式的、非裁判性质的发现事实的程序，具有发生错误、不可信任与产生弊端的极大可能性，其结果往往导致政府对公民个人权利的严重剥夺。[①] 如果控制主体本身不是中立的、独立的、消极的和客观的，而甚至是偏袒的、功利的，控制机制或方法也不符合现代刑事诉讼中控、辩、审三方关系和法律地位的要求，那么这种程序控制体现在法律规定上同样是经不起推敲的。换言之，在控制方

---

① 参见陈卫东《程序正义之路》（第一卷），法律出版社2005年版，第112页。

法的选择有问题的前提下，在法律规定上如何加以弥补都只是"隔靴搔痒"，难以实现程序控制的应有之义。

三 我国技术侦查程序控制配套制度的问题

如前所述，技术侦查的程序控制是一个系统，应当具有完整性和统一性等特征。因此，一方面，仅仅将技术侦查的程序控制问题视为侦查阶段技术侦查措施批准和实施的具体程序问题并在《刑事诉讼法》"侦查"一章内加以规定是不完整的。在"以审判为中心"的诉讼制度改革中，技术侦查程序控制是贯穿刑事诉讼全过程的制度，需要刑事诉讼各阶段在程序控制机制上具有系统性，同时，庭审实质化改革也需要与技术侦查相关的证据制度和辩护制度的配套，证据制度和辩护制度在刑事诉讼的各个环节都发挥着至关重要的作用；另一方面，该章节中虽然规定了对于技术侦查所获证据材料的使用，却多是从职权行使之便利的角度所做的特殊性规定，现行法律中缺乏对于技侦证据的质证和认证等证据规则的具体规范，尤其是，在侦查程序中对于法庭审理中质证规则和程序加以规定，既不合理，也不可行，违背了"以审判为中心"的司法规律和证据制度的基本要求，且这样的规定对于技术侦查的程序控制毫无裨益。

（一）相关证据制度存在缺陷

刑事证据制度是刑事诉讼中具有重要意义的基础性制度，它包括证据的法定分类以及证据的收集、固定、移转以及运用的法律规则的总和，与刑事诉讼的基本原理以及刑事诉讼的其他相关制度、程序都有着密切的联系。[①] 现行《刑事诉讼法》虽然肯定了技术侦查所获材料的证据资格，但与技术侦查相关的证据制度在立法上存在的主要问题具体表现在：其一，违反法定程序、方法收集的技侦证据，没有明

---

① 参见王敏远主编《刑事诉讼法学》（上），知识产权出版社2013年版，第495页。

第五章　我国技术侦查程序控制检视

确适用的排除规则，不利于对职权的规制与权利的保障；其二，现行法律规定，为不暴露有关人员的身份或技术方法，审判人员必要时对相关技侦证据进行庭外核实，这一规定可能令刑事诉讼审判公开的基本原则与传统证据制度中的质证原则受到挑战。

实践中，对于技术侦查所获证据材料的使用应区分两种情形：一种是根据侦查的需要，单纯作为侦破案件或者依法抓捕对象的线索使用的材料，如实践中较为常用的，为了掌握犯罪嫌疑人进一步作案的动机、时间、地点、手段或方法等线索而采取的电话监听所获取的录音资料、邮件检查所获取的通讯内容等，或者为了确定目标侦查对象的位置、缩小侦查对象的范围或锁定具体的目标而采取的手机定位所获得的数据等；另一种则是在刑事诉讼中作为证据使用的材料，由于此乃《刑事诉讼法》的新增规定，实践中这样的案例尚不多见；而以往囿于技术侦查手段没有明确的法律依据①，这类证据材料也多是通过其他侦查手段获得的合法衍生证据而在诉讼中加以运用，如通过秘密监控、密搜密取等手段所获取的录像资料、物证或书证等，虽然可能符合法定的证据形式，但是其取证方法不符合法律的规定，只有试图通过获取口供或者通过公开的侦查方法取得相应的证据。

而在诉讼实践中，大多数技术侦查措施采取的目的实际上只是为了获取有关案件的线索，而非获取在刑事诉讼中审判阶段所使用的证据。区分这两种情形的意义在于，前者虽然在刑事诉讼中使用得十分频繁，但是鉴于其不直接用作法庭审理时的证据，不在证据规则的约束范围内，我国法律对这类作为案件线索的材料的收集和使用缺乏严

---

① 不仅如此，2000年的《公安部关于技术侦察工作的规定》更明确禁止了技侦证据的使用：技术侦查所获取的材料不能直接作为证据使用，也不能在法庭上出示，只能作为侦查取证的线索，通过适用《刑事诉讼法》规定的侦查措施将其转化为法定的证据形式，才能作为证据使用。参见朱孝清《试论技术侦查在职务犯罪侦查中的适用》，《国家检察官学院学报》2004年第1期。

格的程序性规定①，从而对获取这类材料所依赖的技术侦查措施程序控制的难度很大。相比之下，对于直接用作证据的技术侦查材料，《刑事诉讼法》及司法解释规定这类案件中采取技术侦查措施的法律文书应当附卷，从而使这部分证据的获得所依赖的技术侦查措施在程序上得到适当的控制。然而，法律对于这部分证据应当受到非法证据排除规则的约束不但没有明确，更没有考虑到该规则在技术侦查中的特殊运用问题；而在质证原则方面，强调庭外核实的例外规定，此乃相关证据制度存在的缺陷。

1. 技侦证据规则明显缺失

技术侦查证据规则的显著缺失，最突出的表现是没有配套制定相应的非法证据排除规则，当然，在技术侦查证据与现行法律规定的证据种类、证据标准、证明力标准和证据规则的适应与衔接方面，缺乏系统而具体的法律规定。由于技术侦查具有高度的秘密性和严重的潜在权利侵犯性，被侦查对象在侦查结束以前甚至审判以前，都对其权利受到侵犯的状况不得而知，也无从进行诉讼上的防御。如若不对技术侦查设置程序性法律后果，便意味着剥夺了被追诉人进行基本的权利救济的机会，因此，非法证据排除规则在技术侦查证据制度中尤为重要。

（1）2012年《刑事诉讼法》的修改忽略了证据规则与技术侦查特征相适应的特殊性在程序上的一系列新问题。基于技侦证据的特殊性，其证据材料的收集、调取、传输、保存及使用程序和方法，证据的真实性、完整性、合法性及关联性的审查与判断，"非法证据"认定的条件等与一般证据都有所不同，如，技术侦查取证的措施在执行上具有期限限制，超期实施措施所获取的证据应当被排

---

① 关于此类材料获取的程序控制的规定在法律上仅涉及一种情形，且规定得十分笼统。即现行《刑事诉讼法》第150条规定的"追捕被通缉或者批准、决定逮捕的在逃的犯罪嫌疑人、被告人，经过批准，可以采取追捕所必须的技术侦查措施"。现行《公安部规定》也有类似的规定。

除。又如，广义上的"非法证据"当中有瑕疵的证据也可能是技术侦查证据排除规则所忽略的特殊性。在证据收集的程序、方法合法的情况下，基于技术侦查的秘密性以及其所获证据多为视听资料、电子数据等具有"易被修改且不易被察觉"的特性，因此在获得有关证据材料后，其真实性与完整性是决定证据是否合法的重要参考①。合法体现在要么证据的存储程序符合法律的具体规定，要么对证据的删剪等处理需要在中立的法官主持且控辩双方充分参与并发表意见的前提下进行。如根据德国的有关判例可知，即使秘密监听是合法实施的，但是只要片段或者总结性地播放监听录音，或者朗读书面记录的内容，则属于违法，监听所获材料便不具有可采性。②而意大利《刑事诉讼法典》则规定，法官主持的录音材料删剪工作，应当提前至少 24 小时通知律师并保证其参加的权利，其还可以复制有关的录音材料。③

对于技术侦查证据材料附卷、随案移送的问题，《刑事诉讼法》中没有明文规定，只在解释性法律文件中《刑事诉讼规则》和《刑事诉讼法解释》中做了简单的规定。《刑事诉讼规则》第 230 条规定了侦查人员对于技术侦查措施收集的证据材料应当制作相应的"说明材料"，写明获取证据的时间、地点、数量、特征以及批准机关、措施的种类等，并签名和盖章，但在 2013 年修订的这部文件中"说明材料"的性质是个疑问，因为并没有规定其是否属于随案移送的法律文书、是否应当附卷。新修订的《刑事诉讼法解释》厘清了这一疑问，第 118 条第 1 款规定移送技术侦查（调查）证据材料的，应当附相关法律文书、证据材料清单和有关"说明材料"。此外，2016 年

---

① 这一方面只在 2021 年新修订的《刑事诉讼法解释》中得到发展，其第 118 条第 2 款规定了采用技术侦查（调查）收集的视听资料、电子数据，要保证证据材料真实性和程序合法性的内容。
② 参见邓立军《外国秘密侦查制度》，法律出版社 2013 年版，第 259 页。
③ 参见胡铭《英法德荷意技术侦查的程序性控制》，《环球法律评论》2013 年第 4 期。

《关于办理刑事案件收集提取和审查判断电子数据若干问题的规定》[①]规定，电子数据的收集、调取须依法进行，要求采取技术方法保证电子数据的完整性，严格网络远程勘验的适用，细化电子数据的审查与判断要求，明确电子数据的补正与排除等，但是电子数据亦不等同于技术侦查所获证据材料，技侦证据还有其他多种形式，需要与现行法律规定进行调试与衔接。

因此，目前的规定在司法实践中很难得到准确、全面落实，比如案卷文书材料容易被执行机关作为"内部材料"保存，进而剥夺辩护方的知情权、相应的阅卷权和调查取证权，以及就此开展程序性辩护的权利；"没有作为证据使用，但是采用技术侦查手段获取线索（线索又转化使用）的，由于法律规定不要求将这类采取技术侦查措施的法律文书、所获材料及有关说明附卷移送，"从而也无法作为法官在法庭上审查判断程序合法性的对象或者依据。这一问题反映出获取作为线索的那部分材料时在程序上难以控制的弊端。以上这些问题亟待解决。

（2）非法证据排除规则是刑事证据制度的重要内容，也是现代法治国家刑事司法的标志性制度。拒绝适用非法所得证据的思想源于欧洲大陆，它在法国1789年以前旧制度时期的纠问式诉讼程序中产生并被广泛接受。[②] 该制度历经司法判例的调试、刑事理性的反思以及权利主体的不断斗争，在世界各国相继确立并已得到国际社会的普遍认可，也是一项国际性的准则。非法证据排除规则是程序法定原则在证据制度中的重要体现。一般来说，"非法证据"主要指违反法定程序和方法获取的证据，不仅包括非法证据本身，也应包括以非法取得之证据为线索所获得的衍生证据，即域外证据理论中的"毒树之

[①] 关于电子数据的收集提取和审查判断，《刑事诉讼法》和相关司法解释、规范性文件所作规定较为原则，系统性、操作性不强。该规定旨在进一步统一和细化电子数据证据规则。

[②] 参见卞建林主编《证据法学》，上海财经大学出版社2003年版，第179页。

果"。而广义上的"非法证据"还可能包括不合法的证据和有瑕疵的证据。①

关于非法证据排除的规定,我国法律与相关司法解释的规定应同样适用于技术侦查所获证据材料。根据技术侦查的特征与各国的实践经验,由于实践中最常用的手段莫过于电话监听,因此许多技术侦查手段所获取的证据材料以视听资料、电子数据居多,物证、书证的证据材料形式多为其转化或者衍生的证据形式,以此种形式直接用作的证据的比例较小。如电话监听、电子侦听、秘密监视、网络监控等对公民隐私权侵犯最严重的几类措施,其所获取的证据材料基本上是录音、录像或者电子数据等需要电子介质承载的证据种类,而物证、书证多出现在密搜密取等手段运用的情况下。因此,实际上需要适用排除规则的实物证据并不仅限于"物证、书证"两类;同时,对有关实物证据,法律规定也不是一律排除,而是视其是否严重影响司法公正,决定是否对其进行补正、作出合理解释或者予以排除,但是,"严重影响司法公正"的标准过于模糊,作为一条法律规定操作性并不强。② 如果不明确并细化这些证据形式的排除规则,将导致技术侦查措施在使用中规避法律的限制,公民的权利将难以得到有效救济。虽然现行《刑事诉讼法》第54条以及《刑事诉讼法解释》《公安部规定》和《刑事诉讼规则》等司法解释都只明文规定了物证、书证的相对排除规则,但是两院三部在2010年颁布的《关于办理死刑案件审查判断证据若干问题的规定》③ 第27、28、29条中,已经明确规定了对于非法取得的"视听资料""电子数据"的排除规则。2016年9月最高人民法院、最高人

---

① 参见王敏远主编《刑事诉讼法学》(上),知识产权出版社2013年版,第516—519页。
② 参见汪建成《刑事证据制度的重大变革及其展开》,《中国法学》2011年第6期。
③ 参见最高人民法院、最高人民检察院、公安部、国家安全部、司法部2010年6月联合发布的《关于办理死刑案件审查判断证据的若干问题的规定》。

民检察院、公安部联合发布《关于办理刑事案件收集提取和审查判断电子数据若干问题的规定》① 明确了电子数据的相对排除和绝对排除，意图有效防范相关侦查活动对隐私权、通信自由等权利的侵犯：如其第27、28条规定规定"对电子数据结合证人证言、被告人供述、被害人陈述等其他证据材料，通过庭外调查核实及鉴定、检验等方式综合审查后，确定电子数据系篡改、伪造或者无法确定真伪的，应当排除"，由此，通过技术侦查所获取的有关证据的排除规则有了较为明确的法律依据。2019年2月公安部发布的《公安机关办理刑事案件电子数据取证规则》与2021年新修订的《刑事诉讼法解释》中也规定了采用技术侦查手段收集和获取电子数据、视听资料应当遵循严格的标准和程序，并要符合《刑事诉讼法》的有关规定。但这些规定依然不够细化，且散见于各个法律文件当中，缺乏系统性。

另一方面，就与技术侦查所获的非法证据的排除有关的规定而言，《刑事诉讼法》在技术侦查一节中没有涉及，司法解释中仅在《刑事诉讼规则》有关检察院对侦查活动的监督，即第567条第7项规定"违反刑事诉讼法采取技术侦查措施"属于被监督的内容之一，除此之外没有更加详细的规定。

2. 证据调查核实方式有失妥当

质证是审判程序中不可或缺的组成部分，是指控辩双方在法官的主持下，对对方或者第三人提出的证据材料，就其证据属性及证明力的有无、大小进行发问和辩论，以使法官能够更好地对有关证据材料做出审查判断的程序。同时，质证权也是被追诉者及其辩护人的一项重要诉讼权利。质证权在古罗马法中即已产生，在早期与中期教会法中获得初步发展，在纠问式诉讼制度下得以艰难存续，进入近代以来得以全面勃兴；在法治发达国家，与控方当庭质证被认为是刑事被告人的一项基本权利甚至宪法权利，有些国际公约还将质证权宣告为公

---

① 关于电子数据的收集提取和审查判断，刑事诉讼法和相关司法解释、规范性文件所作规定较为原则，系统性、操作性不强。该规定旨在进一步统一和细化电子数据证据规则。

民的基本人权。① 庭审过程中这项权利能否得到保障，反映了审判阶段对于刑事诉讼控辩平等的基本原则实现的程度，进而反映了刑事诉讼程序尊重和保障人权的法治发展程度。审判阶段是刑事诉讼程序的核心，而证据可谓审判内容的核心要素。《联合国人权委员会关于公正审判和补救权利的宣言（草案）》指出，"公正的审判要求在程序中尊重双方当事人'平等武装'的原则"，"在刑事程序中，平等武装要求控辩双方实现以下程序上的平等：a. 双方有权在相同的时间内出示证据；b. 双方的证人在所有程序事项上受平等对待；c. 非法获取的证据不应被用来指控被告人或者其他任何诉讼之人"②。法庭质证的规则便是控辩平等原则的内在要求，它要求控辩双方必须在同一时空内、在法官在场的情况下，享有平等的问证和质证机会。西方刑事法律制度中的质证规则包含到场规则、宣誓规则、面对面规则、交叉询问规则 4 项要素。③ 而无论哪一项具体规则都体现了刑事审判公开、直接言词、控辩平等的基本原则的要求。

2012 年《刑事诉讼法》关于技术侦查的证据制度的规定中，质证规则在审判程序中难以直接适用是该次技术侦查立法中特别值得关注的问题。根据《刑事诉讼法》和《刑事诉讼规则》的有关规定，我国法律在此处不仅规定了质证原则的例外，还规定法官的职能。这意味着证据的使用过程不必遵循通常的证据审查、判断规则与公开质证规则，对证据使用的关注点仅仅围绕不危及人员安全、不暴露相关人员身份与技术方法的规定；必要的时候，甚至可以无须经过庭审质证程序，而是由法官在庭外对证据进行核实。这样的规定充分暴露了立法者站在侦查机关的立场考虑如何最大程度地顾全技术侦查手段的保密性、有效性，而忽略了刑事程序正义对技侦证据收集和使用的要求，不利于技术侦查程序法治的推进。在侦查阶段规定法官的职能，又显著地反映出我国刑事

---

① 陈永生：《论辩护方当庭质证的权利》，《法商研究》2005 年第 5 期。
② 参见冀祥德《控辩平等论》，法律出版社 2018 年版，第 363—364 页。
③ 参见陈永生《论辩护方当庭质证的权利》，《法商研究》2005 年第 5 期。

诉讼以侦查为中心观念之根深蒂固①。

在笔者看来，由于技侦证据不同于秘密侦查证据，后者保护的是线人的安全以及对有关案件进一步侦查的需要；而技侦既然已经使用了技术手段得到了有关证据材料，除非极个别确有必要的保护公民人身安全或者为进一步侦查保密的情况，是没有理由不公开所获证据的。况且，法庭庭审过程中有途径在不公开技术侦查方法、设备的前提下，公开技侦手段所获取的证据——换言之，对相关方法或人员的保护，也不应当成为证据开示和法庭质证的障碍。因此，笔者认为，质证原则的例外可以考虑对秘密侦查证据的庭审过程中有条件地适用，而不宜适用于技侦证据。具体的完善建议将在下一章中加以详述。

（二）相关辩护制度明显缺位

普遍观点认为，辩护制度是指法律规定关于犯罪嫌疑人、被告人行使辩护权和司法机关有义务保障他们行使辩护权的一系列规则的有机整体。②辩护制度是围绕被追诉者的辩护权行使而存在的一项重要诉讼制度，始终是刑事司法制度改革的焦点，是衡量一个国家刑事诉讼法制度科学与民主程度的重要标志。③

与技术侦查程序控制相关的辩护制度问题主要涉及两个方面：其一，一般的辩护权利在技术侦查案件中能否实现和如何保护的问题；其二，技术侦查案件中独有的辩护权利的设置和保障问题。

作为刑事辩护制度的基本原则，控辩平等原则要求控辩双方"平等武装、平等保护、平等对抗、平等合作"④。但是，一方面，在技

---

① 2021年《刑事诉讼法解释》的修订在一定程度上有所进步，其在"证据"一章即第120条第1款先规定采取技术侦查（调查）收集的证据材料"应当经过当庭出示、辨认、质证等法庭调查程序查证"，第2款规定了庭外核实的例外情形。也就是说，该司法解释的规定表明应当以"示证、质证"为原则、以"庭外核实"为例外的立场。
② 参见陈卫东主编《刑事诉讼法学研究》，中国人民大学出版社2008年版，第143页。
③ 参见王敏远主编《刑事诉讼法学》（上），知识产权出版社2013年版，第419页。
④ 参见冀祥德《控辩平等之现代内涵解读》，《政法论坛》2007年第6期。

术侦查案件的各个诉讼阶段，对于控辩平等原则的实现程度有着显著差别；另一方面，在我国刑事诉讼构造以侦查为中心的背景下，与技术侦查程序控制相关的辩护制度存在明显缺位。

第一，关于技术侦查程序中的辩护权利。

虽然我国《刑事诉讼法》已将律师介入刑事诉讼的时间提前至侦查阶段，然而，基于技术侦查的秘密性，在侦查阶段被追诉一方对公权力所施加的这种特殊的强制侦查手段全然不知，因此在这一过程中针对技术侦查措施的辩护权的行使和保障亦没有存在的基础。这是由技术侦查的特殊性所引起的一般辩护权利客观不能实现的情况。

第二，关于技术侦查案件审查起诉程序中的辩护权利。

鉴于侦查阶段的辩护权利基本上难以实现，多数国家通常规定在技术侦查措施采取以后的一定时间内，授权的法官根据案件进展情况有权决定将采取技术侦查的有关情况告知被追诉者或者其辩护律师。如德国《刑事诉讼法典》规定，在侦查目的、公共安全、他人人身及生命安全等不存在危险的时候，应将采取的措施通知涉及的当事人；意大利《刑事诉讼法典》规定，在窃听笔录和录音移送公诉人后，应当通知当事人的辩护人，以便其在法定期限内审查有关文书和录音。法官主持的录音材料的删剪工作，应当提前至少24小时通知律师并保证其参加的权利，其还可以复制有关的录音材料。[①] 相比之下，我国现行《刑事诉讼法》虽然规定了在侦查阶段辩护律师可以提供辩护、值班律师提供法律帮助的权利，规定辩护律师自审查起诉之日起查阅、摘抄和复制案件的案卷材料以及辩护律师对于侦查、审查起诉阶段公权力机关所收集的有关证据申请调取的权利，但是由于法律没有规定保障被追诉方的事后知悉权，因此对应的一般辩护权利便无法实现。此外，律师在开庭前应当有权知悉与指控有关的所有材料，但是在不享有知情权的情况下，调查取证权等其他辩护权利也便

---

① 参见胡铭《英法德荷意技术侦查的程序性控制》，《环球法律评论》2013年第4期。

无从谈起。这是我国目前技术侦查法治不完善所导致的一般辩护权利在技术侦查案件中得不到保障的问题。

第三，关于技术侦查案件审判程序中的辩护权利。

审判是对程序的司法性要求最高的诉讼环节，既要求法官必须客观中立，又要求在法庭上给予控辩双方权力（利）上的平等武装和平等保护。技术侦查案件辩护制度的完善实际上与证据制度、程序性法律后果的设置等权利救济制度的完善密切相关。而我国《刑事诉讼法》在以上制度的规定上都存在明显缺位，导致审判程序中被追诉方的辩护权岌岌可危。相比之下，法治发达国家在技术侦查案件中大都赋予被追诉方独有的辩护权利，如：对技术侦查证据材料的审核权、申请鉴定权和申请检查权。如法国《刑事诉讼法典》赋予了被告人若干权利以对抗强大的追诉机关，以监听为例，赋予被告人委托的诉讼辅佐人对监听录制件进行代行审核的权利；当事人对监听录制件有请求鉴定的权利等；[①] 对技术侦查措施或者其所获材料提出异议的权利。对于法官、检察官或者警察对技术侦查的行为作出一些不当裁决时，当事人有权向法院或者法官申请变更或者撤销。

最后，与法治发达国家有关技术侦查的程序性规定较为详尽相对应，辩护方在刑事诉讼过程中，尤其在审判阶段的辩护权行使往往能够发挥"程序性辩护"的优势。程序性辩护是指以有关部门的侦查、起诉、审判活动程序违法为由，提出被追诉者无罪、罪轻或者不应追究刑事责任的意见，以及要求诉讼程序应予补充或者重新进行的辩护方法。有学者认为，程序性辩护之所以在我国实践中没有成为典型的辩护方法，一个重要的原因是缺乏法律的明确规定。举例说明，在技术侦查案件审判程序中引入程序性辩护的方法，使辩护律师得以在法庭上针对非法证据排除加以辩护，则需要以刑事诉讼法明确、充分地肯定技术侦查非法证据排除的规则和后果为前提。[②]

---

① 参见邓立军《外国秘密侦查制度》，法律出版社2013年版，第244页。
② 参见王敏远《刑事辩护中的程序辩护》，《法制日报》2001年11月23日。

小　结

　　从技术侦查的立法与司法实践状况着手,检视与反思我国技术侦查的程序控制,并解读我国技术侦查"入法"的立法原意。笔者认为,我国技术侦查程序控制存在的根本问题,便是程序控制机制选择的问题,具体表现在前置审查方面侦查机关决定权与申请权、执行权不分,令审查带有目的性甚至偏向性,无法做到应有的客观、中立裁判;过程审查一方面仅依靠侦查机关内部监督和纠错机制,作用十分有限,另一方面检察院的法律监督职能在技术侦查程序控制中发挥的效果十分可疑;司法救济方面,对于技术侦查这样具有高度秘密性的特殊侦查措施而言,程序控制方面缺乏程序性法律后果的设置,便意味着剥夺了被追诉人实现相关权利的根本保障。不仅如此,技术侦查在我国《刑事诉讼法》中的立法设计对技术侦查程序控制机制有效发挥其功能产生了一定的障碍;而缺乏相关证据规则以及辩护制度等的配套完善,也是我国技术侦查程序控制立法的一大缺憾。因此,在对技术侦查及对其程序控制的基本内容、基本原理和基本原则研究的基础上,检视我国技术侦查的程序控制制度,对其存在的问题进行分析,有助于为对技术侦查程序控制制度提出有针对性的完善建议,制约职权的腐败和恣意,保障公民的宪法性基本权利,从而推动刑事诉讼中技术侦查程序正义的实现。

第六章　我国技术侦查程序控制制度完善

在推进全面依法治国，发挥法治在国家治理体系和治理能力现代化积极作用的今天，坚持顶层设计和法治实践相结合，加快建立健全国家治理急需、满足人民日益增长的美好生活需要必备的法律制度，是习近平总书记在新时期提出的殷切期望。① "一个法律制度为了实现其法律上的良好状态，不仅需要变化的法律，而且也需要积极的立法者。"② 2012 年的《刑事诉讼法》修改，初步解决了技术侦查不受《刑事程序法》规范的尴尬，然而，基于以上各章的论述可以看到，我国技术侦查的法治化程度与法治发达国家相比仍有很大差距，技术侦查的程序控制的方法选择是一个值得反思的问题，相应地，技术侦查的程序控制的内容也有许多缺漏亟待弥补或者加以完善；程序控制的相关配套制度亟须建立。笔者认为，技术侦查的法治化进程不是一蹴而就的，纵观各国和地区技术侦查法治化的历史脉络，其无不经历了从无到有、从粗糙到细化、从片面到完整的发展历程。同样地，由于我国目前正处于技术侦查程序立法的起步阶段，完善技术侦查程序

---

① 参见习近平《推进全面依法治国，发挥法治在国家治理体系和治理能力现代化中的积极作用》，《求是》2020 年第 22 期。

② ［英］蒂莫西·A.O. 恩迪科特：《法律中的模糊性》，程朝阳译，北京大学出版社 2010 年版，第 242 页。

控制制度，也应遵循这样一个循序渐进的发展规律。

正如有学者所指出的，"中国的法治化进程应当在强调自我或者本土的经验基础的同时，也强调他者或域外的经验以及双方的互动关系，从而充分享受那种远远超越了自我经验、本土经验的丰富资源，最终走出一条既符合国情又接轨国际的法治秩序的新路径。"① 因此，针对上一章所述之我国技术侦查程序控制存在的主要问题，本章尝试从司法解释的改进，到立法解释的指引和补充，再到法律的进一步修改完善三个层面，提出并论证完善程序控制制度的建议，以期对我国技术侦查的法治化进程的逐步推进，提供具有可行性的参考方案。

第一节 程序控制方法的完善

程序控制的方法可谓需要解决的问题之核心，程序控制的方法选择决定了程序的尊严能否得到维护、程序正义能否得以实现，因而也是其他制度完善的前提和基础。如前所述，程序控制的方法主要有行政控制、准司法控制及司法控制，我国在对技术侦查进行程序控制的方法上主要采用了行政控制的方法，也有个别的控制方法是基于检察机关的法律监督而带有一定的"准司法"的色彩。但是，无论怎样界定我国目前的程序控制方法，有一点是可以肯定的，那就是这些程序控制方法的选择尚不符合司法审查原则的基本要求。"法治的真谛恰在于他律而非自律"②，而目前我国的技术侦查基本是侦查机关单方面控制的一项职权，法院对于公安机关、检察机关的制约机制尚未形成，"行政治罪"的诉讼构造在技术侦查程序中反映得淋漓尽致。缺少了中立的司法审查，技术侦查权仍旧会被滥用，公民人权会继续遭到赤裸裸地侵犯，且缺乏有效的权利救济。因此，从长远发展的角

---

① 季卫东：《宪政新论》，北京大学出版社2002年版，第40页。
② 张千帆：《人大常委为何不能是政府官员？》，《新世纪》2011年第11期。

度看，最终选择的程序方法必然是司法控制。

在现阶段，基于我国《刑事诉讼法》及相关司法解释关于"技术侦查"的修改和实施并不久，为了维护法律的稳定性和司法的权威性，同时又确保法律的正确实施、减少因立法的漏洞导致司法实践中不断出现的新问题，可以考虑对现有的相关司法解释加以改进；在此基础上，宜通过立法解释对立法原意和理由加以剖析甚至做适当调整，对法律条文中存在瑕疵或者缺漏的内容进行补充解释，并对法律规定中抽象的、含糊不清或者有歧义的内容进行完善解释，待条件较为成熟时，再考虑对相关法律加以修改和完善。

一 司法解释层面的改进建议

现行法律规定对于技术侦查的程序控制采用的方法主要是行政控制与中国特色的"准司法控制"。如第五章所述，行政控制的方法不符合刑事程序法治的基本理念和技术侦查程序控制的基本原则，而对于带有部分司法特征的检察院的法律监督，我国对此的法律规定既笼统，又缺乏可操作性。在现有的立法和司法制度背景下，根据制度完善之逐步推进的基本原理，对于技术侦查的程序控制方法从以行政控制为主一举转变为以司法控制为主，尚不具有可行性。鉴于《刑事诉讼法》在2012年和2018年接连修订，相关司法解释①纷纷完成了同步工作，因此，从司法解释层面对技术侦查程序控制的制度规定加以改进和细化，有利于司法实践中从更加符合程序法治理念的角度对《刑事诉讼法》的落实，对于推进司法体制改革和刑事法治的进步而言，是现阶段行之有效的方案。

（一）改进之理由

在现有的立法和司法制度背景下，法律规定对于技术侦查的程序控制主要是行政控制与中国特色的"准司法控制"。如前所述，行政

---

① 参见汪建成《〈刑事诉讼法〉的核心观念及认同》，《中国社会科学》2014年第2期。

控制的方法不符合刑事程序法治的基本理念和技术侦查程序控制的基本原则，而对于带有司法的特征的检察院的法律监督，我国对此的法律规定既笼统，又缺乏可操作性，在法律的层面尚没有专门针对技术侦查的法律监督的规定；仅在最高检《刑事诉讼规则》"侦查活动监督"一节规定了"非法采取技术侦查措施的"行为属于侦查监督的内容，再无详细规定。《刑事诉讼规则》有专门的章节规定检察院对侦查活动的法律监督，但相关规定反映出检察院对其自侦部门的监督更加宽松。

正如有专家学者指出，对于刑事审前程序的控制，应充分发挥法律监督机关的侦查监督作用①。我国检察机关是《宪法》规定的法律监督机关，但是其一方面具有过于强大的监督职权，另一方面却存在着监督职权有效性的问题，如对侦查活动的监督不够有效、全面。受我国刑事司法"重实体、轻程序"传统观念的影响，检察机关的侦查监督职能通常是一种"弹性监督"而非"刚性监督"，即检察机关发现公安机关在侦查活动中存在违法的情况时，往往仅要求其"纠正"，而并不会因此在刑事程序中引起相应的程序性后果，从而没能有效地发挥监督作用。实际上，学界对于检察机关是否为司法机关，侦、检是否一体化等问题有着激烈的争论，然而，无论如何看待我国检察机关的性质和地位，在法律规定其为司法机关并且为法律监督机关的前提下，其被赋予对侦查机关活动的审查权，应是一种合理选择。② 因此，在现有的司法体制和法律框架下，与其一味地否认检察机关法律监督的职能，不如积极研究如何通过完善相关司法解释、细化《刑事诉讼法》的有关规定，令刑事诉讼的各个主体在当前体制下最大限度地发挥出其正面作用。

---

① 参见左卫民《价值与结构——刑事程序的双重分析》，法律出版社2003年版，第93页。
② 参见王敏远《论我国检察机关对刑事司法的监督》，载"中国法学网"，http：//www.iolaw.org.cn/showArticle.asp？id=188，访问日期2014年3月22日。

(二) 改进之建议

在司法解释层面改进技术侦查的程序控制方法是现阶段完善技术侦查程序法治的突破口。笔者建议，应当从完善检察机关的法律监督职能入手，进一步明确和细化检察院对于技术侦查的监督。正如有学者所指出的，违反诉讼程序所进行的刑事侦查活动必须可以通过检察院的法律监督予以否定，使这些违反诉讼程序的侦查不再具有起诉的基础；相反，检察机关的控诉职能以符合刑事诉讼规定的程序进行的侦查为基础。[①]

第一，不仅要强调检察院对实体性内容的监督，更要强调对程序性内容的监督。程序正义是实体正义实现的基础，尤其是像技术侦查这样具有高度技术性、秘密的侦查措施，如果不能在程序上保证侦查行为的合法性，就无法避免其对无辜者的基本权利造成侵害，那么技术侦查的正当性就无从谈起。因此，建议最高检修改《刑事诉讼规则》等相关司法解释中有关侦查监督的规定，明确规定检察院应当对于技术侦查的适用案件范围、适用对象、适用的手段种类等实体性内容进行监督，对于技术侦查措施的审批手续，包括采取、变更、延长或者撤销技术侦查措施的申请和决定的法律文书、技术侦查措施采取的时间是否在规定期限以内，以及执行技术侦查措施和获取技术侦查证据材料所做的记录等程序性内容进行监督，这同时要求在《公安部规定》《刑事诉讼规则》以及《刑事诉讼法解释》等司法解释中，明确要求技术侦查的所有申请和批准手续、执行和获取材料的记录必须为书面形式，而且必须存档备查。

第二，要将检察院对于技术侦查的这种法律监督由"弹性监督"转变为"刚性监督"。如果作为法律上唯一能够对技术侦查强大的职权加以权力制衡的法律监督，在技术侦查行为违法时都不至于引起程序性后果，监督方式只是停留在提出纠正意见的层面，那么其有效性

[①] 参见王敏远《论我国检察机关对刑事司法的监督》，载"中国法学网"，访问日期2014年3月23日。

不仅从逻辑上讲很可疑,通过大部分其他的侦查监督的现实情况来看效果也确实十分有限。① 因此,建议修改诸如《刑事诉讼规则》第565条、569条中关于对违法侦查活动以口头或者书面形式提出纠正意见的规定,通过更多地设置程序性法律后果增加侦查监督的力度,使得侦查机关或侦查人员违法进行侦查活动与遵守法律进行侦查活动得到的结果有所不同,如超期采取技术侦查行为无效,对这部分行为予以否定,且所获的证据材料和案卷材料将被排除在审查起诉的内容范围以外,不能作为审查起诉的依据;对于审查起诉或者审判时发现的技术侦查违法的情况,对其证据材料的使用应当予以排除等;通过这样的改进措施从而真正实现预防和减少技术侦查程序违法的效果。

二 立法解释层面的补充建议

如前所述,在现有的法律制度框架下,应当将宪法和法律规定的检察机关对技术侦查的法律监督职能视为一种合理的选择,那么,单纯依靠司法解释对各机关在法律适用的具体环节进行拾遗补漏远远不够。为了推进技术侦查的程序控制方法早日从行政控制向司法控制转变,在改进相关司法解释步骤的基础上,作为过渡阶段,宜通过立法解释加强对检察院法律监督职权之于技术侦查程序控制作用的观念和意识,明确将检察院定位为技术侦查的程序控制主体,从而初步实现公安机关采取的技术侦查措施决定主体与执行主体的分离,形成一定的职权制约机制。

(一)补充之理由

由前面的论述我们看到,司法解释是国家立法机关授权司法机关针对法律适用中存在的问题所做的具有法律效力的解释和说明,然而司法解释并不是实现程序正义与实体正义的最佳手段,尤其是基于我国目前最高司法机关分别颁行各自的司法解释的现实,还有如公安

---

① 参见王敏远《论我国检察机关对刑事司法的监督》,载"中国法学网"访问日期2014年3月24日。

部、司法部等出台的一系列司法解释性文件，这些文件往往仅从本机关职权行使的角度进行规定，效力只及于其下属的地方各级机关，不具有普遍意义，不能从根本上解决问题，有时甚至难以避免各机关依据相关司法解释中的冲突规定相互扯皮。

与司法解释相比，立法解释是国家立法机关为进一步明确法律条文的具体含义，或者针对法律制定后出现的新情况而对适用法律依据加以明确的一种普适性解释，具有与法律同等的效力。如我国现行《刑事诉讼法》在草案征集意见和提请审议时进行的说明，以及颁布时全国人大常委会法制工作委员会刑法室编写的《〈关于修改中华人民共和国刑事诉讼法的决定〉条文说明、立法理由及相关规定》等。立法解释除在法律提请审议时所进行的说明以及在法律附则中对有关名词进行解释以外，事后解释也是十分重要的一种形式，即在法律颁布实施以后，针对法律的缺漏进一步进行立法原意的阐释和条文内容的解读和补充。在现行《刑事诉讼法》颁布实施以后，根据法定的权力，由全国人大常委会针对法律在实施中发现的具有普遍性的具体问题进行补充，对法律的原则或条文进行解释说明，对于完善技术侦查程序控制的方法具有不可替代的作用。

（二）补充之建议

在从司法解释层面对技术侦查程序控制的规定加以改进的基础之上，笔者建议，在我国目前的法律话语体系中，对于作为法律监督机关的检察院，要使其能够真正发挥带有"司法"色彩的程序控制作用，除了上述司法解释层面的两点改进建议之外，还应当注重将法律监督的程序阶段由"事后监督"向"事中监督"推进，通过立法解释逐渐树立检察机关对技术侦查进行全面监督的观念，这种监督包括事中监督和事后监督。

由此，对于公安机关采取的技术侦查措施，建议参照逮捕前的程序控制机制，由检察机关对采取措施的必要性及相关实体和程序要件进行审查，这才是法律监督应有之义的一种体现。因为技术侦查措施与逮捕措施在本质上都是强制侦查处分，而且，与逮捕措施相比，技术侦查措施既具有很强的秘密性，又对公民的隐私权等基本权利具有潜在的巨大威胁，同时更加注重程序性要件的满足。建议确立和羁押必要性审查类似的事中机制，使得公安机关的技术侦查受到来自外部的"准司法"程序控制①。建议公安机关在采取技术侦查措施以前，经公安机关负责人批准后，须报经同级检察院审查批准才能使用，这是检察院行使事中监督职能的一种表现；同时，强化检察院依职权和依申请对技术侦查进行程序合法性的监督，尤其是在被追诉方对技术侦查及其所获材料的合法提出异议时，检察机关应当对技术侦查的审批和执行过程进行审查，并对违反程序采取的技术侦查措施的效力及其所获材料予以否定，这则是检察院行使其事后监督职能或者"准司法"救济②的一种体现。

当然，检察院作为技术侦查的审查机关，仅仅是一个过渡阶段的临时方案，实际上是暂时将技术侦查的审批控制权从公安机关手中交到检察机关手中，从而起码实现了申请权、执行权与决定权的

---

① 持类似观点的学者认为，"基于我国的司法体制，核发批准监听书的机关以检察机关为宜，这是由检察机关作为国家法律监督机关的性质决定的。"参见王琳《论刑事诉讼中的"监听"》，《人民检察》2002年第9期；又如，"从目前的改革实践情况来看，作为过渡阶段，可以考虑将技侦手段的审批权交由检察官负责，初步建立起技侦外部审批机制。"参见程雷《论检察机关的技术侦查权》，《政法论丛》2011年第5期；又如，"在目前我国的法律框架下，对这些强制侦查均实施司法（法院）审查，其可行性不大，因此只能采取逐步推进的方式实施改革。"一定时期内对于包括秘密监听、监视在内的高强度非人身强制措施，原则上可由检察机关审查批准。参见龙宗智《强制侦查司法审查制度的完善》，《中国法学》2011年第6期；等等。

② 实际上，检察机关的法律监督职能是否具有司法救济的属性，是个值得探讨的问题。"在目前的法律话语体系中，司法救济权是法律监督属性的体现，是检察机关以法律监督者的身份对有关机关侵犯当事人、辩护人、诉讼代理人诉讼权利的救济，表明了检察机关在我国是司法机关的性质，但法律监督与司法救济在权力内容、行使方式、处理决定及其约束力等方面都迥然有别"，不能就此等同。参见陈卫东、程永峰《新一轮检察改革中的重点问题》，《国家检察官学院学报》2014年第1期。而作为过渡阶段，如果通过完善法律监督职能进而确立检察机关的技术侦查审查主体地位，在客观上将呈现出其作为监督主体与救济主体的身份重合。当然，这只是过渡阶段的权宜之计，在立法上将法院确立为审前程序的裁判权主体以后，这种情况终将改变。

分离；然而对于检察机关自侦案件的技术侦查权的程序控制而言，这个方案里存在一个悖论：自侦案件的审批权和决定权还是集中于检察院，即便分在两个部门，仍难以避免法律监督职权沦为一种内部的自我监督的风险。程序控制系统中缺乏法院这样被动中立的司法机关作为权力制约的主体，单纯依靠检察院的内部制约进行控制的效果可想而知。

三 立法层面的修改完善建议

由此可见，无论是通过司法解释抑或立法解释对现行法律的规定加以说明、补充、修正和完善，从一定程度上说都是技术侦查程序控制法治化进程中的应急之策，司法解释和立法解释在此所起的作用主要是针对法律的漏洞进行弥补，是典型的事后规范，不能从根本上解决问题；而法律制度本身存在的一些缺陷或者弊病，并非法律解释所能攻克的难题。较为理想的解决方案还是通过完善立法，建立由法官主导的程序控制，真正实现控辩平等、裁判中立的司法控制。

（一）完善之理由

尽管基于维持国家安全和社会稳定的需要，行政权在一定范围内的自由裁量有其必要性，但是，在刑事审前程序尤其是技术侦查程序中，国家强制力得到最充分行使，为了达到打击或控制犯罪的目的，侦查机关在法律和制度的框架内行使各项特殊的侦查权力，这些措施直接涉及公民的宪法学基本权利。根据"有权利必有救济"的制度原理，"当人民对统治者的统治方式发生侵害民权争执时，法院即以超然于行政机关及人民之公正的第三人立场审判，以维护宪法保障人权之尊严"，因此，法院是宪法的"看守人"和公民权利的"保护者"，应当形成"司法优位"的职权制约形态。

建立对于技术侦查的司法控制机制，并不是要否认侦查机关和检察机关的内部监督机制存在的合理性基础。正如有学者指出的，侦控机关内部的上令下从式、统一高效的行政管理体制为侦控机关追诉权力内部的自我约束机制的发挥提供了可能。① 而且,从实践效果上看,有实证研究表明,侦查机关内部主要由其法制部门进行内部控权的方式有其合理性,同时也能够发挥某种程度的实际控制作用。② 此外,检察机关在前些年进行的一系列旨在强化内部监督机制的改革(如自侦案件审批逮捕权力上提一级、人民监督员制度、自侦案件的备案审查等)也取得了一定的成效。

然而,对于这种虽然"好用",但是违反正当程序并对不特定多数公民的隐私权带来严重的潜在侵犯性的特殊侦查手段,仅仅依靠侦控机关的内部制约是远远不够的,如有学者认为,侦控机关追诉权力内部的自我约束机制对于保证侦控活动的合法性不具有积极有效的作用,其理由在于侦控机关负责人属于追诉行为的领导者与指挥者,其与案件的追诉行为及其结果存在着直接的利害关系,而且,侦控机关也往往是作为一个整体来开展追诉活动的。③ 基于此,研究者往往更为关注权力的外部制约,将防止侦查权滥用的希望寄托于构建一种由中立司法机关居中授权和审查的司法审查制度④,以此来达到对权力进行有效控制的效果。因此,有必要借助司法的外部力量来遏制行政权力所具有的扩张和侵略的本性。

从前述法治发达国家相关制度的比较研究中可以看到,技术侦查的司法控制已经成为世界范围内规制技术侦查职权、保障被追诉方基本权利的主要手段。"强制侦查司法审查制度的建立具有不容置疑的

---

① 参见周欣《侦查权配置问题研究》,中国人民公安大学出版社 2010 年版,第 168 页。
② 参见左卫民《现实与理想:关于中国刑事诉讼的思考》,北京大学出版社 2013 年版,第 230 页。
③ 参见陈卫东、李奋飞《论侦查权的司法控制》,《政法论坛》2000 年第 6 期;陈瑞华:《刑事诉讼的前沿问题》,中国人民大学出版社 2000 年版,第 336 页。
④ 相关论述可参见陈光中《中国刑事强制措施的改革与完善》,转引自陈光中、[德]汉斯－约格、[德]阿尔布莱希特《中德强制措施国际研讨会论文集》,中国人民公安大学出版社 2003 年版,第 5—6 页;孙长永:《探索正当程序——比较刑事诉讼法专论》,中国法制出版社 2005 年版,第 77—78 页。

必要性，不仅为了解决实践中的问题，更重要的是基于调整侦查权与审判权之间的相互关系、建立健全宪法权利的程序保障机制的战略需要。"①"对强制侦查的司法审查，是刑事程序现代化的一个基本表征，是国际刑事司法的一项基本准则，也是我国刑事诉讼程序最薄弱的环节，而这个环节又是刑事诉讼人权保障的关键。其意义已经超出刑事程序领域，是一种宪法制度。"②而"我国刑事诉讼机制中长期以来缺乏司法控制的理念，现行审前程序中的诸多制度设计与刑事诉讼的司法审查原则相悖离，对此应当贯彻司法审查原则通过制度重构予以矫正。"③"在我国宪法和法律体系下，与法院纯粹的审判角色不同，检察院的角色复杂，它既是公诉机关，又是侦查机关与法律监督机关，在一定情况下检察院甚至与公安机关合作侦查"，且检察院的控诉职能决定其往往站在侦查对象的对立面，与只负责审判的法院相比，难以保证其审查的中立性。④

因此，行政权的行使必须受到法定程序的规制，必须由相对中立的司法机关即作为"权利守护者"的法院对行政权的强制处分行为进行审查和裁决，使公民由此享受有效的法律救济。⑤正如德国学者约阿希姆·赫尔曼教授所说，对于国家权力，不仅要加以限制，同时还要给予公民要求法院对国家权力进行审查的权利；以这种双重方式，使公民在国家权力的强制性措施面前得到保护。

（二）完善之建议

有学者在借鉴国际司法准则的要求以及大多数国家保护公民隐私权、住宅权、通信秘密权的做法基础上，考虑到技术侦查措施在侦查

---

① 孙长永：《强制侦查的法律控制与司法审查》，《现代法学》2005年第5期。
② 龙宗智：《强制侦查司法审查制度的完善》，《中国法学》2011年第6期。
③ 谢佑平、万毅：《困境与进路：司法审查原则与中国审前程序改革》，《四川师范大学学报（社会科学版）》2004年第2期。
④ 参见孙煜华《何谓"严格的批准手续"——对我国〈刑事诉讼法〉技术侦查条款的合宪性解读》，《环球法律评论》2013年第4期。
⑤ 参见陈卫东《程序正义之路》（第一卷），法律出版社2005年版，第111—112页。

实践中的运用存在流动性较大、时效性极强的特点，根据技术侦查手段对权利威胁的剧烈、深入程度的不同采取区别对待：对于"司法窃听、涉及通信内容的监控、密取、住宅内的电子监视"采取经同级检察院报法官审查机制，对于其他技侦手段仍维持现有的审批机制，但同时不放松相应的监管，要求公安机关、国家安全机关在自行审批适用之后，将适用情况报同级检察院备案。① 也有学者指出另一种方案：由检察院和法院分工负责，检察院负责审批公安机关实施的技术侦查；法院则负责审批检察院实施的技术侦查。② 但是，更多的观点支持建立由法院主导的技术侦查程序控制方法，也即真正意义上的司法控制方法。笔者赞成在完善立法的时候采纳最后这种主张，综观域外法治发达国家，在美国，采取窃听手段所必需的"侦听证"是由法院颁发授权的；在德国，监视电讯往来的决定权属于法官；在法国，为了侦查的需要可以决定截留、登记和抄录邮电通讯的主体是预审法官和自由与羁押法官等。因此，笔者建议：

首先，考虑废除《刑事诉讼法》第7条关于公、检、法三机关之关系原则的规定，从而削弱"侦查中心主义"和公检法三机关"各管一段"对刑事诉讼构造的影响，强化法院主导技术侦查司法控制的运行机制；同时，弱化三机关"相互配合"的刻意观念，从而强化检察院的刚性监督功能；弱化三机关"是一家"的潜在观念，从而强化辩护方是刑事诉讼主体的权利和地位。③

其次，全面建立法院主导的技术侦查司法控制机制。在《刑事诉讼法》第150条中明确规定，法院是技术侦查的授权主体，公安机关申请的技术侦查案件经由检察院报经法院审批决定；检察院申

---

① 参见陈卫东主编《模范刑事诉讼法典》（第二版），中国人民大学出版社2011年版，第321页。
② 参见孙煜华《何谓"严格的批准手续"——对我国〈刑事诉讼法〉技术侦查条款的合宪性解读》，《环球法律评论》2013年第4期。
③ 参见王敏远《关于刑事诉讼法修改的若干意见》，载"中国法学网"，http：//www.iolaw.org.cn/showArticle.asp？id＝1933，访问日期2014年4月2日。

请的技术侦查经由上一级检察院报经其同级法院审批决定。同时，在接下来的法律条文中，进一步完善有关规定，如规定：法院负责对技术侦查措施的申请主体、申请事由、适用范围、种类和对象以及使用期限等内容进行审查，并签发相应的法律决定文书，决定文书中对技术侦查的执行作了具体的要求，法院作为授权主体、检察院作为法律监督机关，都有权依据该法律文书对侦查机关的技术侦查行为采取过程审查和司法救济。要完善对于司法机关诉讼行为的法律限制，切实保护犯罪嫌疑人、被告人宪法性权利和诉讼权利，必须弥补我国刑事程序立法长期存在的一种漏洞，即司法机关违反无罪推定原则的诉讼行为则应规定其在程序上无效的后果。[①] 如对于不符合法定程序的技术侦查措施，司法机关随时有权决定解除其措施，并否定侦查行为的效力，同时对其所产生的证据材料将结合技术侦查程序中的特殊要求，采用非法证据排除规则加以否定或者补正。

再次，应当根据立法完善的建议修改相关司法解释的有关规定，使其在与《刑事诉讼法》的规定相衔接的基础上，对有关内容加以补充和细化。

第二节　程序控制内容的完善

技术侦查程序控制的方法是其根本，只有选择正确、有效的控制方法，符合程序控制的基本原则、基本理念的要求，才能逐步实现刑事程序之于人权保障和职权规制之价值，更加适当地发挥技术侦查之于犯罪控制的作用。在程序控制方法逐步趋于完善的基础上，程序控制的内容也要做相应的补充和修改。主要有以下几个方面的完善建议：

[①] 参见王敏远、郝银钟《无罪推定原则的基本内涵与价值构造分析》，载"中国法学网"http://www.iolaw.org.cn/showArticle.asp?id=190，访问日期2014年2月10日。

第六章 我国技术侦查程序控制制度完善

一 程序控制的基本原则规定的完善

技术侦查程序控制的主要内容包括实体性审查内容与程序性审查内容,而作为其基础和前提,程序控制的基本原则应当在法律制度中加以强调。技术侦查程序控制的基本原则不仅是完善程序控制方法的基本依据,也是技术侦查案件中各诉讼主体参与有关诉讼活动、行使各自权利或者职权的行为准则。

国际公约的规定和域外多数法治发达国家的法律,基本上都将司法审查原则和比例原则等基本原则规定在公约以及宪法、刑事诉讼法或者技术侦查专门立法①的规定当中,即使没有明文规定,其基本原则的精神也会被判例法国家的法官援引至有关判决当中,或者在大陆法系国家以具体要求的形式细化到法律规定的内容当中。如有学者指出,在英法德荷意五国的技术侦查制度中,比例原则等基本原则是限制技术侦查适用上体现欧洲公法特点的具有突出共性的基本原则,被认为是宪法性原则,是约束涉及人权的公权力的基本准则。② 相比之下,我国法律及相关司法解释在此处存在空白。

因此,笔者建议,依照前述逐步推进的路径规划,首先应当在司法解释中进一步细化基本原则的有关要求,将基本原则的精神以具体要求的形式体现到《刑事诉讼法》司法解释更为合理的规定当中。如比例原则,它体现在技术侦查适用范围、对象、期限等各个方面,下文将对此进行详细阐述。第二步则是在立法解释中对有关规定的内涵加以阐释,如对于《刑事诉讼法》及相关司法解释关于公安机关在追捕或者逮捕在逃的被追诉人时,可以不受案件范围的限制而采取有关技术侦查措施的规定,强调比例原则的适用,有利于限制和减少技术侦查的使用,保护公民的基本权利;最后一步,

---

① 域外有些国家和地区往往就技术侦查的各项措施如通讯截收、秘密监听、秘密监控、邮件检查等分别立法,详见本书第一章。

② 胡铭:《英法德荷意技术侦查的程序性控制》,《环球法律评论》2013年第4期。

则是在完善立法的过程中对基本原则加以明确规定。如考虑有学者提出的建议，在《刑事诉讼法》的"任务与基本原则"中增加规定"程序法定原则"①；还可以借鉴成文法国家的有关做法。

二　关于实体性审查内容的完善

完善技术侦查程序控制的实体性审查内容，重点是需要将无罪推定、程序法定和比例原则等基本原则的要求体现在程序控制的具体规定当中。总的来说，有必要对技术侦查的申请主体、申请事由、技术侦查措施的适用范围、种类和适用对象、使用期限以及有关程序的记录材料等进行细化和补充。对于这部分内容的完善建议，仍应当采取"三步走"的方案逐步推进。

（一）关于技术侦查的申请主体和申请事由

1. 申请主体

从本书第二章的比较研究中可以看到，多数法治发达国家对于技术侦查的申请主体和授权申请的主体的级别都有明文规定。我国法律没有涉及对申请主体条件的要求，笔者建议，在通过完善司法解释、立法解释和立法的规定从而将技术侦查的决定权交给检察院或者法院以后，可以考虑将现行法律规定的批准决定权主体即"设区的市一级以上公安机关负责人"转换为申请权主体，理由有三：第一，公安机关负责人在实践中长期从事技术侦查的审查批准工作，熟悉技术侦查的具体内容，具有丰富的业务经验；第二，根据我国的现实国情，各地基层公安机关在人口规模、治安状况和侦查能力等方面存在显著的差异，如果规定较"设区的市一级"级别更低的公安机关负责人进行申请，不利于从内部制约机制上严把申请关，难以避免对技术侦查

---

① 早在在上一轮《刑事诉讼法》再修改的探讨过程中，中国政法大学陈光中教授主持的"刑诉法再修改"课题提出要在《刑事诉讼法》第一编第一章"任务与基本原则"中增加规定"程序法定原则"。参见陈光中主编《中华人民共和国刑事诉讼法再修改专家建议稿与论证》，中国法制出版社2006年版。

采取不必要的申请；第三，在外部制约机制已建立的情况下，将原先的批准主体确立为申请权主体，相当于由公安机关的负责人先发挥"初审"的作用，有利于形成内外结合的双重制约机制，减少技术侦查措施的使用。

具体方案是：首先，立法解释统一将检察机关明确为技术侦查的事前审查主体后，在《公安部规定》和《刑事诉讼规则》中，在"设区的市一级以上公安机关负责人批准"后，增加其"报经检察院审查批准决定是否采取技术侦查措施"的规定，并规定相应的书面法律文书。其次，在立法规定由法院作为技术侦查决定权主体的同时，明确规定"设区的市一级以上公安机关或者检察院负责人"作为申请权主体。此处需要注意的一个问题时，在具体的规定当中应当注意批准主体的级别与申请主体级别的对应问题，即司法审查机关的级别应不低于申请机关的级别，尽量减少法外因素影响程序效果。比如规定：公安机关申请的技术侦查必须报经同级检察院向同级法院提出申请；检察院申请的技术侦查，鉴于其侦查对象多为政府工作人员，建议检察院报经上一级检察院向与其同级的法院提出申请，强化权力制约作用。由此，立法修改之前检察院审查侦查机关的程序基本维持不变，在司法实践中也能够实现较为平稳的过渡。检察院在此发挥的是其法律监督职能。同时，对相关司法解释进行相应的修改。

2. 申请事由

申请主体在提出采取技术侦查措施的申请时，申请事由应当明确，而目前我国法律及相关司法解释中缺乏此类规定。仅有适用范围和对象不能替代申请的具体理由，建议在法律解释和立法中逐步增加和完善这部分内容，这是司法机关据以审查判断是否授权的重要参考。具体的申请事由可以参考域外许多国家如美国法典关于秘密监听申请书[①]的规定，建议规定申请事由包括以下要素：（1）申

---

① 参见邓立军《外国秘密侦查制度》，法律出版社2013年版，第63—64页。

请人员的身份；（2）对申请所依据的事实的全面而又完整的描述，包括特定犯罪行为的具体情况；对拟采用的技术侦查措施的种类描述；对拟使用的技术侦查设备的性质或类型及其拟使用的具体位置、场所等的描述，法律另有规定的除外；被侦查对象的身份情况；（3）体现遵循"最后手段原则"的描述，即已经采取其他侦查措施失败的具体情况及其原因，以及采取其他侦查措施无法实现侦查目的的情况描述；（4）拟采取技术侦查措施的具体时间及理由；（5）针对同一对象、处所或设施再次申请采取技术侦查措施时，需要提供先前的申请文书、司法机关授权的有关文书与相关工作记录和工作报告等。

对于申请事由、适用范围、种类和对象以及使用期限等实体性内容的完善，不仅是申请内容涉及的问题，也是实现司法授权、司法监督和司法救济都需要确立的实体性内容。如前所述，多数法治发达国家的技术侦查法律制度对这些实体性内容都做了非常详尽的规定。相比之下，我国法律制度在此方面需要改进的地方还很多。

（二）关于技术侦查的适用范围

关于技术侦查的适用案件范围，应当根据"比例原则"的要求进行细化。如澳大利亚规定适用电话监听的案件其刑罚至少达到 7 年以上有期徒刑；[1] 而在法国，依据监听对象是普通刑事案件还是"有组织犯罪"的不同而建立起来的普通监听程序与特殊监听程序，[2] 有利于加大对有组织犯罪的打击力度，也有利于最大限度地减少监听的负面效应，是一种值得借鉴的立法技术等。因此，建议对《公安部规定》第 263 条、《刑事诉讼规则》第 227 条分别规定的公安机关和检察院采取技术侦查的案件范围进行进一步细化，除设置类型标准以外，还有必要增加刑度标准和情节标准。如在刑事实体法上有相应的法定刑之规定，但是对于公安机关管辖的案件，则需要进一步设置更

---

[1] *Telecommunication (Interception) Act* 1979. Act No. 114, 2005.
[2] 参见邓立军《外国秘密侦查制度》，法律出版社 2013 年版，第 242 页。

为严格的刑度标准①，以最大限度地控制或减少技术侦查手段的适用。

（三）关于技术侦查的期限

在采取技术侦查措施的期限上，许多国家都根据"比例原则"要求技术侦查行为的侵扰性不能超过必须进行的侦查活动，必须对那些可能因此而遭受侵扰的无辜当事人给予关照，并限制监听的期限，对使用期限作了较为详细的规定。如美国法典第2518条第5款规定监听的期限最长不得超过30天，自侦查机关开始监听之日或者监听令下达10日之后起算（以先成就的一个为准）。② 意大利《刑事诉讼法典》第267条第3款规定的期限为15日；而日本更为严格，在《关于犯罪侦查中监听通讯的法律》中规定期限为10日，且累计不超过30日。德国③、荷兰④等国也有类似的规定。这样的规定不仅就期限本身而言较我国的规定（我国为3个月）严格，而且更加科学和严谨：一方面，如本书第一章所述，不同的技术侦查手段基于其功能和属性的不同而具有不同的特点，因而在适用期限的规定上根据其不同的特点而加以区分是为更加科学；另一方面，如下文将在程序性审查内容的完善中提到，在紧急情况下，可能会出现先采取措施后申请授权机关追认的例外情形，因此，规定侦查期限以"先成就的一个为准"，能够防止实践中侦查机关滥用法律规定的"例外情形"⑤，保证程序控制的有效性，是为严谨。这样的规定值得我国在完善法律和相关司法解释时借鉴。

对于技术侦查措施使用期限的延长，建议规定延长申请需要提交的事由，包括原技术侦查措施的采取没有实现侦查目的的情况及其合

---

① 参见孙煜华《何谓"严格的批准手续"——对我国〈刑事诉讼法〉技术侦查条款的合宪性解读》，《环球法律评论》2013年第4期。
② 18 U.S.C. 2518（5）.
③ 参见《德国刑事诉讼法典》第100条 a. b. c.
④ 参见《荷兰刑事诉讼法典》第4A章。
⑤ 即为了争取更多的采取技术侦查措施的时间，先采措施、后补办手续，从而形成类似于我国立案程序中经常出现的"不破不立"的权力滥用、程序违法问题。

理的解释。对于延长的次数,笔者以为有必要对此加以限制,技术侦查措施对公民隐私权等基本权利存在潜在的侵扰性,不宜无限地延长使用下去。比如,将技术侦查授权的期限规定为2个月,确有必要延长的,每次延长期限不超过1个月,且以延长两次为限,从而避免对特定公民长期、持续地施加侦查特权,对公民的人权造成潜在的威胁。

对于技术侦查措施的解除,不能仅规定申请技术侦查的部门(办案部门)和负责技术侦查的部门主动予以解除[①],还要加强司法机关在此处的控制作用。建议在立法进一步完善之前,修改有关司法解释的内容,规定检察院依法律监督职权也可以要求办案机关解除技术侦查措施,并制作解除决定书;待立法完善时,增加规定法院作为授权机关依司法审查职权应当决定技术侦查措施的解除,检察院作为法律监督机关依法律监督职权可以决定技术侦查措施的解除。

(四)关于技术侦查程序的诉讼文书和记录

如前所述,技术侦查程序控制的执行情况,皆需要以书面形式固定下来。这既是对程序执行的一种有效监督,也有利于收集和保护与案件有关的证据材料,同时,如果在程序执行过程中出现违反法定程序、方法的嫌疑,有关文书或记录可以为被追诉方寻求权利救济、控方排除自身程序违法的嫌疑或者法官进行审查判断提供相应的证据支撑。因此,建议无论是申请书、授权令状(即我国司法实践中的"法律决定文书")、"技术侦查措施告知书",或者技术侦查人员的工作笔录(采取措施的记录、销毁记录等),还是向授权主体提交的工作报告(包括执行过程中制作的"执行报告"以及措施解除后制作的"总结报告"等,都应当以书面形式固定下来,重要的法律文书还应当附卷,以便辩护方、审查起诉方和审查主体知悉、调查与核实等。

---

① 参见现行《公安部规定》第266条第2、4款。

三 关于程序性审查内容的完善

完善技术侦查程序控制的程序性审查内容，同样需要对前置审查、过程审查以及司法救济三个方面的程序加以补充和完善。重点是应当遵循司法令状主义原则和程序法定原则的基本要求，从技术侦查措施使用的申请书，到技术侦查的授权令状，再到措施适用过程中变更决定的令状，以及提交给授权主体的实施报告和措施实施完毕后的总结报告等一系列文书，都应当有明确的法律规定，以便司法机关据以进行司法审查。与程序控制的方法的完善分"三步走"相适应，程序性审查内容的具体完善建议如下：

（一）司法解释层面

在目前的法律框架下，首先，应当在《公安部规定》《刑事诉讼规则》和《刑诉法实施规定》等相关司法解释中明确规定涉及的全部文书附卷，而不仅仅是规定将"采取技术侦查措施决定书"附卷，保证证据材料的完整性，如此有利于检察院对程序进行法律监督，也有利于被追诉者在就违法程序寻求权利救济时能够找到相应的证据。其次，修改诸如《刑事诉讼规则》第230条的规定，明确规定"说明材料"的形式，如"技术侦查取证笔录"等，并增加规定前面在实体性审查内容述及的如"技术侦查措施告知书""销毁记录""执行决定的报告"以及"采取技术侦查措施总结报告"等工作记录，且规定，除了出于保护手段的目的，工作"报告"提交司法机关审查存档外，其余工作记录一律要求附卷，从而将程序规定的落实情况以书面形式保存下来，这样无论对审批主体、申请主体还是执行主体来说，都可以起到一定的监督制约作用，同时，对于被追诉方而言，这样的规定无疑有利于保障对其采取的技术侦查程序的正当性，有利于保障其基本权利与诉讼权利。再次，增加规定检察院对侦查机关或者侦查人员实施"刚性监督"所采取的决定须通过书面法律文书的形式固定下来并附卷，从而强化检察院侦查监督的作用，通过法律决定文书的效力使相应的"程序性法律后果"得以有效实现。

（二）立法解释层面

通过立法解释逐步确立检察院审查权主体地位的同时，应当对相关司法解释在以上改进措施的基础上，增加检察院对技术侦查措施审批的决定文书、批准延长期限的文书、决定解除措施的文书等。同时，基于有外部制约主体的设计，为了更好地发挥技术侦查在打击犯罪当中的优势作用，建议通过相关司法解释的规定建立以检察院审查为原则、以侦查机关自行审查为例外的审查机制，增加紧急情况下的例外规定，即：如遇紧急情况需要先行采取技术侦查措施的，公安机关应在措施采取之后较短时间（如24小时）之内提请检察院审查确认，否则技术侦查措施无效。从而进一步完善检察院的事后监督职能。

（三）立法层面

在通过立法修改实现由中立的法院行使技术侦查措施决定权的同时，建议摒弃立法"宜粗不宜细"的风格，借鉴法治发达国家的做法，并参照现行《刑事诉讼法》中逮捕、拘留等羁押性强制措施关于法律文书的规定，将技术侦查的申请文书以及技术侦查措施决定采取、延长、变更和解除等有关司法令状、执行人员的工作笔录和提交给授权主体的工作报告等与程序控制密切相关的文书材料，明确规定在《刑事诉讼法》的条文中。这样的规定不仅有利于实现立法规定的统一性，强化对技术侦查程序控制的重视程度，而且从法律的层面对其加以规定，可以减少侦查机关规避法律、以有关文书或记录乃"内部规定"为由拒绝附卷、拒绝公开的可能性，保护被追诉人及其辩护人的知情权、阅卷权、调查取证权和申请救济的权利，同时也有利于法院、检察院依据《刑事诉讼法》的有关规定对侦查机关行使司法审查的权力。相应地，修改相关司法解释中的具体规定，使之与法律规定保持一致。如在《刑事诉讼法》中规定程序要求和涉及的法律文书，在相关司法解释中进一步规定法律文书的具体内容要求。

第三节　程序控制配套制度的完善

技术侦查程序控制的制度完善，不仅有赖于程序控制方法的不断改进，以及程序控制内容的不断丰富和细化，还需要对与程序控制相关的制度重新加以审视，使之与技术侦查程序控制的制度相配套，从而形成一个系统化的有机整体。

一　配套制度完善的理论基础

完善与技术侦查程序控制相关的配套制度，首先要确立两个基本原则：控辩平等原则与有效救济原则。其中，前者是在三方对造、中立裁判的基础上，维护辩护方的诉讼权利，使之能够与强大的公权力相抗衡的原则，而后者是基于每一位公民都有可能受到来自公权力的权利侵犯而确立的使其能够及时有效地获得公正的司法救济的原则。这两个基本原则对于确立与技术侦查程序控制相配套的证据制度与辩护制度具有重要的指导意义。

（一）控辩平等原则

在控诉与审判分离后的刑事诉讼活动中，国家权力主导了刑事追诉。相对地，辩护方权利受到削弱。为了克服这种实质的不平等，法律应当允许控辩双方必要时进行适度的"合作"，对较弱的被告一方给予特殊保护。随着保障人权理念的深入发展，国际社会越来越重视对被追诉人权利的保障。"平等武装、平等保护、平等对抗、平等合作，共同构成了控辩平等理论的现代内涵。"正是这四个方面的有机组合才构成了现代意义上的控辩平等原则。[1] 与第五章所述之基本原则相一致，控辩平等原则在技术侦查的程序控制中具有重要意义，但是由于技术侦查一般是秘密进行的，控辩平等原则在侦查前和侦查中

---

[1] 冀祥德：《控辩平等之现代内涵解读》，《政法论坛》2007年第6期。

难以全面发挥作用。而在侦查活动实施以后直到审判阶段，控辩平等原则是维护辩护方的诉讼权利、确立相应的辩护制度与证据制度等的理论基础。

控辩平等原则在技术侦查程序控制中的运用主要表现在：其一，抑制侦查权力。高度的专业性和隐蔽性使技术侦查具有了难以审查的特点，权力滥用的成本更为低廉。由于技术侦查一般是秘密进行的，因而辩护方对技术侦查的制约无法在侦查前和侦查中发挥作用。在随后的听证或者审判中，辩护方对技术侦查的质疑和质证对于法官或者审查官发现其中的违法行为尤为重要。其二，保障被追诉人权利。除了被追诉人主动质疑技术侦查程序之外，法律还要求侦查机关承担保障被追诉人权利的义务。其三，为审判者发现真相。刑事诉讼的核心是审判活动，侦查活动是审判活动的准备阶段。技术侦查的整个程序以及由此而产生的证据必须记载明确，移送审查起诉。在正式的庭审活动中，辩护方可以对此提出质疑，并提出相关的证据予以驳斥。在控辩双方的证据对抗中，审判者逐渐发现事实真相、公正裁断。①

（二）有效救济原则

"无救济则无权利"这句古老的英国法谚深刻地揭示了权利的存在形式——权利救济。一项没有救济的权利等于没有该项权利。在中国语境下，这一谚语还需要补充为"无有效的救济则无权利"。自中国特色社会主义法律体系建成以来，我国的法律制度或许已经得到了长足的发展，但是其对权利救济的规定以及有效实施仍未臻成熟。因而，有效辩护、有效援助等概念的提出皆在于强调法律的实施与保障。有效救济的概念也与此类同，在强调救济的同时，还强调救济措施的有效性。就救济功能而言，一个权利救济体系必须符合三个要求：权利救济途径的完整性、权利救济途径的公平性和权利救济途径的有效性。

---

① 参见冀祥德《论控辩平等的功能》，《法学论坛》2008年第3期。

在刑事诉讼中，有效救济应当包含两个方面：一是权利所有者主动寻求法律保护；一是中立的裁判机关承接此种权利诉求。在一个法治社会里，法律必须为每一个人敞开司法救济的大门，以使其在权利受到侵害时能够通过这一渠道获得有效和公正的救济。哈贝马斯认为："强制性的法律并不单单是建基于威慑而是建基于正当性。"技术侦查将其强制性与秘密性结合固然能够增强其打击犯罪的有效性，但是如果缺乏正当性的基石，技术侦查就无法完成保护"无辜者不受有罪追诉"的诉讼任务，这种正当性要求为受到权力侵害的公民提供有效的司法救济。有效救济的关键在于是否设置了程序性法律后果。如前所述，技术侦查的程序性法律后果主要体现为两种情形：一种是对违反技术侦查程序有关规定所采取的技术侦查行为确认为"无效"，同时对其所获证据材料予以排除；另外一种是对违反技术侦查程序有关规定所采取的技术侦查行为进行"纠正"，同时对其所获证据材料进行补正，使该行为和结果最终符合程序法的要求。

二 证据制度的完善

2016年，最高人民法院、最高人民检察院、公安部、国家安全部、司法部联合出台的《关于推进以审判为中心的刑事诉讼制度改革的意见》明确提出：完善技术侦查证据的移送、审查、法庭调查和使用规则以及庭外核实程序。这一司法改革任务的提出，正是对技术侦查证据使用所面临一系列司法困境的回应，[1] 这一实践状况也反映出与技术侦查程序控制相配套的证据制度亟待完善。

作为一种特殊的侦查手段和一项较晚"入法"的侦查措施，技术侦查所获取的证据在刑事诉讼的程序规范中是否存在特殊性，是一个值得研究的问题。关于这个问题，首先需要澄清两个主要问题：其一，一般的证据规则在技术侦查证据的适用上是否应当有特殊性；其二，如果

---

[1] 程雷：《技术侦查证据使用问题研究》，《法学研究》2018年第5期。

有，技术侦查证据规则的特殊性如何体现。在笔者看来，完善与技术侦查程序控制相关的证据制度，应以这两个方面的认识为基础。

对于第一个问题，应当根据技术侦查程序控制的基本原理和基本原则分情况而定：首先，如前所述，与技术侦查相关的证据制度中存在的一大问题，便是质证规则对于技术侦查所获得证据的适用是否应有例外规定，这是技术侦查立法中学者普遍关注的问题。笔者认为，在法庭审判过程中，质证规则对于技术侦查所获得的证据的适用不应有特殊要求。如上一章所述，我国《刑事诉讼法》在此处不仅规定了质证原则的例外，还规定了法官的职能，要求其在所谓的"必要的时候"进行庭外核实，这不符合现代刑事审判应在控辩审三方共同参与下进行的基本原则。因此，这一规则在技术侦查证据制度中不应存在特殊性。相比之下，非法证据排除规则的确立有助于规范职权行使、保障权利救济和维护程序正义，因此，非法证据排除规则的要求同样适用于技术侦查所获得的证据；不仅如此，基于技术侦查的特殊性，非法证据排除规则适用于技术侦查证据时应当考虑其特殊性而规定与之相适应的特殊要求，应当考虑技术侦查执行程序和方法的特殊性，针对不同的情况对非法证据排除的规则加以完善。这便涉及前面所说的第二个问题，即技术侦查所获得的证据之特殊规则应当如何建立。

（一）非法证据排除规则的完善

首先，应当进一步完善非法证据排除规则在适用于非法技术侦查证据的排除程序时在法律制度上的缺位，包括增加涉及的证据种类、明确证据排除的标准、设置独立的证据排除裁决程序[①]等。其次，鉴于非法证据排除是针对违反法定程序、方法收集证据所设置的法律后果，因此就需要注意技术侦查收集证据的法定程序的特殊性，根据其特殊性对非法证据排除规则加以完善。其特殊性主要表现在：其一，技术侦查措施的采取有时间限制，超过授权期限采取技术侦查属于程

---

① 参见汪建成《刑事证据制度的重大变革及其展开》，《中国法学》2011年第6期。

序违法；其二，技术侦查措施的种类繁多，针对特定案件的特定对象，只能依照授权令状规定的技术手段实施侦查，超越权限采取其他手段实施侦查属于程序违法；其三，技术侦查的适用案件范围和适用对象同样很多，将适用于甲案的技术侦查措施适用于乙案，或者切换适用对象，可能涉及更为复杂的情况分类。对于以上第一种和第二种情形，由于越权的侦查行为严重侵犯了程序的尊严，违背了程序正义，因此可以采取绝对排除的规则；第三种情形，则涉及令状外材料的获取是否能用作证据的问题，并需要对另案监听、附带监听的情况加以讨论。有研究指出，采用技术侦查措施之《决定书》规定情形之外获取证据的效力确定存在问题。"采用技术侦查措施收集的证据材料，经当庭出示、辨认、质证等法庭调查程序查证属实"，其查证属实的过程必然涉及证据的来源，倘若存在对于《决定书》外活动材料作为证据使用的，如何处理其来源合法性的质疑是理论与实践关注的问题。从现有资料来看，此方面的研究成果多与台湾学者提出的"他（另）案监听"与"附带监听"的证据效力确定的观点相似。①

此外，值得一提的是，对于有学者提出"如果没有起码的外部监督和审批程序就建议取消关于技术侦查的规定"，以及维持长期以来实际的做法即"只能将技术侦查作为侦查线索和获取其他公开证据的方法，必须先转化再使用"②，笔者同意其对于窃听等技术侦查手段应当采取司法控制的外部审查制度的观点，但是对前述观点持保留意见。首先，技术侦查法治化是历史的必然，纵观法治发达国家的立法历程，无不将技术侦查纳入法治化轨道并对其程序规范不断加以完

---

① 参见郭华《美、德监听令状外获得材料作为证据使用的考察》，《环球法律评论》2013年第4期；吴巡龙：《另案监听取得之证据应否排除》，《月旦法学教室》第46期；吴巡龙：《监听偶然获得另案证据之证据能力》，《月旦法学教室》第47期；李荣耕：《锦上添花——另案监察所得通讯内容之证据能力》，《月旦法学教室》第81期；杨云骅：《通讯监察"违反令状原则"以及"另案监听"在刑事证据法上之效果》，《台湾法学》第141期。

② 龙宗智：《强制侦查司法审查制度的完善》，《中国法学》2011年第6期。

善，我国正在推进全面依法治国和司法综合配套改革，随着犯罪的高科技、高智能化以及侦查技术的不断进步，时代的步伐已经不容许技术侦查这种使用得越来越多而又对公民的基本权利存在潜在重大威胁的强制侦查手段游离于刑事证据制度之外。其次，基于对技术侦查手段的保护，有必要尽量减少技术侦查所获材料在法庭上作为证据使用的概率；但是即便如此，并不代表在没有外部审批和监督的情况下，技术侦查便可以像现行《刑事诉讼法》修改之前一样不受外部制约地运用于搜集犯罪线索或作为转化成法定证据形式的基础，因为，并不是说只有在技术侦查所获材料被用作证据的前提下，程序的司法控制才有必要性；侦查机关在动用技术侦查获取犯罪线索或者基于此获得衍生证据和转化证据的时候，如果没有正当程序作为前提，同样会严重侵犯者公民的隐私权等宪法性权利。从而笔者认为，技术侦查"入法"是正确的选择，在限制技术侦查所获证材料作为审判证据使用的同时，丝毫不影响对于技术侦查程序控制向着逐步实现司法控制的目标推进。越是在法庭上不被使用、不接受质证而只用作线索或者转化之基础的证据材料，其获取所消耗的程序性成本就越低，越容易造就权力滥用，因此，就越需要牢牢把住每一道程序控制的关口，最大限度地防止为了获取线索材料违反程序采取技术侦查措施，侵犯公民合法权益状况的发生。

综上所述，笔者拟提出的具体完善方案是：

从目前的法律制度来看，其一，对《刑事诉讼法》第56条与"非法证据排除规则"相应的司法解释予以完善，明确对非法取得的技术侦查证据的适用排除规则，同时增加有关规定的可操作性。其二，在以上规定中对"严重影响司法公正"的排除标准予以明确化。技术侦查是否受到正当程序的控制，直接关涉公民隐私权、通信自由权及住宅权等宪法性权利是否得到保障。建议对此加以解释，使之更具有操作性，如"以非法侵入公民住宅的方法采取的搜查、扣押行为所取得物证、书证等实物证据以及未经合法授权而进行的电子侦听、秘密监控、密搜密取、通讯截收等技术侦查措施所获取的证据,应当予以排除。"① 其三,应当依据技术侦查独有的特点,对非法技术侦查证据排除规则在相关司法解释中进行细致的补充完善。具体而言,对于上述修改建议中的"未经合法授权",应当分不同情况加以规定。如:对于技术侦查所获得"材料"应限于经依法审批的技术侦查的案件种类、措施类型、适用对象及期限内收集的"证据、线索以及其他材料",且只能用于"本案"而非"任何其他案件"的侦查、起诉和审判。但是,对被追诉人有利的技术侦查授权之外活动的材料,即使超出案件范围、措施种类、期限甚至违反了技术侦查程序,也应作为证据使用,以体现保障人权与实体正义的要义。增加"对于采取技术侦查的期限超过法律规定的,对于超期采取的技术侦查所获取的证据,应当予以排除";同时,对于不符合法律规定的适用案件范围和适用对象的,采取相关技术侦查措施所获取的证据,应当区分不同情况确定是否予以排除或者予以补正。

从制度完善的长远角度看,其一,应当完善《刑事诉讼法》及司法解释对"证据"的分类和非法实物证据种类的列举,使得技术侦查所获取的证据材料能够与之无缝衔接。其二,如前所述,人权保障是非法证据排除规则建立的正当性基础,如此具有潜在权利侵犯性的强制侦查手段,对于司法公正的影响不可谓不严重,应当在非法证据排除的规则中加以明示。② 建议直接以前述对司法解释完善的建议中对"严重影响司法公正"的解释替代《刑事诉讼法》第56条中有关于此的规定。其三,对于通过非法手段获取的证据材料所转化和衍生的证据,建议采取绝对排除的原则,从权利的司法救济的角度,通过设置有效的程序性法律后果,保障无辜者的隐私权等基本权利。这是非法证据排除规则特殊性的又一体现。其四,应当增加独立的非法证据排除的裁决程序。只有建立独立、完整的非法证据排除程序,才能

---

① 参见汪建成《刑事证据制度的重大变革及其展开》,《中国法学》2011年第6期。
② 参见汪建成《刑事证据制度的重大变革及其展开》,《中国法学》2011年第6期。

真正意义上阻断对涉及非法技术侦查证据的案件实体裁判的消极影响。从技术侦查程序控制的系统性和完整性来讲，这是通过完善其配套制度从而实现程序控制有机整体的内在要求。建议完善《刑事诉讼法》第60条的规定，将"对有关证据应当予以排除"替换为"应当依法作出排除证据的裁定"①。

（二）相关证据规则的完善

质证规则的遵循是实现公正审判、控辩平等的重要基础，保障辩方的质证权才能令辩方在庭审过程中有效适用非法证据排除规则，及时发现侦查机关现违反程序、方法获取非法技术侦查证据的情况，以便积极地进行程序性辩护；同时，这一过程也有利于法官查明事实和作出公正的裁判。

首先，《刑事诉讼法》第154条对于技术侦查与秘密侦查所获得的证据质证规则应当分开规定。应当看到，这并不意味着技术侦查的秘密便会被泄露，保护技术侦查手段、保持其在侦查中的高度有效性，不在于在法庭质证过程中限制辩方的质证权利，而在于从源头上通过司法方法来控制技术侦查的适用，并从审前阶段将技术侦查所获证据材料是否用作审判证据加以控制和选择，从而确保进入审判程序的有关证据都是不得不以此种形式使用的证据材料。解决以上衍生出来的问题，可以参考相关学者提出的观点，即在证据的使用问题上，由检察官通过衡量相关证据材料"对于指控犯罪的重要程度以及使用相应证据可能存在的不利后果"，来决定是否将有关材料作为证据使用。②

其次，关于庭外核实证据的方式，特别是对于控辩双方是否在庭外调查时在场的问题，理论界和实务界的争议不断。庭外调查权是职权主义特色庭审模式的重要特征之一，笔者认为，在《刑事诉讼法解

---

① 汪建成：《刑事证据制度的重大变革及其展开》，《中国法学》2011年第6期。
② 参见陈卫东主编《模范刑事诉讼法典》（第二版），中国人民大学出版社2011年版，第323页。

释》中直接确立技侦证据可不当庭质证的例外情形,在实践中容易导致不通知控辩双方而由法官单方面进行核实,被频繁适用的情况[①]。

根据有效救济原则在技术侦查证据的审查和质证方面的体现,对于技术侦查所得证据的质证不仅是帮助法官对其结果进行确认的过程,还是对其过程正当性的监督程序。被追诉人受到监控,只有存在合理的理由,运用正当的程序时,才是可以接受的,否则即为非法行为,因而取得的证据自然不具有证据效力。这种审查活动可能否定整个侦查活动的合法性,是对公民权利受到侵害的一种救济,同时又为公民寻求其他救济提供依据。

笔者认为,由于技术侦查的高隐蔽性和高技术性,法官自身难以对此类证据提出质疑。辩护方对此类证据的质疑往往才是庭审内容的重心,是法官接近真相的最有效手段。由此,庭外核实只能是"最后的选择",即在穷尽其他证据调查方法,或者为保护有关人员人身安全确不能采取庭上核实时,且合议庭对证据仍有疑问,才可进行庭外核实。因此,建议在司法解释中对庭外核实的具体情形加以规定,对《刑事诉讼法》第154条规定的"必要的时候"应当仅限于控辩双方对原始语言的关联性或真实性有异议,需要核实源语音、制作过程或取得方法等。学者们呼吁,为维护当事人的诉讼参与权与保障程序公正,法官对技侦证据的庭外核实应当通知控辩双方到场。

对示证质证及庭外核实的程序,有学者建议采取以下方案:证据内容本身必须出示,辩方知悉相应证据内容后有机会进行质证;法院可以通过庭外核实对有疑问的证据进行调查,核实后的证据,均应经控辩双方质证后方可作为定案的证据。在保护"技术方法"方面,庭审程序是可以通过不让渡质证规则的正常运行加以实现的:其一,通过证据开示众的公共利益豁免规则,保护技术侦查措施方法与过程

[①] 有学者做了实证调研,在为数不多的使用技侦手段的案件样本中,有超过10%的案件审判人员进行了庭外核实。参见程雷《技术侦查证据使用问题研究》,《法学研究》2018年第5期。

的秘密性。① 只令辩方知悉证据内容即技术侦查的结果，以及采取技术侦查全过程的文书令状，证明程序上的合法性，而无权了解证据材料来源的技术方法和技术设备。其二，质证环节通过使用原始证据的衍生品。②

此外，对于技术侦查在使用过程中所获取的另案证据的证据能力问题、技术侦查人员的出庭作证问题等，法律尚没有明文规定，司法解释也未专门涉及，还有待司法实践的积极探索。

三 辩护制度的完善

技术侦查案件辩护制度的完善实际上与证据制度、程序性法律后果的设置等权利救济制度的完善密切相关。完善与技术侦查程序控制相关的辩护制度，两个基本原则的完善主要包括两个方面：其一，一般的辩护权利在技术侦查案件中应当得到保护；其二，设置和保障技术侦查案件中独有的辩护权利。

（一）传统辩护权利在技术侦查案件中的设置

我国应该借鉴德国刑事诉讼法的规定，确立"救济原则"。即在保证侦查机关在适当的时候将技术侦查情况通知当事人的前提下，被追诉方认为技术侦查不合法或不适当，侵害了其隐私权等权利时，有权要求有关机关审查并给予补救的制度。具体涉及以下两部分内容：

1. 赋予辩护方对技侦措施使用的知情权

赋予辩护方知情权，将技术侦查信息及时告知辩护方，这是主动寻求权利救济的一个前提。建议增加规定：在技术侦查结束之后，在对不妨碍侦查、对公共安全和侦查人员不构成危险的时候，规定侦查机关有告知相对人已经被采取技术侦查措施的义务。而相对人则可以对此提出异议，并采取相应的法律救济措施。

---

① 参见程雷《技术侦查证据使用问题研究》，《法学研究》2018 年第 5 期。
② 如日本在 2016 年《通讯监听法》修改后，自 2019 年以后在监听措施中启用新研发的密码技术和信息处理技术。

2. 保障辩护方的先悉权等权利

如前文所述,证据制度与辩护制度等配套制度相互之间具有密切的内在联系。从刑事证据规则的角度说,辩护方的先悉权是质证权有效形式的基础,它是辩护权不可或缺的基础性权利。[①] 为了保证权利救济的真正落实,就必须保障辩护律师的先悉权,包括不受延误地进行查阅、摘抄、复制与案件有关的诉讼文书和案卷材料的权利等。虽然基于技术侦查秘密性的客观原因,在该权利行使的阶段上无法与一般的辩护权相一致,但是,可以借鉴意大利《刑事诉讼法典》和我国澳门《刑事诉讼法典》等法律规定,在现行《刑事诉讼法》及相关司法解释中增加规定:律师在开庭前有权知悉与指控有关的包括技术侦查材料在内的所有证据材料的权利,并规定辩护人可以查阅、复制、摘抄、参与处理有关证据材料;但法官认为有损侦查或预审目的的除外。此外,还应当保障被追诉人及其辩护人申请销毁有关技术侦查所获材料的权利。

(二)辩护制度在技术侦查案件中的独有设计

辩护制度的独有设计主要体现在技术侦查案件审判程序中对辩护权利的保护。应当在"审判中心主义"诉讼结构下,强调法官的客观性和中立性,并保障控辩双方的诉讼权利(力)的平等武装和平等保护。

1. 实行"刑事辩护准入"制度

刑事辩护准入制度[②]是从比较法中抽象出来的名称,它是指政府或者受委托的行业组织,为保障犯罪嫌疑人和被告人辩护权的有效实现,依法对刑事诉讼活动中,提供刑事辩护法律服务的主体的资格进

---

① 参见王敏远《论刑事辩护概念的发展》,陈卫东主编《司法公正与律师辩护》,中国检察出版社2001年版。
② 参见冀祥德等《建立中国刑事辩护准入制度理论与实证研究》,中国社会科学出版社2010年版。

行限制和确认，并对其进行监管的各项规则的总称。① 冀祥德教授指出，出席法庭辩护是律师的专属业务；根据法院级别以及案件严重复杂程度的不同，对不同律师所能够代理的案件也应有相应限制。② 根据"刑事辩护准入"的制度设计初衷，以及结合我国实际采取逐步推进的原理，笔者建议以对技术侦查案件的辩护为突破口，实行辩护准入制度。理由有以下几点：第一，刑事辩护之于国家法治建设与人权保障的重要性不言而喻，而根据实证研究，无论从是律师数量还是辩护质量的角度看，我国已具备建立辩护准入制度的时机和条件；③ 第二，从技术侦查案件的适用范围来看，其主要针对的是严重危害社会或者严重侵犯公民人身权利的重大犯罪④，存在案件类型严重、刑度高、情节复杂等特征，与我国《刑事诉讼法》第35条之"可能被判处无期徒刑、死刑"的重罪案件应当指派律师辩护的规定以及域外国家强调辩护准入制度的适用的出发点一致，在技术侦查案件中规定只允许律师参与辩护，较好地反映出辩护准入的必要性；第三，从控辩平等的原则出发，虽然我国修改后的《刑事诉讼法》已经规定侦查阶段的辩护人须为律师，但是如前所述，技术侦查的特殊性决定了侦查阶段辩护权利的行使极为有限。因此，进一步规定技术侦查案件须由律师辩护，保证在审查起诉及审判阶段律师发挥应有的作用，体现了权利之于权力的有效制衡，对于技术侦查的滥用有一定的抑制效果，并有利于维护程序的正当性。第四，从技术侦查所获证据材料的运用来看，如前所述，技术侦查措施采取的隐秘性导致实现依法申请权利救济存在客观障碍，而非法证据排除规

---

① 参见冀祥德《建立刑事辩护准入制度，实现刑事辩护专业化》，《中国司法》2009年第2期。
② 参见冀祥德《刑事辩护准入制度与有效辩护及普遍辩护》，《清华法学》2012年第4期。
③ 参见冀祥德《刑事辩护准入制度与有效辩护及普遍辩护》，《清华法学》2012年第4期。
④ 参见现行《刑事诉讼法》第150条及相关司法解释。

则的运用等有关程序问题的辩护方法便显得尤为重要,因此,无论从对证据规则的精通还是对辩护方法的运用等方面来看,辩护律师必然是最佳选择。

2. 赋予辩护方与技术侦查特点相适应的辩护权利

首先,赋予辩护方对技术侦查证据材料的审核权、申请鉴定权。技术侦查所获证据材料多为视听资料与电子数据等高科技材料,对于这类材料很容易进行删剪、拼接甚至伪造。因此,在《刑事诉讼法》与相关司法解释中应明确规定被追诉人及其辩护律师对技术侦查所获证据材料进行审核和请求鉴定的权利。

其次,赋予辩护方申诉权和提出异议的权利。辩护方不仅仅可以对技术侦查程序本身提出质疑,包括赋予其对技术侦查措施解除的申请权;还可以对技术侦查所得证据的资格和证明力,以及证据的保管、移送等活动提出疑问。辩护方在认为技术侦查不合法或不适当,侵害了其隐私权等权利时,有权向批准技术侦查的法院或者检察院申诉,要求其对技术侦查的合法性和合理性进行审查等。对于法官、检察官或者警察对技术侦查行为作出一些不当裁决时,被指控人及其辩护律师有权向法院或者法官申请变更或者撤销。这种制约可以防止侦查违法行为的发生,并减小其危害后果。

3. 引入"程序性辩护"

辩护方可以以有关部门的侦查、起诉、审判活动程序违法为由,提出被追诉者无罪、罪轻或者不应追究刑事责任的意见,以及要求诉讼程序应予补充或者重新进行辩护。在技术侦查这一对公民隐私权等宪法性基本权利存在潜在的严重威胁的案件中,应尝试引入程序性辩护的方法[①],这不仅有利于规制职权和保障人权,而且有利于程序性法律后果及其衍生的权利救济手段在典型的案件类型中彰显其有效作

---

① 参见王敏远《刑事辩护中的程序性辩护》,《法制日报》2001年11月23日;王敏远:《刑事辩护概念的发展》,陈卫东主编《司法公正与律师辩护》,中国检察出版社2001年版。

用,也有利于促进对这种方法的应用和传播。如前所述,建议在《刑事诉讼法》与相关司法解释中明确规定技术侦查非法证据排除的规则,并在设置程序性法律后果的前提下,在技术侦查案件审判程序中引入程序性辩护的方法,使辩护律师得以在法庭上针对违法的技术侦查行为加以辩护,通过申请法庭对违法程序进行审查,进而实现排除有关非法证据等程序性后果,实现维护被追诉者合法权益的目的。

小　结

一个法律制度的有效运行,离不开对法律进行修改完善,而对法律修改完善的过程,不仅要靠理论研究的推动,同样也需要更加积极的立法者以及司法者在实践中不偏不倚地实施。2012年以来《刑事诉讼法》和相关司法解释初步解决了技术侦查的刑事程序法律依据问题,然而与法治发达国家相比,我国技术侦查程序控制的立法与司法实践状况仍有很大差距。当然,法律制度完善的过程是艰辛而又漫长的,我国技术侦查程序控制制度的发展同样绕不开从无到有、从粗糙到细化、从片面到趋于完整的渐进过程。在借鉴域外法治发达国家或地区的经验并吸取其教训的基础上,要结合我国实际情况,走出一条既符合国情又接轨国际的道路。

因此,为了实现对技术侦查程序控制制度逐步推进的积极效果,笔者建议将制度完善的路径分"三步走"。首先,对技术侦查程序控制的方法选择是需要解决的最关键问题,在现有的法律框架下,要通过改进司法解释强化我国检察机关的法律监督职能,重点加强其在程序性监督和刚性监督两方面的职能效果;在此基础上,通过立法解释补充检察机关事中监督的职能,确立其作为技术侦查审查主体的地位和作用,而对于检察机关自侦案件,借鉴职务犯罪侦查一体化方案以应对改革后检察机关面临的自我监督问题;最终,还是要通过完善立法,确立法院为刑事审前程序的中立裁判权的主体地位,真正实现对于技术侦查的司法控制。

相应地，对技术侦查程序控制的内容也需要加以弥补和完善，其一，建议将技术侦查程序控制的基本原则和精神通过司法解释、立法解释和立法的完善逐步加以树立或者强调；其二，对于程序控制的内容，包括技术侦查申请主体、申请事由、技术侦查措施的适用范围、种类和适用对象、使用期限、程序诉讼文书和有关记录材料等实体性审查内容与程序性审查内容，通过逐步完善的方式加以明确、细化。

最后，程序控制的相关配套制度亟须建立。其中，证据制度和辩护制度可谓这些配套制度中最重要的内容。根据控辩平等和有效救济的原则，一方面，针对证据制度，着重从一般的证据规则在技术侦查证据的适用上是否应有特殊要求，以及技术侦查证据规则本身存在的特殊性两个方面进行论述，进一步明确非法证据排除规则且结合技术侦查的特殊性加以完善，以及论证证据调查核实的规则在技术侦查证据运用中的特殊性和关键点。另一方面，针对辩护制度，从传统辩护权利在技术侦查案件中的设置与辩护制度在技术侦查案件中的独有设计两个方面论述，保障辩方"先悉权"、实行"辩护准入"、赋予辩方与技术侦查相适应的辩护权利以及引入"程序性辩护"的方法等。

结　　语

马丁·路德·金有句警世名言："手段代表了正在形成之中的理想和正在进行之中的目的，人们不可能通过邪恶的手段来达到美好的目的，因为手段是种子，目的是树。"① 这句名言对于技术侦查这种特殊强制侦查手段的使用、实现刑事诉讼打击或惩治犯罪与保障人权之间关系的理解，具有良好的启示意义。随着社会的进步与科技的迅猛发展，技术侦查手段对于发现真实、侦破犯罪的积极作用不应被忽视，技术侦查本身并非"邪恶的手段"。但是，伴随着技术侦查与生俱来的高科技性、隐秘性、主动性等特征，如若公权力不加限制地被恣意行使，便会加重技术侦查手段的使用与公民宪法性基本权利保护之间的紧张关系，甚至引发关系的破裂。由此，不受正当程序控制的技术侦查手段会对公民的基本人权构成严重侵犯，沦为一种"邪恶的手段"。因此，唯有正当程序的制约，才能确保通过正当的手段而实现美好的目的。值得高兴的是，我国已经选择了通过程序法对技术侦查进行控制的方式，而本书研究的便是对我国技术侦查程序控制制度的完善路径。

刑事审前程序中对于人权的保障，是整个刑事诉讼人权保障状况

---

① 参见冀祥德《程序优先：实体公正与程序公正的冲突选择》，陈光中、江伟主编《诉讼法论丛》第 8 卷，法律出版社 2003 年版。

结　语

的集中体现，一定程度上可谓一国人权方面文明程度的标尺。① 技术侦查作为刑事审前程序的一环，必须树立人权保障和职权制约的基本观念，要认识到刑事诉讼不仅应当实现结果的正确，其过程也须是公正的，手段、方法须是正当的。② 发现真实、惩治犯罪目标的实现不代表容许侦查机关不择手段、不问是非、不计代价。目前需要以程序正义的眼光和观念来审视技术侦查。因此，技术侦查程序正当性的重要意义不言而喻。所以需要完善技术侦查的程序控制，保障程序的正当性，程序控制的方法选择至关重要。笔者认为，最终必须选择司法控制的方法，因为对于技术侦查这一特殊的强制侦查措施而言，唯有通过司法的方式才能使诉讼主体有介入到诉讼程序的渠道，作为司法主体的法官能够中立裁判，作为被追诉方的当事人能够获得有效的权利救济途径。而基于程序控制的完善是一个循序渐进的过程，可以尝试短期目标与长远计划相结合的方案，以从司法解释的改进，到立法解释的补充，再到法律的进一步修改完善为路径逐步推进。

强化人权保障与职权制约观念，完善程序控制方法，对于缓解技术侦查措施的适用与公民基本权利保护之间的紧张关系，具有至关重要的意义。同时，应当进一步强调以非强制性侦查措施为原则，以强制性侦查尤其是技术侦查措施为例外③的观念，以此指导技术侦查程序控制制度在司法实践中的有效落实，实现尽量限制和减少使用技术侦查措施的效果。在配套制度的完善方面，笔者认为，除了对非法证据排除制度在一般规定的完善和特殊规定的补充外，还应注重强调程序法定的观念，树立严格的程序意识。这是因为，相对于常规侦查手段来讲，技术侦查的隐秘性与主动性，将被侦查对象置于诉讼中相对更加弱势的地位，在法庭审理之前甚至庭审过程中，他们都难以掌握

---

①　陈卫东主编：《刑事审前程序与人权保障》，中国法制出版社2008年版，第1页。
②　王敏远：《法学家眼中的刑事诉讼的进步》，转引自郭书原主编《当代名家法治纵横谈》，中国检察出版社2011年版。
③　参见宋英辉《职务犯罪侦查中强制措施的立法完善》，《中国法学》2007年第5期。

自身被采取技术侦查的具体情况。尤其是对于我国法律及相关司法解释规定的被告人应当就追诉方采用非法程序或方法"提供相关的线索或材料"加以证明更是难上加难,这将导致依法申请的非法证据排除基本不具有可行性,因此,主要依靠依职权启动的司法救济,对技术侦查的程序进行严格的司法审查,以保障被追诉方的合法权益。

笔者认为,技术侦查程序控制在制度层面仍有许多问题有待进一步研究与探讨。此外,就司法实践层面而言,"法律必须被信仰,否则形同虚设"[①]。"如果仅有强制力,没有一个信仰法律的文化,没有一个守法的传统,那么法律的遵守将变得十分没有效率。"在法律实施的过程中,如果还以现实国情等为借口和对法律进行曲解,相当于在司法的过程中对法律进行了又一次利益选择和价值平衡,这将损毁法律的权威。[②] 无论是对修改后的《刑事诉讼法》有关技术侦查规定的落实,还是对技术侦查程序控制的分步完善,我们更是呼吁对《刑事诉讼法》的尊重与信仰,以促进其正确实施。

[①] 参见[美]哈罗德 J. 伯尔曼《法律与宗教》,梁治平译,中国政法大学出版社2003年版,第3页。

[②] 参见汪建成《〈刑事诉讼法〉的核心观念及认同》,《中国社会科学》2014年第2期。

参考文献

一 中文著作部分（以姓氏拼音首字母排序）

卞建林主编：《证据法学》，上海财经大学出版社2003年版。

陈光中、陈泽宪主编：《比较与借鉴：从各国经验看中国刑事诉讼改革路径》，中国政法大学出版社2007年版。

陈光中、丹尼尔·普瑞芳廷主编：《联合国刑事司法准则与中国刑事诉讼法》，法律出版社1998年版。

陈光中、［德］汉斯-约格阿尔布莱希特：《中德强制措施国际研讨会论文集》，中国人民公安大学出版社2003年版。

陈光中、江伟主编：《诉讼法论丛》第7卷，法律出版社2002年版。

陈光中、江伟主编：《诉讼法论丛》第6卷，法律出版社2001年版。

陈光中、江伟主编：《诉讼法论丛》第5卷，法律出版社2000年版。

陈光中主编：《〈公民权利与政治权利国际公约〉批准与实施问题研究》，中国法制出版社2002年版。

陈光中主编：《21世纪域外刑事诉讼立法最新发展》，中国政法大学出版社2004年版。

陈光中主编：《中华人民共和国刑事诉讼法再修改专家建议稿与论证》，中国法制出版社2006年版。

陈瑞华：《比较刑事诉讼法》，中国人民大学出版社2010年版。

陈卫东：《程序正义之路》，法律出版社 2005 年版。

陈卫东主编：《模范刑事诉讼法典》，中国人民大学出版社 2011 年版。

陈卫东主编：《司法公正与律师辩护》，中国检察出版社 2001 年版。

陈卫东主编：《刑事审前程序研究》，中国人民大学出版社 2004 年版。

陈卫东主编：《刑事审前程序与人权保障》，中国法制出版社 2008 年版。

陈卫东主编：《刑事诉讼法学研究》，中国人民大学出版社 2008 年版。

陈泽宪、熊秋红：《刑事诉讼法修改建议稿与论证——以被指控人的权利保护为核心》，中国社会科学出版社 2009 年版。

程雷：《秘密侦查比较研究》，中国人民公安大学出版社 2008 年版。

程荣斌、王新清主编：《刑事诉讼法》，中国人民大学出版社 2013 年版。

崔敏主编：《刑事诉讼与证据运用》，中国人民公安大学出版社 2006 年版。

邓继好：《程序正义理论在西方的历史演进》，法律出版社 2012 年版。

邓立军：《外国秘密侦查制度》，法律出版社 2013 年版。

樊崇义：《刑事诉讼法哲理思维》，中国人民公安大学出版社 2010 年版。

樊崇义主编：《检察制度原理》，法律出版社 2009 年版。

樊崇义主编：《刑事审查程序改革与展望》，中国人民公安大学出版社 2005 年版。

樊学勇、陶杨：《论特殊侦查手段的法制化》，樊崇义主编《刑事审查程序改革与展望》，中国人民公安大学出版社 2005 年版。

管宇：《刑事审前程序律师辩护》，法律出版社 2008 年版。

季卫东：《宪政新论》，北京大学出版社 2002 年版。

冀祥德：《程序优先：实体公正与程序公正的冲突选择》，陈光中主编《诉讼法论丛》第 8 卷，法律出版社 2003 年版。

冀祥德：《建立中国刑事辩护准入制度理论与实证研究》，中国社会科学出版社 2010 年版。

冀祥德：《控辩平等论》，法律出版社 2018 年版。

冀祥德主编：《中国刑事诉讼法学的发展与瞻望》，方志出版社 2013 年版。

冀祥德主编：《最新刑事诉讼法释评》，中国政法大学出版社 2012 年版。

柯葛壮：《刑事诉讼法比较研究》，法律出版社 2012 年版。

郎胜、熊选国主编：《荷兰司法机构的初步考察和比较》，法律出版社 2003 年版。

郎胜主编：《欧盟国家审前羁押与保释制度》，法律出版社 2006 年版。

李双其：《数字化侦查》，群众出版社 2005 年版。

李心鉴：《刑事诉讼构造论》，中国政法大学出版社 1992 年版。

李学军主编：《美国刑事诉讼规则》，中国检察出版社 2003 年版。

林钰雄：《刑事诉讼法》（上册），中国人民大学出版社 2005 年版。

林钰雄：《刑事诉讼法》（下册），中国人民大学出版社 2005 年版。

林钰雄主编：《刑事诉讼法》（2011—2012 年），新学林出版股份有限公司 2011 年版。

龙宗智、夏黎阳：《中国刑事证据规则研究》，中国检察出版社 2011 年版。

罗豪才：《中国司法审查制度》，北京大学出版社 1993 年版。

欧阳涛、周叶谦、肖贤富、陈中天：《英美刑法刑事诉讼法概论》，中国社会科学出版社 1984 年版。

《世界各国刑事诉讼法》编辑委员会：《世界各国刑事诉讼法》中国检察出版社 2016 年版。

宋英辉、孙长永、朴宗根等：《外国刑事诉讼法》，北京大学出版社2011年版。

宋英辉、吴宏耀：《刑事审判前程序研究》，中国政法大学出版社2002年版。

宋英辉：《刑事审前程序的理念与原则——兼谈我国刑事诉讼制度改革面临的课题》，陈光中主编《诉讼法论丛》第5卷，法律出版社2000年版。

宋英辉：《刑事诉讼原理导读》，法律出版社2003年版。

宋英辉：《刑事诉讼原理导读》，中国检察出版社2008年版。

孙长永：《探索正当程序——比较刑事诉讼法专论》，中国法制出版社2005年版。

孙长永：《现代侦查取证程序》，中国检察出版社2005年版。

孙长永：《侦查程序与人权》，中国方正出版社2000年版。

孙长永主编：《侦查程序与人权保障——中国侦查程序的改革和完善》，中国法制出版社2009年版。

汪建成：《冲突与平衡——刑事程序理论的新视角》，北京大学出版社2006年版。

汪建成：《理想与现实——刑事证据理论的新探索》，北京大学出版社2006年版。

汪建成：《欧盟成员国刑事诉讼概论》，中国人民大学出版社2000年版。

汪建成、祁建建：《搜查比较研究》，陈光中、江伟主编《诉讼法论丛》第9卷，法律出版社2004年版。

汪建成：《刑事诉讼法学概论》，北京大学出版社2001年版。

王敏远：《法学家眼中的刑事诉讼的进步》，郭书原主编《当代名家法治纵横谈》，中国检察出版社2011年版。

王敏远：《论死刑案件的"证明标准"及刑事诉讼法的修改》，王敏远《一个谬误、两句废话、三种学说》，中国政法大学出版社2013

年版。

王敏远：《司法改革与刑事司法程序改革》，载信春鹰主编《公法》第3卷，法律出版社2001年版。

王敏远：《现代刑事证据法的两个基本问题——兼评我国刑事证据法的新发展》，王敏远《一个谬误、两句废话、三种学说》，中国政法大学出版社2013年版。

王敏远：《刑事被告人的权利——刑事诉讼中的一个基本问题》，张绍彦主编《声音与言论》，法律出版社2003年版。

王敏远：《刑事辩护概念的发展》，陈卫东主编《司法公正与律师辩护》，中国检察出版社2001年版。

王敏远：《刑事司法理论与实践检讨》，中国政法大学出版社1999年版。

王敏远：《一个谬误、两句废话、三种学说——对案件事实及证据的哲学、历史学分析》，中国政法大学出版社2013年版。

王敏远：《中国刑事诉讼法教程》，中国政法大学出版社2012年版。

王敏远主编：《刑事诉讼法学》，知识产权出版社2013年版。

王敏远主编：《刑事证据法中的权利保护》，中国人民大学出版社2006年版。

魏宏森、曾国屏：《系统论——系统科学哲学》，清华大学出版社1995年版。

魏晓娜：《刑事正当程序原理》，中国人民公安大学出版社2006版。

谢佑平、万毅：《刑事诉讼原则：程序正义的基石》，法律出版社2002年版。

谢佑平、万毅：《刑事侦查制度原理》，中国人民公安大学出版社2003年版。

熊秋红：《刑事辩护论》，法律出版社1998年版。

熊秋红：《转变中的刑事诉讼法学》，北京大学出版社2004年版。

徐静村主编：《刑事诉讼前沿研究》（第五卷），中国检察出版社2006

年版。

杨东亮：《刑事诉讼中的司法审查》，法律出版社 2014 年版。

杨志刚：《毒品犯罪案件侦查中技侦手段的运用》，崔敏主编：《刑事诉讼与证据运用》，中国人民公安大学出版社 2006 年版。

张新宝：《隐私权的法律保护》，群众出版社 2004 年版。

周欣：《侦查权配置问题研究》，中国人民公安大学出版社 2010 年版。

朱孝清等：《我国职务犯罪侦查体制改革研究》，中国人民公安大学出版社 2008 年版。

左卫民：《价值与结构——刑事程序的双重分析》，法律出版社 2003 年版。

左卫民：《现实与理想：关于中国刑事诉讼的思考》，北京大学出版社 2013 年版。

二 中文译著部分

［德］K. 茨威格特、H. 克茨：《比较法总论》，潘汉典译，法律出版社 2003 年版。

［德］克劳思·罗科信：《刑事诉讼法》，吴丽琪译，法律出版社 2003 年版。

［法］贝尔纳·布洛克：《法国刑事诉讼法》，罗结珍译，中国政法大学出版社 2009 年版。

［法］卡斯东·斯特法尼等：《法国刑事诉讼法精义》，罗结珍译，中国政法大学出版社 1998 年版。

［法］孟德斯鸠：《论法的精神》（上卷），许明龙译，商务印书馆 2009 年版。

［古希腊］亚里斯多德：《政治学》，吴寿彭译，商务印书馆 1965 年版。

［美］Ellen Hochstedler Steury & Nancy Frank：《美国刑事法院诉讼程

序》，陈卫东等译，中国人民大学出版社 2009 年版。

［美］E. 博登海默：《法理学法律哲学与法律方法》，邓正来译，中国政法大学出版社 1999 年版。

［美］Stephen C. Thaman：《比较刑事诉讼案例教科书》施鹏鹏译，中国政法大学出版社 2018 年版。

［美］阿丽塔·L. 艾伦、理查德·C. 托克音顿：《美国隐私法学说——判例与立法》，冯建妹等译，中国民主法制出版社 2004 年版。

［美］哈罗德·J. 伯尔曼：《法律与宗教》，梁治平译，中国政法大学出版社 2003 年版。

［美］雷蒙德·P. 西利安德：《人员监视的基本原理》，泽椰译，群众出版社 1990 年版。

［美］罗·庞德：《通过法律的社会控制法律的任务》，沈宗灵、董世忠译，商务印书馆 1984 年版。

［美］托马斯·伯根索尔：《国际人权法概论》，潘维煌、顾世荣译，中国社会科学出版社 1995 年 9 月版。

［美］伟恩·R. 拉费弗等：《刑事诉讼法》，卞建林等译，中国政法大学出版社 2003 年版。

［美］约翰·亨利·梅利曼：《大陆法系》，顾培东、禄正平译，法律出版社 2004 年版。

［美］约翰·罗尔斯：《正义论》（修订版），何怀宏等译，中国社会科学出版社 2009 年版。

［美］约书亚·德雷斯勒、艾伦·C. 迈克尔斯：《美国刑事诉讼法精解》（第一卷·刑事侦查），吴宏耀译，北京大学出版社 2009 年版。

皮特·J. P. 泰克编：《欧盟成员国检察机关的任务和权力》，吕清、马鹏飞译，中国检察出版社 2007 年版。

［苏］H. N. 波鲁鲍夫：《预审中讯问的科学基础》，群众出版社 1985 年版。

［日］田口守一：《刑事诉讼法》（第七版），张凌、于秀峰译，法律出版社2019年版。

《日本刑事诉讼法》，宋英辉译，中国政法大学出版社2000年版。

［意］切查利·贝卡里亚：《论犯罪与刑罚》，黄风译，中国大百科全书出版社1993年版。

［英］John Sprack：《英国刑事诉讼程序》（第九版），徐美君、杨立涛译，中国人民大学出版社2006年版。

［英］S. F. C. 密尔松：《普通法的历史基础》，中国大百科全书出版社1999年版。

［英］丹宁：《法律的正当程序》，李克强、杨百揆、刘庸安译，法律出版社2011年版。

［英］蒂莫西·A. O. 恩迪克特：《法律中的模糊性》，程朝阳译，北京大学出版社2010年版。

［英］杰奎琳·霍奇森：《法国刑事司法——侦查与起诉的比较研究》，汪海燕、张小玲译，中国政法大学出版社2012年版。

［英］洛克：《政府论》（下），商务印书馆1964年版。

三 中文论文、译文部分（以姓氏拼音首字母排序）

卞建林、夏天：《论我国刑事证据制度的完善》，《2011年全国刑事诉讼法学会年会论文集》。

蔡墩铭：《通讯监听与证据排除》，《刑事法杂志》1995年第1期。

陈光中等：《对英国〈2000年调查权管理法〉的分析研究报告》，陈光中主编《诉讼法论丛》第7卷，法律出版社2002年版。

陈光中：《〈刑事诉讼法再修改专家建议稿〉重点问题概述》，陈光中、陈泽宪主编《比较与借鉴：从各国经验看中国刑事诉讼法改革路径》，中国政法大学出版社2007年版。

陈光中：《中国刑事强制措施的改革与完善》，陈光中、［德］汉斯-约格阿尔布莱希特《中德强制措施国际研讨会论文集》，中国人民公安大学出版社 2003 年版。

陈卫东、程雷：《程序合法性论纲》，《法律科学》2004 年第 1 期。

陈卫东、程雷：《论秘密侦查及其对我国刑事司法制度的挑战》，孙长永《现代侦查取证程序》，中国检察出版社 2005 年版。

陈卫东：《对未来五年我国司法体制改革的建议》，《法制日报》2012 年 8 月 15 日第 9 版。

陈卫东、李奋飞：《论侦查权的司法控制》，《政法论坛》2000 年第 6 期。

陈卫东：《理性审视技术侦查立法》，《法制日报》2011 年 9 月 21 日第 9 版。

陈卫东：《"两个证据规定"实施情况调研报告——侧重于三项规定的研究》，《证据法学》2012 年第 1 期。

陈卫东、刘计划、程雷：《德国刑事司法制度的现在与未来》，《人民检察》2004 年第 11 期。

陈卫东、刘计划、程雷：《法国刑事诉讼法改革的新进展》，《人民检察》2004 年第 10 期。

陈卫东、陆而启：《羁押启动权与决定权配置的比较分析》，《法学》2004 年第 11 期。

陈卫东：《司法机关依法独立行使职权研究》，《中国法学》2014 年第 2 期。

陈卫东：《我国检察权的反思与重构——以公诉权为核心的分析》，《法学研究》2002 年第 2 期。

陈卫东：《我国建立非法证据排除规则的障碍透视与建议》，《法律适用》2006 年第 6 期。

陈卫东：《新一轮检察改革中的重点问题》，《国家检察官学院学报》2014 年第 1 期。

陈学权、秦策：《比较刑事诉讼国际研讨会会议综述》，陈光中、陈泽宪主编《比较与借鉴：从各国经验看中国刑事诉讼法改革路径》,中国政法大学出版社 2007 年版。

陈学权:《侦查机关通过监听所获材料之证据能力研究》,《浙江社会科学》2010 年第 12 期。

陈永生:《论辩护方当庭质证的权利》,《法商研究》2005 年第 5 期。

陈永生:《秘密监听之研究》,陈光中主编《诉讼法论丛》第 5 卷,法律出版社 2000 年版。

程雷:《技术侦查证据使用问题研究》,《法学研究》2018 年第 5 期。

程雷:《检察机关技术侦查权相关问题研究》,《中刑事法杂志》2012 年第 10 期。

程雷:《论技侦手段所获材料的证据使用》,《证据科学》2012 年第 5 期。

程雷:《论检察机关的技术侦查权》,《政法论丛》2011 年第 5 期。

程雷:《秘密侦查立法宏观问题研究》,《政法论坛》2011 年第 5 期。

程雷:《刑事司法中的公民个人信息保护》,《中国人民大学学报》2019 年第 1 期。

程雷:《刑诉法修正案技术侦查证据使用条款解读》,《中国社会科学报》2012 年 3 月 28 日第 7 版。

邓立军:《德国司法监听法治化的演进与发展》,《广东商学院学报》2006 年第 6 期。

邓立军:《非法监听与证据排除》,《武汉大学学报》(哲学社会科学版)2008 年第 3 期。

邓立军:《台湾地区通讯监察制度:现状与前景》,《中国人民公安大学学报》2009 年 06 期。

邓立军:《英国〈1985 年通讯截收法〉:立法背景、制度架构及当代命运》,《四川警察学院学报》2013 年 5 期。

邓立军:《英国通信截收制度的变迁与改革》,《中国人民公安大学学报》2007 年第 3 期。

樊崇义、白俊华:《论刑事诉讼法修改与侦查程序的完善》,《山东警察学院学报》2012 年第 3 期。

樊崇义：《论反贪秘密侦查及其证据力》，《人民检察》1996 年第 11 期。

高峰、卢钜波：《论技术侦查中的法律规制问题———美国联邦最高法院 Kyllo v U. S. 案件引发的思考》，徐静村主编《刑事诉讼前沿研究》（第五卷），中国检察出版社 2006 年版。

顾永忠：《畅通监督渠道 强化过程监督——关于侦查监督的若干思考》，《河南社会科学》2010 年第 6 期。

顾永忠：《我国侦查程序中犯罪嫌疑人权利保障之检讨与改造》，《中国刑事法杂志》2003 年第 2 期。

顾永忠：《刑诉法再修改：完善辩护制度势在必行》，《法学家》2007 年第 4 期。

郭华：《美、德监听令状外获得材料作为证据使用的考察》，《环球法律评论》2013 年第 4 期。

韩德明：《技术侦查措施论》，《浙江工商大学学报》2005 年第 3 期。

何家弘：《秘密侦查立法之我见》，《法学杂志》2004 年第 6 期。

胡铭：《英法德荷意技术侦查的程序性控制》，《环球法律评论》2013 年第 4 期。

黄慧婷：《另案监听》，《月旦法学教室》2005 年第 1 期。

冀祥德：《论控辩平等的功能》，《法学论坛》2008 年第 3 期。

冀祥德：《论司法权配置的两个要素》，《中国刑事法杂志》2013 年第 4 期。

冀祥德：《论新〈刑事诉讼法〉人权保障的价值取向》，《中国司法》2012 年第 7 期。

冀祥德：《深化我国司法体制改革的基本立场》，《北京联合大学学报》（人文社会科学版）2013 年第 3 期。

冀祥德：《提高我国刑事辩护质量的另一条路径——再论刑事辩护准入制度的建立》，《法学杂志》2008 年第 4 期。

冀祥德：《刑事辩护准入制度与有效辩护及普遍辩护》，《清华法学》2012 年第 4 期。

江舜明：《临听界限与证据排除》，《法学丛刊》1998 年第 4 期。

江舜明：《通讯监察在刑事程序上之理论与实务》，《法学周刊》1997 年第 11 期。

李斌、杨维汉：《王立军一审被判十五年，当庭表示不上诉》，《检察日报》2012 年 9 月 25 日。

李明：《在犯罪控制与人权保障之间——监听制度研究》，博士学位论文，四川大学，2005 年。

李荣耕：《锦上添花——另案监察所得通讯内容之证据能力》，《月旦法学教室》第 81 期。

李荣耕：《论侦查机关对通信记录的调取》，《政大法学评论》2010 年第 115 期。

李双其：《论信息化侦查方法》，《中国人民公安大学学报》（社会科学版）2010 年第 4 期。

李燕：《论比例原则》，《行政法学研究》2001 年第 2 期。

李震山：《挪移通讯保障与通讯监察天平上的砝码——释字第 631 号解释评析》，《台湾本土法学杂志》2007 年第 98 期。

梁坤：《跨境远程电子取证制度之重塑》，《环球法律评论》2019 年第 2 期。

刘晨琦：《论我国技术侦查措施的法律规制》，《湖北警官学院学报》2014 年第 3 期。

刘根菊、杨立新：《对侦查机关实施强制性处分的司法审查》，《中国刑事法杂志》2002 年第 4 期。

刘计划：《侦查监督制度的中国模式及其改革》，《中国法学》2014 年第 1 期。

刘梅湘：《监控类技术侦查措施实证研究》，《华东政法大学学报》2019 年第 4 期。

刘敏：《太原公安局长李亚力涉嫌滥权被双规》，《大河报》2012年12月11日。

龙宗智：《强制侦查司法审查制度的完善》，《中国法学》2011年第6期。

施鹏鹏：《法国审前程序的改革及评价》，《中国刑事法杂志》2008年第4期。

施鹏鹏：《正当程序视野下的反有组织犯罪：法国的经验与教训——以"贝尔本二号法律"为中心》，《中国刑事法杂志》2011年第11期。

宋英辉：《建构我国刑事诉讼合理构造的理念与原则》，《政法论坛》2004年第3期。

宋英辉：《我国审判阶段非法证据排除启动程序问题研究》，《法学杂志》2013年第9期。

宋英辉：《刑事程序中的技术侦查》，《法学研究》2000年第3期。

宋英辉：《职务犯罪侦查若干问题》，《河南社会科学》2011年第4期。

宋英辉：《职务犯罪侦查中强制措施的立法完善》，《中国法学》2007年第5期。

宋远升：《论侦查行为比例原则》，《铁道警官高等专科学校学报》2006年第4期。

孙长永：《强制侦查的法律控制与司法审查》，《现代法学》2005年第5期。

孙洪坤、汪振林：《西方国家审前司法审查制度比较研究》，《国家检察官学院学报》2003年第1期。

孙煜华：《何谓"严格的批准手续"》，《环球法律评论》2013年第4期。

唐磊、赵爱华：《论刑事司法中的秘密侦查措施》，《社会科学研究》2004年第1期。

万毅：《解读"技术侦查"与"乔装侦查"——以〈刑事诉讼法修正案〉为中心的规范分析》，《现代法学》2012年第6期。

万毅：《秘密搜查制度批判》，《法学杂志》2011年第11期。

万毅：《西方国家刑事侦查中的技术侦查措施研究》，《上海公安专科学校学报》1999年第4期。

万毅：《在惩罚犯罪与保障人权之间：关于监听的法律思考》，《南京师大学报》2006年第5期。

汪建成：《比较法视野下的刑事庭前审查程序之改造》，《中国刑事法杂志》2001年第2期。

汪建成、付磊：《刑事证据制度的变革对检察工作的挑战及其应对》，《国家检察官学院学报》2012年第3期。

汪建成：《论诉权理论在刑事诉讼中的导入》，《中国法学》2002年第6期。

汪建成：《论诉讼监督与诉讼规律》，《河南社会科学》2010年第6期。

汪建成：《论刑事诉讼程序》，《法学评论》2000年第2期。

汪建成、孙远：《刑事证据立法方向的转变》，《法学研究》2003年第5期。

汪建成、吴江：《侦查权的法理分析》，《山东公安专科学校学报》2003年第3期。

汪建成：《刑事审判程序的重大变革及其展开》，《法学家》2012年第3期。

汪建成：《〈刑事诉讼法〉的核心观念及认同》，《中国社会科学》2014年第2期。

汪建成：《刑事诉讼法再修订过程中需要处理的几个关系》，《法学家》2007年第4期。

汪建成：《刑事证据制度的重大变革及其展开》，《中国法学》2011年第6期。

汪建成：《中国需要什么样的非法证据排除规则》，《环球法律评论》2006 年第 5 期。

王建明：《职务犯罪侦查措施研究》，博士学位论文，中国政法大学，2007 年。

王利明：《隐私权内容探讨》，《浙江社会科学》2007 年第 3 期。

王琳：《论刑事诉讼中的"监听"》，《人民检察》2002 年第 9 期。

王茂松：《通讯窃听法律问题之研究》，《中兴法学》1975 年第 21 期。

王敏远：《辩护制度变革对公安执法的影响》，《警察法学》2013 年第 1 期。

王敏远：《程序正义与实质正义的关系辨析》，《人民法院报》2000 年 11 月 3 日。

王敏远、郝银钟：《无罪推定原则的基本内涵与价值构造分析》，载"中国法学网"。

王敏远：《论我国检察机关对刑事司法的监督》，《中外法学》2000 年第 6 期。

王敏远：《论我国刑事证据法的转变——以修改后的刑事诉讼法的相关规定为例的分析》，《法学家》2012 年第 3 期。

王敏远、祁建建：《电子数据的收集、固定和运用的程序规范问题研究》，《法律适用》2014 年第 3 期。

王敏远、祁建建：《论宪法对刑事被告人权利的保护——从无罪推定角度所作的分析》，载"中国法学网"。

王敏远：《人权公约与刑事诉讼法原则的修改》，《法学研究》2007 年第 4 期。

王敏远：《设置刑事程序法律后果的原则》，《法学家》2007 年第 4 期。

王敏远：《论违反刑事诉讼程序的程序性后果》，《中国法学》1994 年第 3 期。

王敏远：《现代刑事证据法的两个基本问题——兼评我国刑事证据法

的新发展》,《国家检察官学院学报》2010年第6期。

王敏远:《刑事程序性法律后果新论》,《法商研究》2021年第3期。

王敏远:《刑事辩护中的程序辩护》,《法制日报》2001年11月23日。

王敏远:《刑事审前程序司法控制的理论分析》,载"中国法学网"。

王敏远:《中国刑事羁押的司法控制》,《环球法律评论》2003年第4期。

王屏:《技术侦查中公民隐私权的保护》,《公安研究》2007年6期。

王新清、姬艳涛:《技术侦查证据使用问题研究》,《证据科学》2012年第4期。

吴巡龙:《监听偶然获得另案证据之证据能力》,《月旦法学教室》2006年第9期。

吴巡龙:《另案监听取得之证据应否排除》,《月旦法学教室》2006年第8期。

谢宜文:《隐藏身份侦查与人权保障——以美国法为借镜》,硕士学位论文,台湾大学,2001年。

谢佑平、邓立军:《德国的秘密侦查制度》,《甘肃政法学院学报》2011年第6期。

谢佑平、万毅:《困境与进路:司法审查原则与中国审前程序改革》,《四川师范大学学报》(社会科学版)2004年第2期。

熊秋红:《秘密侦查之法治化》,《中外法学》2007年第2期。

熊秋红:《刑事辩护的规范体系及其运行环境》,《政法论坛》2012年第5期。

徐美君:《侦查权的司法审查制度研究》,《法学论坛》2008年9月第5期。

徐益初:《刑事诉讼与人权保障》,《法学研究》1996年第2期。

许宗力:《论法律保留原则》,《法与国家权力》(上),月旦图书出版公司1993年版。

杨雄：《刑事诉讼中司法审查机制的实证分析——以俄罗斯和我国台湾地区的司法改革为范例》，《甘肃政法学院学报》2007年第6期。

杨云骅：《通讯监察"违反令状原则"以及"另案监听"在刑事证据法上之效果》，《台湾法学》第141期。

詹建红，张威：《我国侦查权的程序性控制》，《法学研究》2015年第2期。

张建伟：《技术侦查的程序规范和信息处理》，《检察日报》2012年7月4日第3版。

张千帆：《人大常委为何不能是政府官员？》，《新世纪》2011年第11期。

赵海峰：《欧洲人权法院简介》，陈光中、江伟主编《诉讼法论丛》第5卷，法律出版社2000年版。

郑雷：《技术侦查使用原则之域外探析》，《中国检察官》2013年第9期。

郑铭勋：《刑事程序法定原则论纲》，《河南法学》2007年第3期。

郑曦：《〈反腐败公约〉规定的特殊侦查手段的实施状况与困境》，《中国刑事法杂志》2014年第1期。

郑曦：《刑事侦查中远程在线提取电子数据的规制》，《国家检察官学院学报》2019年第5期。

朱朝亮：《非正规侦查之类型及其搜证效力（上）》，《月旦法学教室》第90期。

纵博：《侦查中运用大规模监控的法律规制》，《比较法研究》2018年第5期。

Schroth：《徘徊于有效性与法治国之间的犯罪控制》，林东茂《一个知识论上的刑法学思考》，中国人民大学出版社2009年版。

［德］安德烈亚斯·冯·阿尔诺：《欧洲基本权利保护的理论与方法——以比例原则为例》，刘权译，《比较法研究》2014年第1期。

［德］托马斯·魏根特：《德国刑事诉讼程序的改革：趋势与冲突领

域》,樊文译,陈光中主编《21世纪域外刑事诉讼立法最新发展》,中国政法大学出版社2004年版。

[荷]帕尔特·海因·凡·科姆普恩:《荷兰刑事诉讼程序权利保障及其新发展》,倪铁、陈波译,《犯罪研究》2013年第1期。

[加]艾琳·斯金尼德:《反恐措施及其对司法领域国际人权标准的影响——加拿大、美国、英国反恐措施的比较研究》,胡铭、张栋译,陈光中主编《21世纪域外刑事诉讼立法最新发展》,中国政法大学出版社2005年版。

[美]马丁·马库斯:《监控的正当程序》,赵琳琳译,陈光中、陈泽宪主编《比较与借鉴:从各国经验看中国刑事诉讼法改革路径》,中国政法大学出版社2007年版。

四 外文文献部分(以首字母排序)

田宫裕:《刑事诉讼法》(Ⅰ),有斐阁1985年版。

Allen, Hoffman & Livingston, Stuntz, *Comprehensive Criminal Procedure*, 2nd Edition, New York: Aspen Publishers, 2005.

Barton L. Ingraham & Thomas P. Mauriello, *Police Investigation Handbook* 5-1, 1990.

Cf. Privacy International, "Leading surveillance societies in the EU and the World 2007", on 〈http://www.privacyinternational.org〉(see under: Key PI Resources).

Clive Harfield & Karen Harfield, *Covert Investigation*, Oxford: Oxford University Press, 2006.

Edward Shils, "Privacy: Its Constitution and Vicissitudes", 31 *Law & Contempt. Probs.* 281, 1996.

Elizabeth Gillingham Daily, "Beyond 'Persons, Houses, and Effects': Rewrite the Fourth Amendment for National Security Surveillance" 10 *Lewis & Clark L. Rev.* 641, Fall 2006.

Jerold H. Isreal, *Criminal Procedure*, West Publishing Co. 1980.

Jie Xu, "The Roles of the Judiciary in Examing and Supervising the Changing Laws of Electronic Surveillance" *28 Seton Hall Legis. J.* 229, 2003.

Kevin S. Bankston, "Only the DOJ Knows: The Secret of Electronic Surveillance" *41 U. S. F. L. REV.* 589, 606 (2007).

Malone v. the United Kingdom, 8691/79 [1984] ECHR 10 (2 August 1984).

Marc Jonathan Blitz, "The Fourth Amendment Future of Public Surveillance: Remote Recording and Other Searches in Public Space", *American University Law Review*, October, 2013.

Stewart Field and Caroline Pelser eds., *Invading the Private-State Accountability and New Investigative Methods in Europe*, Athenaeum Press 1998.

"Surveillance, Basic Law Article 30, and the Right to Privacy in Hong Kong", *Hong Kong Rights Monitor*, Oct. 2005.

Susan Freiwald, "Online Surveillance: Remembering the Lessons of the Wiretap Act" 56 *Ala. L. Rev.* 9, Fall 2004.

Telecommunication (Interception) Act 1979. Act No. 114, 2005.

The Electronic Communication Privacy Act of 1986, Title II & III, Pub. L. No. 99 – 508, 100 Stat.

The Honorable Brian L. Owsley, "The Fourth Amendment Implications of the Government's Use of Cell Tower Dumps in its Electronic Surveillance", *University of Pennsylvania Journal of Constitutional Law*, October, 2013.

Warren Freedman, *The Right of Privacy in the Computer Age*, Quorum Books Greenwood Press, Inc., 1987.

William J. Stuntz, "Privacy's Problem and the Law of Criminal Procedure", *Michigan Law Review*, March 1995.

后　　记

　　种一棵树最好的时间是十年前，其次是现在。这本书是在我博士论文的基础上修改完成的，从酝酿到出版，却经历了数年。当时这篇论文虽然获得答辩委员会和学术委员会的认可，并获得了中国社会科学院研究生院的"优秀博士论文"，但我深知论文还存在诸多不足和缺陷有待完善。在论文成书期间，《刑事诉讼法》和相关司法解释亦经历了大大小小的修改，本书也相应地做了大量的调整，并在今年申请到中国社会科学院的创新工程出版资助，终于付梓，得以将自己十余年持续关注和深耕的领域与大家分享，better late than never。

　　衷心地感谢我的博士生导师王敏远教授。王老师在我博士研究生期间对我的谆谆教诲与悉心指导，令我对许多问题从无知、迷惘到有所学、有所思、有所悟，其间不乏自我怀疑和批判，并不断修正和完善，这个过程倾注着王老师的心血。尤记得某年春节前夕我去老师家里请教论文，师母见我写论文写得焦头烂额，给我煮了藕粉让我趁热喝，那个味道我永远无法忘怀。

　　感恩在我读研时期遇到的我的人生导师冀祥德教授。冀老师在我从侦查学到法学的专业方向转型的关键时期，给予了我重要指导和极大帮助，自我读硕士以来，老师对我辛勤培育、严格要求，如师如父。作为导师，他不吝收我为徒，给予我前进的鞭策和鼓励；作为领导，他不弃栽培我，给予我锻炼的机会和平台。师母更是如家人般对

后　记

我们关怀爱护。没有冀老师的推荐，我也没有机会拜在王老师门下读博，没有机会在法学所这个法学研究的最高殿堂继续深造，继而开启我的学术生涯。

两位导师是我研究生生涯中遇到并将深深影响我一生的恩师。他们不仅是我的学术指导老师，亦是我的人生导师；不仅传授于我知识与方法，更传播于我正直精邃的为人、治学精神；不仅启迪我的智慧，更鞭策我的成长；在两位老师那里，我不仅学习到踏实、严谨、勤勉、求实的学术态度，更领略到海纳百川、厚德载物的人生哲学……一日为师，终生为父，跟随两位导师学习做人、做事、做学问，于我乃三生之幸！

回忆博士研究生的学习历程，慨叹生命中不曾后悔而值得庆幸的三个重要决定：

第一，大学毕业时放弃了当时炙手可热的公务员岗位，毅然选择了跨校跨专业考研。对于本科就读于公安院校主修侦查专业的我而言，在准备学士学位论文时，便注意到技术侦查在我国缺乏程序控制的问题，也正是在这个探究问题的过程中，我越发认识到理论与实践之间的巨大鸿沟，意识到自身法学专业知识与学术素养的薄弱，从而坚定了我继续求学并转向刑事诉讼法学的想法。

特别感谢我在大学时期"刑事诉讼法"的授课老师张小玲教授，在台下听张老师讲课如沐春风，让人眼前一亮，在此之前从未想过一位身着警服的"女神"可有如此严谨的学术范儿，她是我的启蒙老师。

在孕育博士论文的"漫长"过程我作出了更重要的决定——在法学研究的道路上继续求索。"不忘初心，方得始终"。这本书的付梓，仅仅意味着学术征程的开始。

特别感谢多年来一直给予我关心和鼓励的中国人民大学法学院陈卫东教授和程雷副教授。前人栽树，后人乘凉。陈老师是我法学学术道路上对我影响很深的一位引路人，程老师关于技术侦查问题的研究对我本书的写作和后来的研究有着重要的启迪。

第二，庆幸自己选择了社科院法学所。社科院给予我珍贵的机会，我才有幸跟从自己的导师学习，才有幸接受诉讼法室各位前辈的熏陶和教诲，得到他们的关心与爱护，内心充满了敬仰与感恩。同时，能够在法学最高殿堂聆听法学家们的真知灼见，感受他们的大师风范，接受他们孜孜以求的学术态度、丰富缜密的思维方式和严谨求实的治学理念的影响，将令我获益终生。

如果说最初选择法学专业带有懵懂的想法，那么，师从诸位老师学习的过程，让我不断印证自己的判断，并时常感慨这一选择的正确。当然，庆幸与感恩的同时诚惶诚恐，唯有将感恩之心化作刻苦钻研的动力，不断激励自己前行。

第三，不曾后悔选择读博。在职读博始终要面临工学矛盾的困境，做这样的选择意味着要比大部分人付出多倍的时间和努力，纵使在这个过程中也曾迟疑、彷徨，但最终坚定、执着。博士论文的创作过程虽然艰辛，但是唯有一步一个脚印，方能体会到它的价值。完成博士论文和著书最大的收获，莫过于磨砺了意志，体会到耐得寂寞、甘于淡泊是读书人的美好品质。"书中自有黄金屋"，无论是知识的撷取抑或思想的碰撞，总令人"如获至宝"，幸福感倍增。同时，读书和研习的过程着实可以洗涤心灵，让视界更宽阔，让内在更自信，让心态更平和——这可能是经历过的人才能理解的一种体会。诚然，天赋是无法选择的，但是态度和方法是可以选择的。对待研究的态度，影射出对待人生的态度；解决问题的方法，在生活中异曲同工。

囿于个人原因，本书在研究的深度与实证的广度等方面尚有欠缺，内容上难免错误和疏漏，希望各位读者不吝批评指正，这将对本人继续开展后续研究提供巨大的帮助。

真诚感谢法学所、国际法所各位前辈、领导、老师和同事。他们既是我所在单位的领导更是我的老师，在工作与学术研究方面都给予我指引和支持。特别感谢徐卉教授、刘仁文教授、祁建建教授以及研

后记

究室各位老师，感谢北京大学江溯教授，他们在我的学术道路上都给予了我殷切的鼓励和莫大的帮助。需要感谢的师长还有很多，在此不能一一道来。

感谢陈效博士、吕升运博士、宋维彬老师、冀敏博士等在论文资料的查阅和整理工作中所给予的帮助，感谢我的同窗好友。

永远感谢我的父母，以及已经患上严重阿尔茨海默症的祖父母，寄托我的思念和敬意。感谢他们为培育我所付出的心血、汗水和牺牲，感谢他们理解、鼓励并支持我所做的每一个重要决定，感谢他们教我成为一个善良、真诚和快乐的人；感谢我的先生韩阳博士，人生当有最强的对手和最棒的队友。家人是我最坚强的后盾和最温馨的牵挂。

最后，感谢所有给予我支持和帮助的家人和朋友！

刘晨琦
于沙滩北街 15 号
2021 年 8 月